Pam und Bill Farrel
Die geheime Sprache glücklicher Paare

PAM & BILL FARREL

DIE GEHEIME SPRACHE GLÜCKLICHER PAARE

SCM

Hänssler

SCM

Stiftung Christliche Medien

Der SCM-Verlag ist eine Gesellschaft der Stiftung Christliche Medien, einer gemeinnützigen Stiftung, die sich für die Förderung und Verbreitung christlicher Bücher, Zeitschriften, Filme und Musik einsetzt.

Die Namen von Personen, deren Geschichten in diesem Buch erzählt werden, und einige Einzelheiten ihres Lebens wurden geändert, um ihre Privatsphäre zu schützen.

Die Autoren verweisen an verschiedenen Stellen auf andere Bücher, die sie geschrieben haben. Viele sind auf Deutsch nicht erhältlich. Die Bücher, bei denen ein deutscher Titel genannt wird, sind unter diesem Titel auch auf Deutsch erhältlich.

© der deutschen Ausgabe 2014
SCM Hänssler im SCM-Verlag GmbH & Co. KG · 71088 Holzgerlingen
Internet: www.scm-haenssler.de; E-Mail: info@scm-haenssler.de

Originally published in English under the title: The Secret Language of Successful Couples
Formerly titled »The Marriage Code« | Copyright © 2009 by Bill and Pam Farrel
Published by Harvest House Publishers, Eugene, Oregon 97402, www.harvesthousepublishers.com

Soweit nicht anders angegeben, sind die Bibelverse folgender Ausgabe entnommen:
Neues Leben. Die Bibel, © der deutschen Ausgabe 2002 und 2006 SCM R.Brockhaus im SCM-Verlag GmbH & Co. KG, Witten.
Weiter wurden verwendet: Lutherbibel, revidierter Text 1984, durchgesehene Ausgabe in neuer Rechtschreibung, © 1999 Deutsche Bibelgesellschaft, Stuttgart. (LUT)
Elberfelder Bibel 2006, © 2006 SCM R.Brockhaus im SCM-Verlag GmbH & Co. KG, Witten. (ELB)

Übersetzung: Marita Wilczek
Gesamtgestaltung: Kathrin Spiegelberg, Weil im Schönbuch
Titelbild: shutterstock.com
Druck und Bindung: CPI books GmbH, Leck
Gedruckt in Deutschland
ISBN 978-3-7751-5573-1
Bestell-Nr. 395.573

INHALT

KAPITEL 1   Auf der Suche nach Ihrer geheimen Sprache ... 9

KAPITEL 2   Das Geheimnis der Liebe 37

KAPITEL 3   Zuneigung 65

KAPITEL 4   Freizeit 99

KAPITEL 5   Konflikte lösen 129

KAPITEL 6   Intimität 157

KAPITEL 7   Alarmsignale geben 188

KAPITEL 8   Goldene Ziele 222

KAPITEL 9   Sich ausdrücken 264

KAPITEL 10   Ihre geheime Sprache 295

Über die Autoren 313

Anmerkungen 314

Für Bret und Erin:
Glückwunsch zum 25.!
Eure Liebe ist inspirierend!

Für unsere Freunde, Familie und Mitarbeiter:
Eure Liebe ist wesentlich!

Für unser Verlagsteam und unseren Verleger:
Ihre Liebe ist ermutigend!

Für unsere Leser:
Ihre Liebe ist ein Licht!

♡△♡△♡△♡△♡△♡△♡△♡△♡△♡△♡△♡△♡△♡

KAPITEL 1

AUF DER SUCHE NACH IHRER GEHEIMEN SPRACHE

Beim Einchecken im Hotel stellten wir erfreut fest, dass die Zimmer mit einem kostenlosen Internetanschluss ausgestattet waren. Als wir unser Zimmer betraten, fiel uns ein, dass wir ja noch den Nutzernamen und das Passwort brauchten, um die WLAN-Verbindung nutzen zu können.

»Hallo, hier ist Farrel aus Zimmer 213. Könnten Sie mir bitte den Nutzernamen und das Passwort für den Internetzugang mitteilen?«

»Shuh [sure]. Das ist ganz leicht«, sagte der Hotelangestellte.

Ich zog ein Stück Papier heraus und nahm meinen Kuli zur Hand. »Okay, wie lautet der Nutzername?«

»Barebe«, antwortete der Mann.

»Barebe? Könnten Sie das bitte buchstabieren?«

»Shuh, es ist ganz einfach. Großes Bee – ee – err – i – ee – bee – ee.«

»Also Beriebe?«, fragte ich.

»Oh, nein. Das ist nicht richtig. Es ist ein großes Bee – ee – err – i – ee – bee – ee.«

Diesmal sprach er langsamer und lauter, aber es hörte sich genauso an wie zuvor.

»Es ist also Beriebe?«

»Oh, nein. Tut mir leid. Versuchen wir es noch einmal.«

»Probieren wir es zuerst mit dem Passwort und kommen dann noch mal auf den Nutzernamen zurück«, schlug ich vor und hoffte, mit etwas mehr Übung seine Sprache entziffern zu können. »Wie lautet also das Passwort?«

»Okay, das Passwort. Das ist einfach. Das Passwort ist freearrey-free.«

»Würden Sie das bitte buchstabieren?«

»Shuh, es ist ganz einfach. Free – arr – aa – err – err – ee – y – free.«

»Einen Augenblick, ich komme herunter«, sagte ich und machte mich auf den Weg.

Der Mann, der an der Rezeption arbeitete, war sehr hilfsbereit, obwohl wir solche Kommunikationsprobleme hatten. Er schrieb mir die Angaben auf, damit ich mich endlich einloggen und die nötigen Informationen aus dem Internet holen konnte.

Nutzername: Believe
Passwort: 3ralley3

Was hast du gesagt?

Haben Sie etwas Ähnliches auch schon mal in Ihrer Ehe empfunden? Sie sehnen sich nach emotionaler, geistlicher und physischer Verbundenheit in einer innigen Beziehung. Sie hofften, es würde so einfach sein wie bei Ihrer ersten Verabredung oder in den Flitterwochen. Doch statt die Gedanken, Gefühle und Stimmungen Ihres Mannes bzw. Ihrer Frau lesen zu können, bekommen Sie ständig eine Fehlermeldung, wenn Sie versuchen, sich in sein oder ihr Herz »einzuloggen«. Statt eines vertrauten Zwiegesprächs von Herz zu Herz erhalten Sie die Nachricht: Auftrag »meineehepartnerverstehen.com – Senden« konnte nicht ausgeführt werden; »Zeitlimit zur Entschlüsselung der Nachricht des Senders wurde überschritten. Sollten Sie diese Fehlermeldung weiterhin erhalten, bitte Ihre geheime Sprache installieren und Ihre Nachricht erneut senden«.

Codes gibt es überall in unserer Umgebung

Es ist möglich, eine unkomplizierte und befriedigende Ehe zu führen, aber Sie müssen die geheime Sprache oder den Zugangscode kennen und nutzen, damit die Verbindung zu Ihrem Partner oder Ihrer Partnerin intakt bleibt und gelingt. Codes gibt es überall in unserer Umgebung. Wir haben Zugangscodes für Eingänge und Bankkonten. Wir haben Passwörter für Computer, unseren elektronischen Arbeitsplatz und interaktive Webseiten. Wir haben Fernbedienungen für unsere Autos, Fernseher und Heimkino-Systeme. Außerdem lassen wir uns von Doku-Sendungen fesseln, in denen irgendein Forscher versucht, die Geheimnisse des Lebens zu entschlüsseln. Wir haben tatsächlich Wege gefunden, die mühselige Arbeit der Forensik, der Tatortuntersuchung oder der Diagnose von Krankheiten zu einer entspannten Unterhaltung werden zu lassen.

♡⌂♡⌂♡⌂♡⌂♡⌂♡⌂♡⌂♡

Es ist möglich, eine unkomplizierte und befriedigende Ehe zu führen, aber Sie müssen die geheime Sprache oder den Zugangscode kennen und nutzen, damit die Verbindung zu Ihrem Partner oder Ihrer Partnerin intakt bleibt und gelingt.

♡⌂♡⌂♡⌂♡⌂♡⌂♡⌂♡⌂♡

Wir lassen uns die Richtung von GPS-Systemen zeigen, auf jedem Produkt, das wir kaufen, sehen wir einen Strichcode, und wir nutzen die bequeme Zahlungsmöglichkeit mit Kreditkarten, auf deren Magnetstreifen wichtige Informationen gespeichert sind. Das

Militär benutzt Codes, um die Sicherheit unserer Nation zu erhöhen. Unternehmen benutzen Codes, um Kundendaten zu sammeln, unser Kaufverhalten vorauszusagen und ihr eigenes Fachwissen zu schützen.

Geheimsprachen gibt es in allen erdenklichen Formen und in jeglichem Umfang, und sie können sehr nützlich sein, um Vertrauen zu gewinnen und Informationen zu bekommen.

Auch Sie haben einen Code

Was ist nun die »geheime Sprache glücklicher Paare«? Es handelt sich um eine Kombination von Nutzernamen und Passwörtern, die Ihnen den Zugang zu den besten Seiten Ihrer Beziehung erschließen. Wenn diese Codes erprobt sind, scheint Ihre Beziehung relativ leicht zu gelingen. Die Art und Weise, wie Sie miteinander umgehen, Ihre Liebe zum Ausdruck bringen, Konflikte austragen und Entscheidungen treffen, ist für beide Ehepartner befriedigend. Fehlt der Code jedoch, dann hakt es in allen Bereichen Ihrer Beziehung. Ihre Versuche, den emotionalen Kontakt herzustellen, misslingen, Ihre gegenseitige Liebe ist schwer zu fassen, und Sie scheinen über alles und jedes gegensätzlicher Meinung zu sein.

Es ist wichtig, folgende Tatsachen über Ihre geheime Sprache zu kennen:

- ♥ Ob der Code erprobt ist, lässt sich eindeutig feststellen, weil Ihre Beziehung dann gut funktioniert.
- ♥ Genauso klar ist, wann der Code nicht erprobt ist, denn dann hakt es an allen Ecken und Enden.
- ♥ Wie Sie über Ihren Zugangscode an die Beziehung herangehen, lernen Sie durch tägliches Einüben.

♥ Der Ehe-Code beruht auf denjenigen Bedürfnissen, die bei Männern und Frauen besonders häufig sind.

Vielleicht fragen Sie:»Warum brauchen wir einen Code, um miteinander klarzukommen? Geht es denn nicht einfacher? Können wir nicht einen guten Rhythmus für unsere Beziehung finden und bei diesem Rhythmus bleiben?« Leider müssen wir Ihnen sagen, dass es eben nicht so einfach geht. Sie beide sind sehr verschieden, und Sie haben unterschiedliche Bedürfnisse. Das gehört zu Ihrer Identität. Diese Bedürfnisse prägen die Art und Weise, wie Sie an das Leben herangehen und wie Sie in Beziehungen interagieren.

Was sind nun diese ganz persönlichen Bedürfnisse? Jeder Mensch hat ein Bedürfnis nach Sicherheit und Erfolg. Sicherheit bedeutet in diesem Zusammenhang die Gewissheit, dass ich die Person sein darf, die ich bin. Irgendwann auf Ihrem Lebensweg sind Sie zu der Erkenntnis gekommen, dass Sie nur begrenzte Kontrolle über Ihr Leben haben. Sie bringen eine Persönlichkeit mit, die über Ihre Vorlieben und Motivationen entscheidet. Sie wurden entweder als Mann oder als Frau geschaffen, mit allen hormonellen, emotionalen und sozialen Herausforderungen, die mit Ihrem Geschlecht verbunden sind. Sie haben ein bestimmtes Maß an intellektueller Leistungsfähigkeit und an Talenten, die Sie in Ihrem Leben anwenden können. Und Sie haben einen Körper, der bemerkenswerte Fähigkeiten besitzt, aber anfällig für die Einflüsse Ihrer Umgebung ist. Die Folge ist, dass Sie in Ihrem Leben Energie dafür aufwenden müssen, für sich selbst und für die Menschen, die Sie lieben, eine sichere Umgebung zu schaffen und diese auch zu erhalten.

Erfolg dagegen bedeutet, das eigene Leben bewältigen zu können: Ich kann tun, was bei den Vorhaben und Verpflichtungen, die ich eingegangen bin, von mir erwartet wird. Dazu gehört eine produktive berufliche Laufbahn und ein ausreichendes Einkommen für die Familie, aber das ist noch nicht alles. Wie Sie Ihren Erfolg einschätzen, hängt auch davon ab, wie Sie beide miteinander umgehen, Ihre Kinder erziehen, für Ihr körperliches Wohl sorgen, Stress bewältigen, Entscheidungen treffen und Ihre Zeit einteilen. Ein weiterer Aspekt ist das Bewusstsein, dass Ihr Leben einen Sinn hat. Vielleicht können Sie diesen Sinn nicht klar benennen, aber Sie haben einen Eindruck davon, ob Ihr Leben einen Zweck erfüllt, und wenn das der Fall ist, macht das Leben Ihnen mehr Freude.

Der Balance-Akt

Als alleinstehende Person gelang es Ihnen vermutlich gut, diese Bedürfnisse im Gleichgewicht zu halten. Da Sie alle Entscheidungen in Ihrem Leben selbst treffen konnten, hatten Sie die Wahl, wie sehr Sie sich auf Sicherheit konzentrieren wollten und welches Gewicht Sie auf Erfolg legen würden. In der Zeit des Kennenlernens war es wahrscheinlich auch noch relativ einfach, ein Gleichgewicht beizubehalten, bei dem Sie sich besonders wohlfühlten, weil Sie am Ende des Tages immer nach Hause gehen konnten. Und in schwierigeren Zeiten war es eine ganz natürliche Sache, ein wenig auf Distanz zu gehen, bis Sie beide Ihr Gleichgewicht wiedergefunden hatten, um dann wieder aufeinander zuzugehen.

Dann trafen Sie die Entscheidung, zu heiraten. Als Ehepaar haben Sie wahrscheinlich festgestellt, dass Sie unterschiedlich mit Sicherheit und Erfolg umgehen.

Die Suche nach Sicherheit

Für die meisten Frauen ist Sicherheit ein lebendigeres und häufigeres Bedürfnis als Erfolg. Es ist nicht so, dass wir nicht erfolgreich sein wollen; es geht einfach darum, dass wir Erfolg als ein Mittel betrachten, durch das wir Sicherheit gewinnen. Das Bedürfnis, uns sicher zu fühlen, haben wir besonders oft, und es entscheidet über die Qualität aller anderen Bereiche unseres Lebens. Für Männer ist dieses tiefe Bedürfnis nach Sicherheit schwer zu verstehen, weil es unser ganzes Leben bestimmt und seine konkrete Gestalt sich rasch ändern kann. Zur Sicherheit in unserem Leben gehören viele Aspekte:

♥ Äußere Sicherheit
♥ Genug Geld für den familiären Bedarf
♥ Wertschätzung durch die Menschen, die wir am meisten lieben
♥ Gelegenheiten, uns selbst und unsere Überzeugungen zum Ausdruck zu bringen
♥ Möglichkeiten, produktiv zu sein
♥ Ein Ort, der unser Zuhause ist
♥ Zeit für uns selbst
♥ Hin und wieder ein wenig verwöhnt werden
♥ Die Gewissheit, dass mein Mann die Dinge ernst nimmt, die mir wichtig sind
♥ Die Freiheit, die Frau zu sein, die ich heute bin

Zweifellos spielt der letzte Aspekt – »Die Freiheit, die Frau zu sein, die ich heute bin« – eine zentrale Rolle, wenn es darum geht, sich sicher zu fühlen. Für uns Frauen ist das Leben durch ständige Veränderung geprägt. Es beginnt mit dem »Geschenk« der Menstruation. Dieser wertvolle Aspekt unseres Lebens sorgt dafür, dass unsere Emotionen, unser Körper und unsere Wahrnehmung der Dinge ständig in Bewegung bleiben. An einigen Tagen fühlen wir uns großartig in unserer Haut und sind bereit, uns jeder Herausforderung zu stellen. An anderen Tagen fühlen wir uns aufgebläht und hässlich und wertlos. Dann wiederum gibt es Tage, an denen wir traurig sind, uns Sorgen machen und überreagieren. Und diese Tage kommen und gehen von Monat zu Monat! Das führt dazu, dass es recht »interessant« ist, mit uns zu leben. Die Vermutung, dass Ihre Frau »ihre Tage« hat, liegt nahe,

♥ wenn sie nicht mehr die Zeitschrift Glamour liest, sondern sich für einen Kurs in Selbstverteidigung interessiert.
♥ wenn sie Schokolade als Grundnahrungsmittel betrachtet.
♥ wenn sie sich ein T-Shirt mit einem Stierkopf kauft.
♥ wenn sie am Mittagstisch auf Ihre Bitte, Ihnen das Salz zu geben, antwortet: »Immer soll ich geben, geben, geben. BIN ICH ETWA DAS MÄDCHEN FÜR ALLES?«

Innerlich sehnen wir uns danach, jemanden zu finden, der uns akzeptiert und uns an den guten wie an den schlechten Tagen liebt, die sich in so rascher Folge ablösen. Wir befürchten insgeheim, dass unsere emotionalen Schwankungen unseren Ehemann irgendwann vertreiben könnten, was uns in diesem Bedürfnis nur noch sensibler macht.

Deshalb reagieren wir unserem Partner gegenüber oft mit emotionalen Ausbrüchen oder mit Schweigen. Unsere Reaktionen können so markant ausfallen, dass unser Ehemann tatsächlich denkt, wir wüssten genau, was wir tun.

Dieses Missverständnis zeigt sich besonders häufig in Gesprächen. Man hat nachgewiesen, dass wir Frauen ein Gespür dafür haben, wann in den wichtigen Beziehungen unseres Lebens irgendetwas nicht stimmt. Wenn wir das erkennen, fangen wir an, die Dinge zur Sprache zu bringen. Vielleicht wissen wir gar nicht genau, wo das Problem liegt. Wir wissen einfach, dass es eines gibt. Unser armer Ehemann aber denkt, wir wären uns über das Problem genau im Klaren, weil wir mit solcher Intensität an das Gespräch herangehen. Und wir wollen nicht zugeben, dass wir noch im Dunkeln tappen, weil wir uns dann inkompetent und unsicher fühlen. Vielleicht ist uns sogar bewusst, dass wir unvernünftig reagieren, aber wir machen weiter, in der Hoffnung, dass er mit uns klarkommt.

Bill und ich saßen an meinem Computer und arbeiteten gemeinsam an einem Projekt. Ohne zu wissen, warum, ärgerte ich mich über ihn. Alles, was er zu mir sagte, ging mir auf die Nerven. Seine Ideen wirkten auf mich kontrollierend. Ich spürte einen inneren Widerstand gegen alles, was er tun wollte. Immer wieder versuchte Bill vergeblich, zu mir durchzudringen.

Frustriert platzte er schließlich heraus: »Mensch, du scheinst mich echt zu vermissen, oder?«

Es war, als hätte jemand einen Korken gezogen und den ganzen Frust aus mir abfließen lassen. Bill hatte mein emotionales Bedürfnis nach Sicherheit auf den Punkt getroffen. Sein Arbeitspensum war in dieser Zeit unseres Lebens so hoch gewesen, dass ich allmählich angefangen hatte, zu zweifeln, ob ich ihm noch wichtiger war als seine Arbeit und ob ich je wieder seine ganze Aufmerksamkeit bekommen würde. Doch die bloße Tatsache, dass er meinen Kummer wahrgenommen hatte, genügte, um ihn auszuräumen. Sofort fiel die Anspannung von mir ab.

Ich lächelte Bill zu und sagte kleinmütig: »Ja. Konntest du das merken?« Natürlich konnte er. Er hatte es ja gerade bewiesen, aber ich wollte seine Bestätigung hören.

Seine Annahme und sein Verständnis für mich, so wie ich war, änderten die Atmosphäre für den Rest des Tages. Es war einer jener

Tage für mich als Frau, an denen ich mich von den Dingen überwältigt fühlte und einfach eine Bestätigung brauchte, dass ich bei Bill sicher war. Ich hatte noch den ganzen Tag mit der Frustration zu kämpfen, aber wir konnten gemeinsam damit umgehen, statt dass ich meinen Frust an Bill ausließ.

Der Weg zum Erfolg

Für die meisten Männer ist Erfolg ein lebendigeres und häufigeres Bedürfnis als Sicherheit. Es ist nicht so, dass wir keine Sicherheit wollen; aber wir sind einfach bereit, Sicherheit aufzugeben, wenn es darum geht, das zu tun, was wir am besten können. Das Gefühl, erfolgreich zu sein, ist das Bedürfnis, das wir am häufigsten verspüren, und es wirkt sich auf die Qualität aller anderen Dinge in unserem Leben aus. Wie ein Mann nach Erfolg strebt, ist für Frauen oft schwer nachzuvollziehen, weil es dabei nicht unbedingt auf Produktivität ankommt. Es geht uns darum, unsere Zeit, unser Geld und unsere Energie für diejenigen Aufgaben einzusetzen, von denen wir wissen, dass wir gut darin sind. Wir sind hoch motiviert, uns auf diese Bereiche unseres Lebens zu konzentrieren. Gleichzeitig zeigen wir ein starkes Desinteresse an allen Bereichen, in denen wir uns nicht kompetent fühlen. Zum Erfolg in unserem Leben gehört deshalb:

- ♥ herauszufinden, was wir gut können und worin wir nicht so gut sind.
- ♥ unsere Zeit für das zu nutzen, worin wir gut sind.
- ♥ unser Leben nach den Dingen zu beurteilen, die wir gut machen.
- ♥ eine große Entschlossenheit, unsere Sache gut zu machen.

- Lebensbereiche zu meiden, in denen wir uns schwertun.
- den größten Teil unserer Zeit solchen Aufgaben zu widmen, für die wir Komplimente bekommen.
- der Wunsch, Beziehungen so einfach wie möglich zu gestalten, um den Erfolg zu sichern.
- der Wunsch nach einem reibungslosen Leben, das einfach ist, weil wir die meisten Anforderungen, die an uns gestellt werden, kompetent erfüllen können.

Die umfassendste Beschreibung für das Erfolgsbedürfnis eines Mannes ist seine »große Entschlossenheit, seine Sache gut zu machen«. Die meisten von uns können das gut verstehen, solange ein Mann Wert darauf legt, produktiv zu sein. Wenn er eifrig damit beschäftigt ist, seinem Beruf nachzugehen, die Kinder bei ihren sportlichen Aktivitäten zu unterstützen und das Haus, den Garten und das Auto instand zu halten, bewundern wir ihn. Wir wissen, dass viele Männer sich von diesen Aufgaben völlig vereinnahmen lassen und darüber die Menschen vernachlässigen, die ihnen eigentlich wichtig sind. Das scheint aber irgendwie ein natürliches Phänomen zu sein.

Weniger verständlich finden wir es, wenn ein Mann beschließt, seinen Erfolg darin zu suchen, dass er *weniger* leistet als erwartet. Die primären Bedürfnisse – nach Sicherheit und nach Erfolg – werden individuell definiert, sodass Erfolg für den einen Mann etwas anderes bedeutet als für den anderen. Wenn ein Mann ständig kritisiert wird, besonders, wenn dies schon in seiner Kindheit der Fall war, kann er daraus folgern, dass es seine »Stärke« ist, bequem oder nicht besonders kompetent zu sein. Wenn diese Schlussfolgerung sich verfestigt, wird er fest entschlossen sein, weniger zu leisten, als von ihm erwartet wird. Man kann auf seinen Mangel hinweisen, ihn herausfordern, zu handeln, und ihm zeigen, wie er erfolgreich

sein kann, aber er wird weiter hinter seinen Möglichkeiten zurückbleiben, weil er glaubt, dass er das am besten kann.

Es ist oft so, dass ein Mann in einigen Bereichen außerordentlich produktiv ist, während er auf anderen Gebieten wenig Selbstvertrauen hat. Das hat Auswirkungen auf die Ehebeziehung, denn
er wird viel Energie in die Bereiche investieren, die er beherrscht,
und die übrigen Bereiche meiden, da sie für ihn eine Herausforderung darstellen. Das ist anstrengend, weil er sich wahrscheinlich in
den Bereichen unzulänglich fühlt, in denen seine Frau ihre größten
Stärken hat.

Frauen sagen uns zum Beispiel oft: »Ich wünschte, mein Mann
würde mehr mit mir reden.« Oder: »Wie bringe ich meinen Mann
dazu, sich mir gegenüber zu öffnen?« Im Vergleich zu ihren Frauen
fühlen sich die meisten Männer im Nachteil, wenn es um Gespräche
geht. Sie spricht schneller als er, sie wechselt das Thema so rasch,
dass er nicht folgen kann, und sie fühlt sich durch das Gespräch gestärkt. Er fühlt sich von Anfang an im Nachteil, während er dem Gespräch zu folgen versucht. Alles, was er sagt, ist wie ein Stichwort,
das seiner Frau nur noch mehr Gesprächsstoff liefert. Am Ende der
Unterredung ist er wahrscheinlich müde. Mit der Zeit kommt er zu
dem Schluss, dass Reden nicht zu seinen Stärken gehört. Darum
meidet er Gespräche zugunsten von Aktivitäten, in denen er mehr
Aussicht auf Erfolg hat.

Die geheime Sprache widerspricht also unserer Intuition. Der
Nutzername und das Passwort, die einem Mann eine funktionierende Beziehung zu seiner Frau erschließen, lauten:

Nutzername: Ehemann
Passwort: Sicherheit

Ein Mann würde normalerweise das Passwort Erfolg bevorzugen, weil es seinen eigenen Bedürfnissen und Prioritäten entspricht. Deshalb versucht er automatisch, seiner Frau zu helfen, bei ihren Zielen im Leben erfolgreich zu sein.

♥ Wenn sie ein Problem nennt, mit dem sie konfrontiert ist, möchte er das Problem für sie lösen und ihr Held sein.

♥ Wenn er merkt, dass sie über ihr Leben frustriert ist, zieht er den Schluss, dass es ihr besser ginge, wenn sie eine berufliche Tätigkeit hätte, in der sie produktiver sein könnte.

♥ Er möchte einfache Gespräche führen, die zu klaren Entscheidungen führen.

♥ Er möchte ihr Ratschläge geben, wie sie ihre Emotionen kontrollieren, ihre Verpflichtungen erfüllen und ausgeglichen bleiben kann.

Er ahnt nicht, dass solche Antworten sie in der Beziehung verunsichern, weil sie nicht die Frau sein kann, die sie eigentlich ist. Stattdessen hat sie das Gefühl, vor ihrem Ehemann eine Rolle spielen zu müssen, um so zu sein, wie er es sich wünscht. Innerlich weiß sie aber, dass Beziehungen eigentlich anders aussehen sollten. Also beginnt sie, zu streiten und sich zu sperren.

Die geheime Sprache wird aktiviert, wenn ein Mann es lernt, Sicherheit als Passwort einzugeben. Das tut er, indem er sich auf die Fahne schreibt, in allen Dingen zuerst dem Sicherheitsbedürfnis seiner Frau zu begegnen. Jedes Mal, wenn sie von ihm das Signal bekommt: »Du bist bei mir sicher, und du darfst die Frau sein, die du gerade bist«, fühlt sie sich zu ihm hingezogen und kann sich in der Beziehung entspannen.

Diese Fähigkeit müssen Männer erst erlernen, denn sie widerspricht unserem instinktiven Verhalten.

Der Nutzername und das Passwort, die einer Frau eine sichere Beziehung zu ihrem Mann erschließen, lauten:

Nutzername: Ehefrau
Passwort: Erfolg

Eine Frau würde lieber das Passwort Sicherheit eingeben, weil es ihren eigenen Bedürfnissen und Prioritäten entspricht. Ihr größter Wunsch ist, mit ihrem Ehemann auf allen Ebenen verbunden zu sein: emotional, gesellschaftlich, in der Freizeit, geistlich und finanziell. Sie möchte die Beziehung vertiefen und ihrem Ehemann helfen, die emotionale Erfüllung zu erfahren, mit der sie lebt.

♥ Wenn sie miteinander reden, möchte sie mit ihrem Mann emotional verbunden sein.

♥ Sie möchte, dass die Dinge des Lebens ihrem Mann ebenso wichtig sind wie ihr selbst.

♥ Wenn er über sein Leben frustriert ist, geht sie davon aus, dass es ihm besser gehen wird, wenn er darüber redet.

♥ Sie möchte ihm Ratschläge geben, wie er bessere Entscheidungen treffen, besser mit Menschen in Beziehung treten und bessere Verhaltensweisen entwickeln kann.

Das alles entspringt aus ehrlichen Motiven, aber ihr Mann fühlt sich dadurch eher kontrolliert als respektiert. Irgendwann zieht er den Schluss, dass er nie genug tun kann oder dass alles, was er tut, nie gut genug sein kann, um es ihr recht zu machen. Gespräche, die früher erfreulich verliefen, werden nun immer defensiver.

Die geheime Sprache wird aktiviert, wenn eine Frau es lernt, Erfolg als Passwort einzugeben. Das tut sie, indem sie sich auf die Fahne schreibt, eine Atmosphäre zu schaffen, in der ihr Mann bei ihr erfolgreich sein kann. Jedes Mal, wenn er von ihr das Signal bekommt: »Ich mag deine Art, zu leben, und ich mag deine Art, mich zu lieben«, fühlt er sich zu ihr hingezogen und gewinnt Selbstvertrauen in der Beziehung.

Diese Fähigkeit müssen Frauen erst erlernen, denn sie widerspricht unserem instinktiven Verhalten. Aus der Sicht eines Mannes gelingt eine Beziehung, wenn er merkt,

♥ dass der Stress in seinem Leben nachlässt, wenn er Zeit mit seiner Frau verbringt.
♥ dass beide sich an die Entscheidungen halten, die sie getroffen haben.
♥ dass sie miteinander lachen können, wenn er Zeit mit seiner Frau verbringt.
♥ dass er Zeit hat, an seinen Verpflichtungen zu arbeiten.
♥ dass seine Frau immer wieder mit ihm flirtet.
♥ dass seine Bemühungen, die Beziehung zu vertiefen, anerkannt werden.

Die Lernkurve

Als wir heirateten, wussten wir fast nichts über unsere geheime Sprache. In der Zeit, als wir einander näher kennenlernten, war das Zusammensein mit Pam so einfach, dass ich sie für die unkomplizierteste Person hielt, die mir je begegnet war. Sie war voller Energie, sie lachte jeden Tag, und es war selbstverständlich für sie, anderen zu helfen, im Glauben zu wachsen und mehr über Jesus zu lernen. Ich hätte nie gedacht, dass Unsicherheit ihr den Tag verderben und mein Vertrauen in unsere Beziehung auf die Probe stellen könnte.

Bill wiederum reagierte so gelassen und flexibel auf Veränderungen und folgte Jesus mit solcher Hingabe, dass ich dachte, es würde einfach sein, mit ihm zu leben. Ich war wirklich davon überzeugt, dass er in der Lage sein würde, mit jeder emotionalen Schwankung in meinem Leben umzugehen, sich auf jede neue Herausforderung einzustellen und in den Stressmomenten unseres Alltags gelassen zu bleiben. Ich hätte nie gedacht, dass sein Bedürfnis nach Erfolg ihn starrsinnig und distanziert machen könnte.

Ich (Bill) erinnere mich noch an den Moment, als mir bewusst wurde, wie stark Pams Bedürfnis nach Sicherheit war. Es passierte während unserer Flitterwochen. Wir hatten uns für eine Woche in ein Ferienzentrum im Gebirge zurückgezogen, um uns besser kennenzulernen und vertrauter zu werden. Jeden Tag äußerte sie kritische Bemerkungen über sich selbst. Sie war nicht groß genug, hatte keine besonders zarte Haut, ihr Haar war zu störrisch, ihre Stimme zu schrill und so weiter und so fort. Ich merkte, dass ich ihr mehr Bestätigung gab, als ich je zuvor einem Menschen gegeben hatte. Ich tat das gerne, aber ich war nicht auf das vorbereitet, was dann passierte.

Am Ende der Woche fuhren wir nach Idaho, um ein paar Tage bei Pams Mutter zu verbringen. Sie hatte ihre Familienangehörigen und Freunde zu einem Empfang eingeladen. Während unseres Besuchs benahm Pam sich launisch und rechthaberisch, und ihre Geschwister fingen an, sie deswegen zu hänseln. Aus meiner Sicht war es ein normales Geplänkel zwischen Geschwistern, aber es verletzte Pam. Als ich das neckische Treiben beobachtete, musste ich lachen, was Pam noch wütender machte. Sie warf mir einen Blick zu, der mich frösteln ließ, und stürmte hinauf in unser Schlafzimmer. Man brauchte kein Experte zu sein, um zu merken, dass irgendetwas nicht stimmte, also folgte ich ihr.

»Pam, was ist denn los?«

»Du hast dich auf ihre Seite gestellt. Ich bin deine Frau, aber du hast dich auf ihre Seite gestellt!«

Ich hatte nicht einmal gemerkt, dass es in dieser Situation verschiedene Seiten gab, für die man sich entscheiden musste. Es war eine zwanglose Unterhaltung gewesen, und ich war ziemlich sicher, dass Pam auch früher von ihren Geschwistern geneckt worden war. Sie wollten sie nicht fertigmachen, sondern einfach herausfinden, wie es war, eine ältere Schwester zu haben, die nun verheiratet war. Offenbar erwartete Pam von mir, sofort von meinem Stuhl aufzuspringen und ihren Geschwistern die Stirn zu bieten: »Ich werde nicht zulassen, dass ihr Pam je wieder so gemein behandelt. Als ihr Ehemann bin ich ein Schutzwall, der sie und ihre Gefühle schützt. Hört sofort auf, oder ihr werdet was erleben!«

Es war das erste Gespräch mit Pam, das ich einfach nicht verstehen konnte. Es schien kein wirkliches Problem zu geben, und es war offensichtlich nicht möglich, eine vernünftige Unterhaltung mit ihr zu führen. Ich konnte ihre Geschwister nicht verteidigen, sonst hätte ich meine Frau noch wütender gemacht. Gleichzeitig sah ich keine Möglichkeit, Pam zu unterstützen, weil sie in meinen Augen nicht recht hatte.

Im Rückblick weiß ich, dass sie nur die Bestätigung brauchte, mir wichtiger zu sein als jeder andere in diesem Raum. Es war ein rein emotionales Bedürfnis für sie, zu wissen, wie viel sie mir bedeutete. Heute ist mir das klar, aber damals wusste ich es nicht. Ich tat mein Bestes, sie zu trösten, aber ich kehrte mit dem Gedanken zurück, dass wir nichts gelöst hatten.

Da diese Geschichte mit ihren Geschwistern zu tun hatte, ging ich davon aus, dass das Problem uns nicht nach Hause begleiten würde. Wie dumm von mir! Eines Abends saßen wir im Wohnzimmer, und ich sagte etwas zu Pam, das anscheinend ihre Gefühle verletzte. Sie sprang vom Sofa auf, rief: »Du liebst mich nicht mehr!«, und rannte in unser Schlafzimmer. Völlig überrumpelt, brachte ich kein Wort hervor und sah schweigend zu, wie sie die Tür hinter sich zuschlug. Ich blieb im Wohnzimmer und wartete, ob sie sich wieder beruhigen und zurückkommen würde, um zu reden. Als nach einigen Minuten klar war, dass Pam nicht wieder aus dem Schlafzimmer kommen würde, beschloss ich, mich hineinzuwagen. Sie lag der Länge nach auf dem Bett und schluchzte.

Hilfe, darauf hat Dad mich nicht vorbereitet!

Ich wusste nicht, was ich verbrochen hatte, aber es handelte sich offenbar um eine ernste Missachtung des Prinzips »Liebe deine Frau«. Ich tat mein Bestes, Pam zu trösten. Immer wieder sagte ich ihr: »Ich liebe dich!«, und hoffte, es würde zu ihr durchdringen. Da ich davon ausging, dass ich etwas falsch gemacht haben musste, bemühte ich mich, herauszufinden, was es gewesen sein könnte. Was immer es gewesen war, kam nie ans Licht, aber irgendwann entspannte sich die Atmosphäre wieder.

Damals wusste ich nicht, dass das Problem das Bedürfnis nach Sicherheit war. Pam brauchte die Bestätigung, dass sie bei mir sicher war, dass ich sie lieben würde, ob ich ihr Verhalten nun verstehen konnte oder nicht. Sie brauchte die Gewissheit, dass ich intellektuelle Gespräche mit ihr suchte, sie aber auch bei irrationalen Reaktionen lieben würde.

Hätte ich damals gewusst, was mir heute klar ist, hätte ich Pam einfach immer und immer wieder gesagt, dass sie sich bei mir sicher fühlen kann. Ich hätte ihr in die Augen geschaut und ihr so lange gesagt, dass sie bei mir sicher ist, bis sie mir geglaubt hätte.

Es wächst sich nicht aus

Nur zu gern würde ich Ihnen jetzt sagen, dass Pam ihr hohes Sicherheitsbedürfnis überwunden hat, aber dann würde ich Ihnen etwas vormachen. Das Bedürfnis hat zwar mit Pams wachsender Reife nachgelassen, aber es kommt noch heute gelegentlich zum Vorschein. Kürzlich führten wir zum Beispiel folgendes Gespräch über eines meiner schriftstellerischen Projekte:

»Pam, ich treffe mich mit Tom, um zu planen, wie wir das neue Projekt am besten veröffentlichen.«

»Warum machst du es denn mit Tom?«, fragte Pam.

Tom ist seit Jahren ein guter Freund von uns, deshalb überraschte mich der bissige Tonfall ihrer Stimme.

»Er versteht das Konzept und war immer von dem Projekt begeistert. Außerdem kennt er sich sehr gut im Marketing aus«, sagte ich.

Pam schwieg nur. Die verbale Kommunikation war zu Ende, aber die Körpersprache ging weiter und signalisierte Unzufriedenheit. Erst am nächsten Tag war es so weit, dass wir das eigentliche Gespräch führen konnten.

»Bill, erinnerst du dich noch an das blöde Gespräch gestern? Möchtest du wissen, was da eigentlich los war?«

»Und ob ich das will! Danke, dass du es ansprichst!« (Was ich meinte, war: »Ja, bitte! Schließlich weiß ich, dass ich es bitter bezahlen werde, wenn ich es nicht herausfinde. Außerdem befinden wir uns ja gerade auf einer Kreuzfahrt, und ich würde während der Ferien gern wieder mit dir schlafen!«)

»Als du sagtest, dass du mit Tom zusammenarbeiten wirst, hat das meine Gefühle verletzt. Ich dachte, es bedeutet, dass du nicht mit mir arbeiten willst. Da wurde ich irgendwie eifersüchtig. Ich weiß ja, dass es nur an meiner Unsicherheit lag und dass ich mich nicht bedroht fühlen muss. Ich vertraue dir, und ich schätze Tom wirklich. Eigentlich bin ich schon ganz gespannt, wie das Projekt laufen wird.«

Wir konnten ihrem Bedürfnis zwar effektiv begegnen, aber dieses Bedürfnis besteht noch immer. Wenn wir den richtigen Code unseres Partners bzw. unserer Partnerin kennen, haben wir einen direkteren Zugang, um sein bzw. ihr Herz zu erreichen. Kleine Meinungsverschiedenheiten eskalieren nicht so leicht zu echten Konflikten. Probleme lassen sich schneller und mit größerer Vertrautheit lösen, und es kommt seltener zu Spannungen, wenn wir uns gemeinsam bemühen, dem Bedürfnis unseres Partners nach Sicherheit oder Erfolg zu begegnen.

Ich (Pam) erinnere mich auch an den Moment, als mir zum ersten Mal bewusst wurde, dass Bill das Leben und die Liebe aus der Perspektive des Erfolgs betrachtet. Wir waren ungefähr ein Jahr verheiratet, als Bill eines Abends von der Arbeit nach Hause kam und sich anders verhielt als sonst. Er war still und reagierte gereizt auf jede Kleinigkeit wie zum Beispiel ein paar Spritzer in der Küche oder die offenen Rechnungen. Ich dachte, es wäre sicher bald vorüber, aber sein Verhalten blieb länger so, als mir gut erschien. Darum fragte ich ihn: »Bill, was ist los? Du bist so anders als sonst.«

»Ich glaube, ich kann das einfach nicht mehr«, platzte er heraus.

Sofort stiegen meine Ängste in mir hoch. »Was soll das heißen? Du kannst das nicht mehr? Was meinst du mit ›das‹?« (Dieses »das« konnte alles Mögliche sein: dieser Tagesablauf, dieses Apartment, diese Arbeitsstelle, unsere Ehe!)

»Ich glaube, ich kann nicht mehr in diesem Beruf arbeiten. Im tiefsten Herzen wünsche ich mir nichts mehr, als im vollzeitigen Dienst zu arbeiten. Ich muss irgendeinen Weg finden, aber es fällt mir unglaublich schwer, dich zu fragen, weil es ein großes Opfer bedeuten würde.«

»Es geht nur um deinen Beruf? Wenn du eine andere Laufbahn einschlagen willst, bin ich völlig einverstanden«, sagte ich erleichtert.

»Bist du sicher? Es würde bedeuten, dass ich wieder zur Schule gehen würde und wir ständig Hotdogs und Bohnen essen müssten.«

An diesem Abend sagte ich Bill, dass ich gern bereit dazu war, jede Einschränkung auf mich zu nehmen, wenn ich ihm damit helfen würde, sein Ziel zu erreichen. Damals ahnte ich nicht, wie stark sich meine Unterstützung auf Bill auswirken würde. Er schöpfte daraus sofort neue Energie. Innerhalb weniger Wochen hatte er einen Plan entwickelt, wie wir sechs Monate lang sparen konnten und durch eine nebenberufliche Tätigkeit unsere laufenden Rechnungen bezahlen konnten. Der Plan war, dass er innerhalb von zwei Jahren seinen College-Abschluss machen würde. Er arbeitete härter als je zuvor, aber zugleich gab er mir mehr Bestätigung, als ich je zuvor von ihm bekommen hatte. Es schien, als würde ich in seinen Augen plötzlich besser aussehen, geistlich reifer handeln und mehr Vertrauen verdienen. Ich wusste, dass etwas Wichtiges geschehen war, obwohl ich damals nicht erkannte, dass es um das starke Bedürfnis meines Mannes ging, erfolgreich zu sein.

Ich hielt das Ganze für eine rein berufliche Sache, bis sein Bedürfnis auch in anderen Bereichen auftauchte. Wenn Bill ein Projekt unbedingt erledigen und richtig machen wollte, arbeitete er stundenlang daran. Einmal stellte er ein Schmuckkästchen mit kleinen Schubladen und Glasblenden für mich her und verbrachte fünf Tage in der Werkstatt meines Großvaters, bis er es fertig hatte. Ich wusste diesen Ausdruck seiner Liebe zu schätzen, wunderte mich aber, dass er so viel Zeit für ein einziges Projekt aufwenden konnte, während wir Urlaub machten.

Dann merkte ich allmählich, dass Bill ziemlich empfindlich reagierte, wenn ich Kritik äußerte. Wenn andere Leute ihn auf etwas hinwiesen, das er ändern sollte, akzeptierte er das ohne Weiteres. Kam dieselbe Anfrage von mir, wurde er entweder wütend oder gab stundenlang keinen Ton mehr von sich. Zuerst kam mir das alles ziemlich albern vor, aber inzwischen habe ich erkannt, dass Bill in Beziehungen und bei Projekten auf Erfolg angewiesen ist, und wenn er erfolgreich ist, kann man viel leichter mit ihm leben.

So, wie ich mein Bedürfnis nach Sicherheit nicht überwunden habe, hat Bill sein Bedürfnis nach Erfolg nicht überwunden.

Bill hat gerade eine Phase großer Veränderungen hinter sich. Nachdem er sich zwanzig Jahre lang in der örtlichen Gemeinde engagiert hatte, nahm er kürzlich die Herausforderung an, vollzeitig als Gemeindereferent, Konferenzsprecher und Autor zu arbeiten. In seiner Gemeindetätigkeit schätzte er langfristige Beziehungen, bei denen er von Woche zu Woche die Fortschritte im Leben der Menschen beobachten konnte. Jetzt sieht er eine Änderung im Leben der Menschen innerhalb einer Woche oder an einem Wochenende, um dann zum nächsten Veranstaltungsort aufzubrechen.

Ich weiß, dass es ihm Freude macht, aber ich merke auch, wie er darum ringt, in diesem neuen Dienst erfolgreich zu sein. In der Ortsgemeinde konnte er die Dinge gut einschätzen. Sein Gespür in der freiberuflichen Tätigkeit ist noch nicht so gut entwickelt. Er hat viel zu lernen, und für mich ist offensichtlich, dass ihm die Anforderungen des Reisedienstes zu schaffen machen. Er kann besser damit umgehen, als es in der Anfangszeit unserer Ehe der Fall gewesen wäre, aber er befindet sich jeden Tag an der Grenze seiner Belastbarkeit. Er ist ein ausgesprochen guter »Pastor für Pastoren« und »Ehe- und Beziehungsberater«. Aber die geschäftliche Seite dieser vollzeitigen Lebensweise ist mit einigen neuen Vorgaben und Zielen verbunden, die er manchmal als Hindernisse für den Erfolg erlebt.

Ich weiß, dass er sehr zu kämpfen hat, weil er leicht zu verletzen ist und sich öfter als gewohnt entschuldigen muss. Stundenlang sitzt er im Büro und versucht, die organisatorischen Seiten seines unsteten Lebens in den Griff zu bekommen. Er stellt mir viele Fragen darüber, wie ein solches Leben gelingen kann. Wie er sein Leben gestalten soll, wenn er so viel Zeit auf Flughäfen und in Hotelzimmern verbringt. Dabei reagiert er verärgert, wenn meine Antworten zu kurz ausfallen. Auch wenn ich zu lange Antworten gebe, ärgert er sich. Er sagt, dass er sich dann dumm vorkomme. Es ist ihm unangenehm, überhaupt fragen zu müssen.

Im Augenblick ist es für mich verwirrend, wenn ich versuche, ihn zu verstehen, weil sein Wunsch, diesen Lebensentwurf erfolgreich zu gestalten, so stark ist. Ich weiß aber aus Erfahrung, dass er irgendwann den Punkt erreichen wird, an dem er weiß, wie ihm dieses neue Leben gelingen kann, und er wird wieder zu dem Mann werden, den ich kenne und liebe. Das bloße Wissen darum, dass ein Mann, der auf dem Weg zum Erfolg ein hohes Lernpensum zu bewältigen hat, empfindlicher reagiert oder einseitiger wird, gibt mir mehr Geduld und Verständnis im Umgang mit Bill in dieser Übergangsphase unserer Ehe. Dieses Wissen ist für mich wie ein Schlüssel, der mir Bills Herz aufschließt. Im Moment werden wir diesen Weg einfach gemeinsam gehen, und ich werde versuchen, nicht allzu kritisch zu reagieren und die Dinge nicht zu persönlich zu nehmen.

Nur wenige Ehepaare haben von sich aus die Fähigkeit, einander zu sagen: »Ich glaube, wir haben es versäumt, die richtigen Nutzernamen und Passwörter zu benutzen, die unsere Beziehung gelingen lassen.« Andererseits merken fast alle Paare, wenn ihre Beziehung aus dem Gleichgewicht gerät. Indizien sind, dass sie Bemerkungen machen wie:

♥ »Ich komme damit nicht klar.«
♥ »Das macht mich nervös.«

- ♥ »Ich verstehe das nicht.«
- ♥ »Ich bin frustriert.«
- ♥ »Ich weiß einfach nicht mehr, wie ich es dir recht machen kann.«
- ♥ »Ich fühle mich alleingelassen.«
- ♥ »Ich weiß nicht, wie ich mit dir umgehen soll.«
- ♥ »Du machst mich so wütend.«
- ♥ »Was ist eigentlich los?«
- ♥ »Im Augenblick empfinde ich nicht besonders viel für dich.«

In diesen Fällen sind die Botschaften selbst nicht das Problem, sondern sie weisen nur darauf hin, wo das Problem liegt. Viele Ehepaare lassen sich durch solche Aussagen ablenken. Vergeblich versuchen sie, ihren Zorn zu unterdrücken oder ihre Erwartungen herunterzuschrauben. In den meisten Beziehungen hilft eine Verhaltensänderung, aber in einer Ehe muss eine andere Ebene angesprochen werden. Die Ehe ist die einzige Beziehung, in der die Partner in allen Lebensbereichen miteinander vertraut sind. Ihr Ehepartner ist die einzige Person auf der Welt, der Sie nichts vorenthalten: weder Ihr Herz, Ihr Geld, Ihren Körper, Ihren Kalender, Ihre Entscheidungen noch Ihre Ängste. Darum liegt der Schlüssel, um wieder auf die richtige Spur zu kommen, darin, Ihre geheime Sprache zu gebrauchen, um Ihre Liebe wieder aufzuschließen.

Oberhalb der Vertrauenslinie bleiben!

Dieser einzigartige Charakter der Ehebeziehung führt zu einer faszinierenden Dynamik. Die Schlüsselbedürfnisse nach *Erfolg* und *Sicherheit* können sehr leicht ausgelöst werden. Eine Frau kann sich dann augenblicklich sicher fühlen oder aber von einem Augenblick zum andern unsicher. Genauso kann ein Ehemann sich plötzlich erfolgreich fühlen oder sich wie ein Versager vorkommen.

Es ist, als ob man sich in der Ehe oberhalb oder unterhalb einer Vertrauenslinie bewegt. Wenn das eigene Schlüsselbedürfnis erfüllt wird, bewegt man sich oberhalb der Linie, und alles scheint gut zu laufen. Man fühlt sich wohl in der Beziehung, man ist gern bereit, zu vergeben, es fällt einem leicht, dem Partner einen Vertrauensvorschuss zu gewähren, und die romantische Seite der Beziehung gelingt.

Wird das eigene Schlüsselbedürfnis gefährdet, landet man unterhalb der Linie, und alles scheint ein Problem zu sein. Das Beziehungsgefühl ist eher holprig, und die meisten Diskussionen enden im Streit. Man zieht kleinliche und selbstsüchtige Schlüsse über die Beweggründe des Partners, und es fällt schwer, den anderen nicht für die eigene Unzufriedenheit verantwortlich zu machen.

Das Seltsame an dieser Dynamik ist, dass man sehr schnell von der einen zur anderen Seite der Vertrauenslinie wechselt. Ein Wort, eine Tat, ein Blick kann genügen, um die Atmosphäre in der Beziehung zu ruinieren, und Sie befinden sich emotional unterhalb der Linie. Vertrauen geht vorübergehend verloren, und Gefühle werden verletzt. Genauso kann ein Wort, eine Tat, ein Blick genügen, um Sie über die Linie zu bringen. Vertrauen wird wiederhergestellt, und die häusliche Atmosphäre normalisiert sich wieder.

Die Phasen, in denen Sie oberhalb der Linie bleiben, sind eine Erfolgszeit in Ihrer Beziehung, die positive Erinnerungen schafft und Ihre Zuversicht erhöht. Wenn die Bilanz überwiegend im positiven Bereich liegt, entsteht ein Puffer oder ein Vorrat, aus dem Sie Nachsicht schöpfen können. Fehler werden nicht gleich persönlich genommen, und Ihr Partner deutet einen Fehler, der passiert, im Zweifelsfall zu Ihren Gunsten und sagt sich: »Na ja, er/sie hat es sicher gut gemeint.«

Bei einer positiven Bilanz in der Verwendung der richtigen Zugangscodes funktioniert dieser Schlüssel zum Herzen Ihres Partners eine Weile. Normalerweise klappt das lange genug, um sich aufeinander einzustellen und dem Bedürfnis des Partners nach Sicherheit oder Erfolg zu begegnen. Das Ziel ist, in die Vertrauenszone zu gelangen, oberhalb dieser Linie zu bleiben und mit Ihrem Partner eine positive Bilanz des liebevollen Umgangs oberhalb der Vertrauenslinie zu erreichen.

Unserer Erfahrung nach sind die meisten Ehepaare nur einen Schritt von dem Durchbruch entfernt, der ihre Ehe zu einer sehr erfüllenden Partnerschaft machen wird. Jedes Mal, wenn die geheime Sprache in Ihrer Liebe aktiviert wird, geschieht ein Durchbruch. Sie können den Durchbruch nicht erzwingen, weil er eine veränderte Herzenshaltung sowohl bei Ihnen als auch bei Ihrem Partner erfordert. Sie können aber dafür sorgen, dass die Grundvoraussetzungen vorhanden sind, die einen Durchbruch wahrscheinlich machen. Dies ist die Grundlage. Der Rest dieses Buchs handelt von den praktischen Schritten, die Sie gehen können, damit Ihr Nutzername und Ihr Passwort auf dem aktuellen Stand bleiben und Ihnen das Beste in Ihrer Beziehung erschließen.

Den Zugangscode zu Ihrer Liebe finden

Dinner & Dialog –
einander mit dem Herzen näherkommen

In jedem Kapitel werden wir Ihnen eine »Kommunikationsübung für Ihre Ehe« vorschlagen, die sich perfekt für ein Gespräch von

Herz zu Herz bei einer Tasse Kaffee, einem Dinner oder einem Dessert eignet. Vielleicht entscheiden Sie sich auch für einen Spaziergang, um miteinander zu reden, oder Sie stellen fest, dass ein Gespräch unterwegs im Auto Ihnen hilft, innig verbunden zu bleiben. Wo immer Sie Ihre Gespräche auch führen: Diese Fragen und Aktionen sollen Ihnen helfen, eine tiefere Wertschätzung für Ihren Partner zu gewinnen. Das Ziel ist, dass Sicherheit und Erfolg in Ihrer Beziehung zur Entfaltung kommen.

Tauschen Sie sich in einer entspannten Atmosphäre über Ihre Antworten auf folgende Fragen aus: (Es geht nicht um das Lösen von Problemen! Heute geht es darum, sich gegenseitig Komplimente zu machen!)

Sie fragt ihn: Welche Dinge, die ich tue, tragen dazu bei, dass du dich erfolgreicher fühlst?

Er fragt sie: Welche Dinge, die ich tue, tragen dazu bei, dass du dich sicherer fühlst?

Sie fragt ihn: An welchen Tagen in der bisherigen Zeit unserer Beziehung hast du dich besonders erfolgreich gefühlt?

Er fragt sie: An welchen Tagen in der bisherigen Zeit unserer Beziehung hast du dich besonders sicher gefühlt?

Sie zu ihm: Danken Sie Ihrem Mann für die Eigenschaften und Aspekte in seinem Leben, die Sie besonders schätzen und die dazu beitragen, dass Sie sich sicher fühlen.

Er zu ihr: Danken Sie Ihrer Frau für die Eigenschaften und Aspekte in ihrem Leben, die Sie besonders schätzen und die dazu beitragen, dass Sie sich erfolgreich fühlen.

Das, was wir tun und sagen, kann uns ziemlich schnell in die Bredouille bringen, wie dieses Ehepaar feststellte:

Ein Mann und eine Frau fuhren nach einer Veranstaltung nach Hause, als ein Polizeiwagen hinter ihnen auftauchte und das Blaulicht einschaltete.

Während er das Auto am Straßenrand anhielt, sagte der Mann, der als Kontrollfreak bekannt war, energisch zu seiner Frau: »Lass mich das machen. Und tu genau das, was ich dir sage.«

Der Polizist trat an die Fahrertür und verlangte den Führerschein und die Fahrzeugpapiere des Mannes. Nachdem er die Dokumente geprüft hatte, sagte er: »Sir, haben Sie gemerkt, dass Sie schon eine ganze Weile die zulässige Geschwindigkeit überschritten haben?«

»Nein, das war mir nicht bewusst«, antwortete der Mann. »Laut Tacho habe ich die Geschwindigkeitsgrenze eingehalten. Fragen Sie meine Frau, sie kann das bestätigen.«

Der Polizist blickte zur Frau hinüber und fragte: »Stimmt das?«

Ohne zu zögern, erwiderte sie: »Officer, ich widerspreche meinem Mann nie, wenn er etwas getrunken hat.«

♡▽♤▽♤▽♤▽♤▽♤▽♤▽♤▽♤▽♤▽♤▽♤▽♤▽♤▽♤▽♤▽

KAPITEL 2
DAS GEHEIMNIS DER LIEBE

»Die Frucht des Geistes ist Liebe ...«

»Kobra, übernehmen Sie!« Diese Worte haben drei Generationen von Fernsehzuschauern und Kinobesuchern beeinflusst. 1966 begann die Impossible Mission Force (IMF) mit ihrem *unmöglichen Auftrag*, Diktatoren und kriminelle Organisationen zu bekämpfen. 1988 wurde das Team für eine zweite Serie im amerikanischen Fernsehen neu verpflichtet und erschien dann wieder in einer Kinoversion Ende der 1990er-Jahre.[1] Jeder Kinofilm und jede TV-Episode beginnt damit, dass ein unbekannter Chef eine Botschaft über eine geheime Mission auf einem selbstzerstörenden Band an Jim Phelps schickt. Der Auftrag ist brisant, der Einsatz voller Gefahren und Intrigen. Die Aufgabe scheint unerfüllbar, aber irgendwie findet das IMF-Team immer einen Weg, die Sache zu erledigen. Stellen Sie sich vor, wie Ihr eigener *unmöglicher Auftrag* aussieht, wenn es um Beziehungen geht.

»Übernehmen Sie! Ihr Auftrag, falls Sie dazu bereit sind, lautet, das Geheimnis der Liebe zu entdecken. Sie haben geheiratet, weil Sie sich nach Liebe, Kameradschaft und einem Partner auf Ihrem Lebensweg sehnten. Inzwischen haben Sie festgestellt, dass Sie eine Person geheiratet haben, die ganz anders ist als Sie. Jeder von Ihnen weist eine komplexe Mischung aus Weisheit und Unzulänglichkeiten, Talenten und Widersprüchen auf. Ihre Fähigkeit, einander zu bewundern und

zu schätzen, gehört zu Ihren wichtigsten Mitteln, um eine erfolgreiche und sichere Beziehung aufzubauen. Ihr Ziel ist, neugierig auf Ihren Partner zu bleiben, damit Sie oberhalb der Vertrauenslinie bleiben können. Wir wünschen Ihnen alles Gute auf Ihrem gemeinsamen Weg.«

Das Ziel ist, Ihre Beziehung in die Vertrauenszone oberhalb der Linie zu bringen, wo Sie eine sichere und erfolgreiche Beziehung erleben können. Wir haben acht unterschiedliche Bereiche zusammengestellt, in denen Sie aktiv werden sollten, um sowohl für Sicherheit als auch für Erfolg in Ihrem gemeinsamen Leben zu sorgen. Diese Bereiche sollten Sie im Blick behalten!

- ♥ Das Geheimnis der Liebe
- ♥ Zuneigung
- ♥ Freizeit
- ♥ Konflikte lösen
- ♥ Intimität
- ♥ Alarmsignale geben
- ♥ Goldene Ziele
- ♥ sich ausdrücken

In den folgenden Kapiteln werden wir diese Bereiche nacheinander betrachten. In diesem Kapitel beginnen wir mit dem Geheimnis der Liebe.

Das Geheimnis der Liebe

Liebe hat etwas Geheimnisvolles, das uns alle verzaubert. Sie beide sind voneinander fasziniert und leben mit der Hoffnung, eine funktionierende Beziehung finden zu können. Manchmal ist es so einfach, mit dem Menschen zusammen zu sein, den man liebt. Man lacht zusammen, plant gemeinsam, hegt gemeinsame Träume und liebt einander. Dann wieder gibt es Zeiten, in denen man sich ratlos am Kopf kratzt und vergeblich versucht, den anderen zu verstehen. Manchmal staunt man, wie sehr man miteinander harmoniert. Genauso verwundert stellt man bei anderen Gelegenheiten fest, wie heftig man mit dem anderen in Konflikt geraten kann.

Dieses Geheimnis existiert, weil Sie einen Menschen geheiratet haben, der sich grundlegend von Ihnen unterscheidet. Vielleicht haben Sie zuerst gedacht, Sie wären einander sehr ähnlich, aber inzwischen haben Sie gemerkt, dass Sie das Leben aus unterschiedlichen Blickwinkeln betrachten.

Die besonderen Vorzüge der Männer

Als Ehefrau müssen Sie einige Dinge über Ihren Mann wissen, wenn er das Gefühl haben soll, dass er in der Beziehung zu Ihnen erfolgreich sein kann. Es sind Eigenschaften, die Sie wahrscheinlich anziehend an ihm fanden und die Sie gleichzeitig zum Wahnsinn treiben. Diese Dinge gehören zu seinem Wesen und sind etwas von dem, was einen Mann ausmacht. Sie werden diese Dinge nie ganz verstehen. Sie können nur akzeptieren, dass es so ist.

(In unserem Bestseller *Männer sind wie Waffeln – Frauen sind wie Spaghetti* betrachten wir viele Unterschiede zwischen Männern und Frauen und erörtern, wie sich diese Unterschiede so nutzen lassen, dass sie zum Gelingen Ihrer Ehe beitragen. Seit der Veröffentlichung dieses Buchs haben wir weitere Informationen über die Unterschiede zwischen Männern und Frauen gesammelt, die wir zum Teil hier verwenden.)

Männer sind ausgesprochen emotional, aber wenn sie über ihre Gefühle sprechen sollen, sind sie eher wortkarg. Neuere Forschun-

gen haben gezeigt, dass Männer genauso emotional sind wie Frauen und den familiären Stress sogar noch tiefer empfinden als ihre Frauen. Diese Vermutung liegt eigentlich nicht nahe, weil Frauen ihre Gefühle stärker zum Ausdruck bringen. Wenn eine Frau sich über etwas ärgert, dann weiß ihre Mutter, dass sie verärgert ist. Ihre Freundinnen und Freunde wissen, dass sie sich ärgert. Sogar der Kassierer im Supermarkt merkt es! Männer werden dagegen eher von ihren Gefühlen überrollt (vom Ausmaß und von der Heftigkeit ihrer Emotionen überwältigt) und ergreifen eher die Flucht, als sich dieser Herausforderung zu stellen.[2]

Männer suchen nach einfachen Lösungen. Männer wurden mit einer besonders stark ausgeprägten Fähigkeit geschaffen, zwischen verschiedenen Lebensbereichen zu trennen und sich auf einen Bereich nach dem anderen zu konzentrieren. Das männliche Gehirn ist physisch auf diese Fähigkeit zugeschnitten. In der Gebärmutter führt ein hoher Testosteronspiegel dazu, dass viele Verbindungen zwischen den beiden Gehirnhälften getrennt werden. Wenn ein Mann sich auf ein Problem konzentriert, benutzt er deshalb nur eine Seite des Gehirns. Es kann die rechte oder die linke Gehirnhälfte sein, aber er benutzt jeweils nur eine. Männern fällt es leicht, sich für eine Lösung zu entscheiden und bei dieser Entscheidung zu bleiben. Gleichzeitig fällt es Männern schwer, weiter über ein Thema zu sprechen, wenn Entscheidungen offengelassen werden, und sie reagieren dann frustriert.

Für Männer ist das Leben riskanter als für Frauen. Es beginnt schon im Mutterleib: Fehlgeburten kommen bei Jungen häufiger vor als bei Mädchen. In der Kindheit geht es weiter, denn im Kleinkindalter sterben mehr Jungen als Mädchen. Im weiteren Verlauf des Lebens neigen Männer eher zu Krankheiten, weil sie kein zusätzliches X-Chromosom haben, das eventuelle Mängel in ihrem vorhandenen X-Chromosom ausgleichen könnte.[3] Fügt man dann noch den aggressiven Charakter von Testosteron hinzu, sind die natürlichen Risiken für Männer höher.

Männer können ihre Emotionen ausblenden, um eine anstehende Krise zu bewältigen. Durch seine Fähigkeit, in getrennten Bereichen zu denken, kann der Mann in einer Krise die emotionale Komponente nahezu ausblenden. Dadurch kann er sich auf eine pragmatische Bewältigungsstrategie konzentrieren. Er kann die Situation rational durchdenken und wird nicht von den heftigen Emotionen überrollt, die sie mit sich bringt.

Männer sind hoch motiviert, wenn sie glauben, dass sie erfolgreich sein können. Ein Mann kann stundenlang arbeiten, einen großen Aufwand betreiben und enorm viel Zeit und Geld in Projekte investieren, bei denen er realistische Aussichten auf Erfolg hat. Männer gehen feste Verpflichtungen in ihrer beruflichen Karriere ein, um für die Menschen zu sorgen, die sie lieben. Ein Ehemann wird sehr viel Zeit damit verbringen, seiner Frau Liebe zu zeigen und die romantische Beziehung zu ihr zu pflegen, wenn er davon ausgeht, dass seine Bemühungen um sie erfolgreich sein werden. Ein Vater wird viel dafür tun, seine Kinder zu ermutigen und ihr Wachstum zu fördern, wenn er glaubt, dass seine Bemühungen von ihnen anerkannt werden und Auswirkungen haben. Diese Verhaltensweise gehört in einem so hohen Maß zur Identität eines Mannes, dass es ihm schwerfallen wird, seine Motivation in irgendeinem Lebensbereich aufrechtzuerhalten, in dem er für sich keine Aussicht auf Erfolg sieht.

Die besonderen Vorzüge der Frauen

Frauen sind gute Gesprächspartner. Der Teil des Gehirns, der für die Sprachsteuerung zuständig ist, ist bei einer Frau größer als bei einem Mann. Schon in einem sehr frühen Alter stellt sie fest, dass

Konversation ein besonders effektives Instrument ist. Sie schließt Freundschaften, indem sie spricht. Die Beziehung zu ihren Eltern pflegt sie, indem sie spricht. Durch Gespräche erreicht sie, was sie will. Durch Worte baut sie Stress ab. Sie ist physisch darauf ausgerichtet, ihr Leben mit Worten zu füllen, und sie erfährt Wertschätzung dadurch, dass ihre Worte als wichtig erachtet werden.

Frauen gelingt Multitasking besser als Männern. Die Fülle von Verbindungen zwischen ihren beiden Gehirnhälften gibt einer Frau die Fähigkeit, die verschiedenen Bereiche ihres Lebens zu einem nahtlosen Ganzen zu vereinen. Es macht ihr nur wenig Mühe, intellektuelle, emotionale, geistliche und soziale Aspekte zu verbinden. Sie muss nicht einmal »versuchen«, sie zu verbinden, sondern es geschieht bei ihr ganz von selbst.

Frauen werden durch Veränderungen weniger überrascht als Männer. Für Frauen ist das Leben komplexer, weil ihr Hormonhaushalt sich ständig ändert. Es beginnt mit der Menstruation und ihrem unangenehmen Begleiter, dem prämenstruellen Syndrom (PMS). Bei den Nachforschungen für mein Buch *10 Secrets to Living Smart, Savvy, and Strong* habe ich (Pam) entdeckt, dass es immer dieselben Hormone sind, die sowohl das PMS als auch den Übergang in die Menopause verursachen. Sie haben eine mögliche Bandbreite von fast 100 Symptomen, die in den fruchtbarsten Jahren der Frau auftreten können. Kaum hat man das prämenstruelle Syndrom überwunden, mutiert es zur Menopause!

Frauen sind aktiver als Männer, wenn es darum geht, Eheangelegenheiten zur Sprache zu bringen. Dies bedeutet nicht, dass Frauen Eheangelegenheiten *besser* zur Sprache bringen, sondern, dass sie einfach schneller reagieren. Oft weiß eine Frau nicht einmal genau, was das Problem ist. Sie spürt einfach, dass es eines gibt. Ihre Instinkte sagen ihr, dass irgendetwas nicht stimmt. Ihre Intuition, dass eine Änderung nötig ist, lässt ihr keine Ruhe. Sie reagiert, indem sie

Alarm schlägt. Viele Ehemänner meinen irrtümlich, sie wüsste, worin das Problem besteht, weil sie mit solchem Nachdruck spricht; aber in Wirklichkeit hat sie vielleicht keinen besseren Einblick in das Problem als ihr Mann. Deshalb bleiben bei den meisten Ehepaaren so viele Probleme ungelöst. Sie schneidet das Thema an. Er reagiert auf den Inhalt ihrer Sorge. Diese Sorge ist aber nicht das eigentliche Problem. Sie streiten sich, ohne zum eigentlichen Kern des Problems vorzudringen, sodass sie keine echte Lösung finden können.

Frauen empfinden familiäre Bedürfnisse mit größerer Dringlichkeit. Schon früh beginnen Frauen, von der Zukunft ihrer Kinder, von ihrem Ehepartner und von den Kindern, die sie eines Tages haben werden, zu träumen. Sie spüren, wie sich heutiges Handeln später auf die Entwicklung ihrer Kinder auswirken wird. Deshalb können ihnen selbst die kleinsten Dinge bedeutsam erscheinen, weil sie unter Umständen so weitreichende Folgen haben. Das ist der Grund, weshalb sie oft mit großer Dringlichkeit reagieren, wenn Menschen, die sie lieben, plötzlich von einer Situation überrascht werden.

Ich (Bill) hatte kürzlich ein Meeting mit einer Gruppe von Frauen, die eine Veranstaltung plante. Ich war für das Budget verantwortlich, während der Ehemann einer der anwesenden Frauen sich um die audiovisuelle Ausstattung der Veranstaltung kümmerte. Ich erwähnte, dass ich den Voranschlag für die AV-Kosten noch nicht erhalten hatte und deshalb das Budget nicht fertig war. Dann fügte ich hinzu, dass ich den Verantwortlichen nach dem Treffen anrufen und dann so bald wie möglich das fertige Budget per E-Mail an alle schicken würde. Bei einem Treffen unter Männern hätten alle gesagt: »Okay, schick uns die Unterlagen, sobald du sie fertig hast.«

Aber ich war bei diesem Treffen nicht unter Männern. Die Frau des betreffenden Mannes zog sofort ihr Handy heraus und rief ihn an. »Bill möchte das Budget fertigstellen. Er braucht jetzt deinen Voranschlag. Nein, er kann nicht länger warten. Er braucht nur noch deine Angaben.«

Ich versuchte, allen zu erklären, dass keine Eile nötig war und ich den Anruf nach dem Treffen tätigen würde. Doch meine Bemühungen blieben vergeblich. Das Gefühl der Dringlichkeit wurde so stark, dass ich das Treffen verlassen, den AV-Zuständigen anrufen und das Budget fertigstellen musste. Es war eine gute Erinnerung an die Tatsache, dass Gott Frauen anders geschaffen hatte als mich![4]

Entschlüsselungs-Impuls

Halten Sie an dieser Stelle einen Moment inne, und sprechen Sie miteinander über die geschlechtsspezifischen Unterschiede, die Sie an Ihrem Partner bzw. Ihrer Partnerin am meisten schätzen.

Es ist erstaunlich

Diese Unterschiede beruhen auf dem unterschiedlichen Östrogen- und Testosteron-Spiegel in Ihrem Körper. Natürlich haben Sie mit zunehmender Reife gelernt, sich so an das Leben anzupassen, dass Sie mit dem Wechselspiel Ihrer Hormone zurechtkommen, aber Ihre Hormone werden sich nie ändern. Sie haben alle Vorzüge und Einschränkungen Ihres Geschlechts. Deshalb werden Sie immer voneinander fasziniert sein, aber einander nie völlig verstehen können.

Sie sind so verschieden, dass es Ihnen immer ein Rätsel bleiben wird, wie Ihr Partner oder Ihre Partnerin Entscheidungen trifft, wie er oder sie auf Situationen reagiert und welche Vorlieben sein oder ihr Herz gefangen nehmen.

Diese Unterschiede verleihen Ihrer Beziehung ein großes Potenzial. Ihr Partner bringt etwas in Ihr Leben ein, das Sie selbst nicht haben. Andererseits sind diese Unterschiede auch mit einem beträchtlichen Stress verbunden, weil Sie sich auf Verhaltensweisen einstellen müssen, die es in Ihrem eigenen Leben nicht geben würde.

Sie haben einander geheiratet, weil Sie voneinander fasziniert waren. Deshalb hat Ihr Ehepartner mehr Einfluss auf Sie als jede andere Person, der Sie je begegnet sind. Ihr Partner kann Sie sogar in einer Weise beeinflussen, wie kein anderer Mensch in Ihrem Leben es auch nur annähernd tun könnte.

Für Männer: Überlegen Sie einmal, welche dieser Reaktionen Sie bei Ihrer Frau schon erlebt haben:

- Sie lächelt Sie an, und sofort entspannen Sie sich.
- Sie flirtet mit Ihnen, und Sie fühlen sich plötzlich jünger.
- Sie legt ihre Hände auf Ihre Schultern und massiert Ihnen sanft den Rücken, und schon prickelt Ihr ganzer Körper.

Oder:

- Sie wirft Ihnen einen gewissen »Blick« zu, und das Blut gefriert in Ihren Adern.
- Sie sagt Ihnen, wie Sie ein familiäres Problem lösen sollen, und Sie fühlen sich augenblicklich herabgesetzt.
- Sie macht eine Bemerkung über eine Entscheidung, die Sie getroffen haben, und Sie spüren Zorn in sich aufsteigen.
- Sie lacht in der Öffentlichkeit über Sie, und Sie ziehen automatisch den Schluss, dass sie Sie nicht respektiert.
- Sie gibt keine Ruhe wegen etwas, das sie sich wünscht, und Sie reagieren sofort mit heftiger Kritik und Beschimpfungen.

Für Frauen: Überlegen Sie einmal, welche dieser Reaktionen Sie bei Ihrem Mann schon erlebt haben:

♥ Er nimmt Sie in den Arm, und Sie schmelzen in seiner Umarmung dahin.
♥ Er macht Ihnen ein romantisches Geschenk, und plötzlich ist das Leben voller Sonnenschein.
♥ Er ruft Sie ohne Grund mitten am Tag an, und anschließend scheint Ihnen alles leichter von der Hand zu gehen.

Oder:

♥ Er vergisst, etwas zu erledigen, worum Sie ihn gebeten haben, und Sie fühlen sich persönlich missachtet und zurückgesetzt.
♥ Er kritisiert Sie wegen einer Kleinigkeit im Haushalt, und Ihr Tag ist gelaufen.
♥ Er wird Ihnen gegenüber laut, und sofort gehen Sie zur Verteidigung über.
♥ Er sagt, dass Sie ständig alles kontrollieren, und Sie würden am liebsten an die Decke gehen.
♥ Er lacht Sie an, und Sie werden wütend, weil Sie das Gefühl haben, dass er alles an Ihnen herunterspielt.

Die Wahl

Der starke Einfluss, den Sie aufeinander haben, schafft eine Verletzlichkeit in Ihrem Privatleben. Die Atmosphäre ändert sich schlagartig, und glückliche, hektische, ärgerliche, und dann wieder glückliche Momente lösen einander ab. Ein einziger Blick, eine einzige Bemerkung, ein einziges Verhalten kann die Atmosphäre in Ihrer Beziehung zum Guten oder zum Schlechten wenden. Es gibt einige

Schritte, durch die Sie diesen dynamischen Einfluss, den Sie aufeinander haben, auffangen und nutzbar machen können.

Erster Schritt: Akzeptieren Sie Ihre Unterschiede. Wenn Sie es sich zum Ziel setzen, einander zu verstehen, werden Sie aller Wahrscheinlichkeit nach frustriert werden und immer wieder irritiert sein. Männer werden Frauen nie verstehen, weil sie die ständige Veränderung und die anhaltende Dringlichkeit, die das Leben einer Frau beherrschen, nie am eigenen Leib erfahren werden. Und Frauen werden nie den aggressiven, riskanten Lebensweg verstehen, den Männer täglich gehen. Doch wenn Ehepartner bereit sind, einander zu akzeptieren, gewinnen sie in jeder gemeinsam verbrachten Woche neue Einsichten in das Leben des anderen. Zwar werden sie den Punkt des echten Verstehens nie ganz erreichen, aber sie werden mit der Zeit eine tiefere, erfülltere Beziehung zueinander erleben.

Zweiter Schritt: Arbeiten Sie an sich selbst. Ihre Reaktionen auf Ihren Partner prägen die Atmosphäre in Ihrer Beziehung mindestens zur Hälfte. Die Bezeichnung »mindestens zur Hälfte« haben wir extra gewählt, weil jede innige Beziehung aus einer komplexen Kombination von Aktion und Reaktion besteht. Wenn Sie sich negativ verhalten, muss Ihr Ehepartner entscheiden, wie er reagieren soll. Wenn er oder sie negativ reagiert, verstärkt es die Spannung. Wenn er oder sie positiv reagiert, kann der friedliche Umgang sich noch eine Weile halten. In den meisten Fällen führt ein negatives Verhalten zu einer negativen Reaktion, sodass die Irritationen in der Beziehung zu eskalieren drohen. Sie können die negativen Tendenzen verringern, indem Sie darauf achten, selbst in eine gesunde Richtung zu gehen.

Ihr Einfluss auf Ihr eigenes Leben

Betrachten Sie einmal, welchen Einfluss Sie selbst auf Ihr Leben haben:

- ♥ Sie sind die einzige Person, die über Ihr Verhalten entscheiden kann.
- ♥ Sie sind die einzige Person, die weiß, welche Gedanken Ihnen durch den Kopf gehen.
- ♥ Sie sind die einzige Person, die das volle Ausmaß der Gefühlspalette erlebt, die sich in Ihrem Herzen befindet.
- ♥ Sie sind die einzige Person, die der Ehemann für Ihre Frau bzw. die Ehefrau für Ihren Mann sein kann.
- ♥ Sie sind die einzige Person, die der Vater bzw. die Mutter Ihrer Kinder sein kann.
- ♥ Sie sind die einzige Person auf Erden, die Sie sein kann!
- ♥ Das Problem ist, dass Sie kompliziert sind.
- ♥ Sie reagieren am härtesten gegen die Menschen, die Sie am meisten lieben.
- ♥ Sie verschließen Ihr Herz vor der Person, der Sie am nächsten sein möchten.
- ♥ Sie kritisieren den Menschen, der einmal Ihre Fantasie beflügelt hat.
- ♥ Sie ziehen sich zurück, wenn es eigentlich höchste Zeit ist, aufeinander zuzugehen.
- ♥ Sie sind ängstlich und mutig zugleich.

Statt die natürlichen, geschlechtsspezifischen Neigungen und Vorlieben des Partners zu nutzen, gehen wir viel zu oft dazu über, uns zu beklagen und gegen Gottes Schöpfungsplan anzukämpfen. Wie die Studenten in folgendem Beispiel können wir sogar eine negative Grundhaltung gegen das andere Geschlecht entwickeln:

Ein Englischprofessor schrieb an die Tafel: »Woman without her man is nothing«, und forderte seine Studenten auf, die Zeichensetzung zu ergänzen.

*Die Männer schrieben: »Woman, without her man, is nothing.«
(Eine Frau, ohne ihren Mann, ist nichts.)*

*Die Frauen schrieben: »Woman! Without her, man is nothing.«
(Eine Frau! Ohne sie ist der Mann nichts.)*

Dritter Schritt: Füllen Sie einander den Energietank auf. Die gewonnenen Einsichten in die Unterschiede der Geschlechter versetzen Sie in die Lage, freier miteinander umzugehen und einander mehr zu motivieren. Die Kraftreserven eines Mannes werden aufgeladen, wenn er die Zuversicht hat, erfolgreich sein zu können. Er muss den Eindruck haben, heldenhaft gehandelt zu haben, und er sollte einigermaßen sicher sein, dass es in naher Zukunft sexuelle Kontakte geben wird.

Außerdem sollte sein Leben relativ einfach sein. Im Gegensatz dazu wird sein Energielevel sinken, wenn er trotz aller Bemühungen keinen Erfolg sieht, wenn die sexuelle Beziehung gefährdet ist und wenn das Leben komplizierter wird und er die Befürchtung hat, es nicht bewältigen zu können.

Seine Kraftreserven auffüllen

Eine Frau kann also mithelfen, den Energietank ihres Mannes aufzufüllen, indem sie

- ♥ ihrem Mann regelmäßig ehrliche Komplimente macht.
- ♥ mit ihrem Mann flirtet.
- ♥ Zeit für die sexuelle Beziehung in ihrem Terminkalender einträgt, um dann in der richtigen Stimmung zu sein.

- ♥ ihrem Mann Hinweise gibt, wann ein Gespräch nur ein gemeinsamer Weg ist und wann das Gespräch darauf zielen soll, eine
Entscheidung zu treffen oder ein Problem zu lösen.
- ♥ alles das tut, was sein Leben einfacher macht.

Ihre Kraftreserven auffüllen

Der Energielevel einer Frau steigt, wenn sie das Gefühl hat, so wertgeschätzt zu werden, wie sie ist. Sie möchte Anerkennung erfahren
für das, was sie für Menschen tut, die sie liebt. Sie ist sehr produktiv, wenn sie das Gefühl hat, sich in einer sicheren Umgebung zu
bewegen. Sie hat ein bemerkenswertes Talent, die vielfältigen Verbindungen im Leben wahrzunehmen, und das wird in regelmäßigen Abständen zu viel für sie. Sie nimmt die Launen, Stimmungen
und Fehler ihres Mannes wahr. Sie spürt, welche Auswirkungen
dies auf ihre Freundschaften, ihre Zuversicht und ihre Aufgaben
haben wird.

Wenn sie Kinder hat, behält sie deren Aufgaben, Bedürfnisse,
Vorlieben und schulische Fortschritte ebenso im Blick wie die Fähigkeit ihrer Kinder, in sozialen Situationen erfolgreich zu interagieren. Innerlich fühlt sie sich verantwortlich, dafür zu sorgen,
dass jeder in ihrer Familie Gott liebt, die eigenen Stärken entfaltet
und Freunde findet.

Bildlich gesprochen, trägt sie die Last ihrer Welt auf den Schultern. Das würde sie lieber nicht tun, aber offenbar kann sie sich
nicht der Wahrnehmung entziehen, dass das Leben eine einzige,
zusammenhängende Geschichte ist und jede Szene daraus ihre
Aufmerksamkeit verlangt. Folglich kann sie sich ziemlich unbedeu-
tend fühlen, wenn sie versucht, den zunehmenden Erwartungen
und Herausforderungen des Lebens gerecht zu werden. Sie sehnt
sich nach der Bestätigung, dass sie wichtig ist und dass sie mit ih-

rem Leben einen positiven Einfluss auf das Leben der Menschen hat, die sie liebt.

Ein Ehemann kann also mithelfen, den Energietank seiner Frau aufzufüllen, indem er

- ♥ ihr fasziniert zuhört.
- ♥ ihr Beachtung schenkt, wenn sie beim Umkleiden an ihm vorübergeht, wenn sie sich das Haar zurechtmacht oder wenn sie gerade aufwacht.
- ♥ ihr für die Dinge dankt, die sie heute getan hat.
- ♥ ihr für alles Mögliche Komplimente macht – wie sie aussieht, wie sie ihre Arbeit erledigt, wie sie sich um ihn und die Familie kümmert.
- ♥ ihre Liebessprache entdeckt und besonders darauf achtet, in dieser Sprache mit ihr zu reden.[5]
- ♥ Zeit mit ihr verbringt – bei einem Spaziergang mit ihr plaudert, sich zu einer Tasse Kaffee mit ihr zusammensetzt, sie bei Besorgungen begleitet, ohne zu murren.
- ♥ für ihre Grundbedürfnisse sorgt (Nahrung, Unterkunft, Liebe, Freundschaft), damit sie sich sicher und geborgen fühlen kann.

Es lebe der Unterschied

Wir verwenden viel Zeit und Energie darauf, über die Unterschiede zu klagen, obwohl wir sie nicht ändern können. Gewiss müssen wir alle wachsen und reifer werden, sodass wir von Jahr zu Jahr eine bessere Version von uns selbst werden, aber die elementaren Unterschiede zwischen Männern und Frauen lassen sich nicht ändern.

Eine Studie hat zum Beispiel gezeigt, dass beim Essen derjenige Teil des männlichen Gehirns stimuliert wird, der Glücksgefühle vermittelt. Wenn eine Frau isst, wird derjenige Teil ihres Gehirns stimuliert, der ihr Sehvermögen schärft. Sie ist sich ihrer Umgebung stärker bewusst und hat mehr Gesprächsstoff. Deshalb gibt es so viele glückliche Momente während einer Mahlzeit.[6] Großmutter hatte recht! Ein Weg zum Herzen eines Mannes führt tatsächlich über seinen Magen. (Die Ergebnisse dieser Studie sind auch hilfreich, wenn Sie gerade das Auto Ihres Mannes zu Schrott gefahren haben. Servieren Sie ihm zuerst sein Lieblingsessen, bevor Sie ihm von dem Totalschaden erzählen.)

Wenn wir an der Art und Weise anknüpfen, wie Gott uns geschaffen hat, und unsere geschlechtsspezifischen Unterschiede akzeptieren, können wir mithelfen, den Energielevel in unseren Beziehungen zu erhöhen. Wenn wir gegen die Natur ankämpfen, empfindet unser Partner vielleicht, dass wir gegen ihn ankämpfen, und so geht Energie verloren. Freuen Sie sich über die Verschiedenheit der Geschlechter und genießen Sie diese Unterschiedlichkeit, damit die Motivation und die Energie in Ihrer Ehe auf einem hohen Niveau bleiben.

♡△♡△♡△♡△♡△♡△♡△♡

> Wenn wir an der Art und Weise anknüpfen, wie Gott uns geschaffen hat, und die geschlechtsspezifischen Unterschiede akzeptieren, können wir mithelfen, den Energielevel in unseren Beziehungen zu erhöhen.

♡△♡△♡△♡△♡△♡△♡△♡

Der eigentliche Kern

Vierter Schritt: Entwickeln Sie eine Beziehung, die von Gnade geprägt ist. Behalten Sie das Ziel im Blick: Es geht darum, eine Beziehung zu schaffen, in der Sie sich sicher und erfolgreich fühlen können, sodass Sie oberhalb der Vertrauenslinie leben können. Das Problem ist, dass wir alle unvollkommen sind. Als Männer werden wir nie alles richtig machen, deshalb wird unser Erfolgsgefühl leicht ins Wanken geraten. Als Frauen bleiben wir regelmäßig hinter unseren Absichten zurück, sodass wir nur schwer daran festhalten können, dass wir bei den Menschen, die wir lieben, sicher sind.

Sie brauchen einen Weg, wie Sie das Beste an sich so einsetzen können, dass es Ihre Ehe aufbaut. Außerdem brauchen Sie einen Weg, diejenigen persönlichen Aspekte zurückzuhalten, die sich störend auf Ihre Beziehung auswirken.

Aspekte einer innigen Beziehung

Welche Atmosphäre eine erfolgreiche Ehe charakterisiert, wird in Philipper 1,7 beschrieben, wo Paulus der Gemeinde in Philippi schreibt: »Es ist nur natürlich, wenn ich so empfinde, denn ihr liegt mir sehr am Herzen. Gemeinsam empfangen wir die Gnade Gottes, ob ich nun im Gefängnis bin oder die Botschaft Gottes verteidige und bekräftige.« Drei wichtige Aspekte einer innigen Beziehung werden in diesem Abschnitt deutlich.

Das Ziel

Das Ziel einer innigen Beziehung ist, dass einer den anderen im Herzen trägt. Es gibt eine besondere Verbundenheit, die nur zwischen zwei Menschen möglich ist, die sich lieben. Wenn diese Verbindung hergestellt wurde, gelingt alles im Leben besser. Es entsteht Harmonie und das Bewusstsein, dass es leicht ist, mit dem anderen zusammen zu sein. Man schenkt einander einen Vorschuss an Vertrauen, weil der eine den anderen schon im Herzen trägt. Wird diese Verbundenheit durchbrochen, beginnen die Ehepartner, einander nach ihrem Verhalten zu beurteilen. »Du hast dies nicht getan. Du hast jenes getan.« Solche Äußerungen häufen sich dann in den Gesprächen der Ehepartner. Da menschliches Verhalten ständig schwankt, leidet die Beziehung sehr darunter, wenn sie vom Verhalten abhängig gemacht wird. Deshalb geht die Befriedigung einer Beziehung verloren, wenn das Leben nur noch aus einer Reihe geteilter Aufgaben besteht, statt das Herz des anderen zu suchen.

Pam und ich haben beide Seiten dieses Miteinanders schon oft erlebt. Im zweiten Jahr unserer Ehe wurde uns zum ersten Mal bewusst, welche Kraft in den Worten »Ich trage dich in meinem Herzen« liegt. Ich (Bill) hatte entschieden, wieder das College zu besuchen, um dort meinen Abschluss nachzuholen. Kurz nach dieser Entscheidung fiel unser Auto aus. Ich arbeitete damals von zu Hause aus, sodass ich meinen Arbeitsplatz ohne Auto »aufsuchen« konnte. Ich war bereit, künftig mit dem Fahrrad zur Schule zu fahren, aber nur sehr ungern wollte ich Pam bitten, ebenfalls mit dem Fahrrad zur Arbeit zu fahren. Es erschien mir unfair, sie auch nur zu fragen, und ich hatte schon fast das Gefühl, als Ehemann versagt zu haben.

Pam zeigte sich beherzt und sagte: »Ich vertraue dir, Bill, denn du bist in meinem Herzen. Wir werden das gemeinsam hinkriegen.«

Es berührte mich tief, diese Worte zu hören. Meine Motivation, in der Schule einen guten Abschluss zu machen, damit ich gut für meine Familie sorgen konnte, verstärkte sich, und es gab mir neue Energie. Pam hätte mich leicht wegen der finanziellen Einschränkungen kritisieren können, aber sie wählte einen anderen Weg und behielt mich in ihrem Herzen. Die Folge war, dass ich den Bachelorabschluss und dann den Master machen konnte und anschließend Pam dabei half, selbst das College zu absolvieren.

Das Bindemittel

Das Bindemittel oder »der Klebstoff« dieser Verbindung ist eine Partnerschaft, die von Gnade geprägt ist. Paulus war sich seiner Unzulänglichkeiten sehr bewusst. Vor seiner dramatischen Bekehrung auf der Straße nach Damaskus hatte er ständig versucht, die Nachfolger Christi zu verhaften und alles zu tun, was in seiner Macht stand, um die Gemeinde aufzuhalten. Dann fand er die wahre Liebe seines Lebens. Er verliebte sich in die Person, die er bis dahin verfolgt hatte. Deshalb lebte er in dem tiefen Bewusstsein, dass ihm unendlich viel vergeben worden war und dass er die Gabe empfangen hatte, die er am wenigsten verdiente.

Beziehungen entwickeln sich am besten weiter, wenn die Gnade das Fundament ist.

Garantiert werden Sie Fehler machen. Garantiert wird Ihr Ehepartner Fehler machen. Es dauert nicht lange, bis Sie feststellen, dass Sie sich nicht lange genug gut genug verhalten können, um die Liebe Ihres Partners bzw. Ihrer Partnerin zu verdienen. Wahrscheinlich haben Sie schon großartige Dinge für Ihren Partner getan, aber Sie haben auch manches gesagt oder getan, was in einer liebevollen Beziehung nichts zu suchen hat.

Diese Fehler haben das Potenzial, die emotionale Verbundenheit zwischen Ihnen beiden zu zerstören. Andererseits liegt in jeder Ihrer Unzulänglichkeiten eine Gelegenheit, Gnade in Ihrer Beziehung zu etablieren. Aus Gnade heraus wächst die Zuversicht, dass Ihre Beziehung sicher ist.

Es ist herausfordernd, wenn man einander aus dem Herzen verliert. Wir haben das eines Abends ganz deutlich gesehen, als ich (Bill) einen Taufgottesdienst am Strand durchführte. Das bedeutete, dass wir beide an diesem Abend die »geistlichen Leiter« der Gruppe waren. Pam war am nächsten Tag als Sprecherin eingeladen und hatte deshalb vor, früh nach Hause zu fahren.

Nach der Taufe veranstalteten wir ein Barbecue. Unsere drei Söhne schnappten sich ihre Surfbretter und fragten, ob sie ins Wasser dürften. Ich stimmte zu und ging etwa knietief ins Wasser hinaus, um sie im Auge zu behalten. Pam kam zu mir ins Wasser, und wir plauderten angeregt miteinander, bis sie plötzlich sagte: »Bill, wir müssen die Jungs aus dem Wasser holen, denn ich muss jetzt nach Hause.«

Ich war irritiert, weil nur Pam nach Hause fahren musste. Schon oft hatte ich allein auf die Jungs aufgepasst. Vertraute Pam mir nicht? Hatte ich, ohne es zu wissen, irgendetwas falsch gemacht? Schon im nächsten Augenblick fiel ich »unter die Vertrauenslinie« unserer Beziehung.

»Du kannst schon vorausfahren, Pam«, sagte ich.

»Ich weiß, aber wir müssen zuerst die drei Jungs aus dem Wasser holen.«

»Warum müssen wir sie herausholen?«

»Weil ich wegfahre.«

»Ja, ich aber nicht.«

»Nun, ich fahre jedenfalls, und ich kenne dich. Du wirst dich ablenken lassen. Irgendjemand wird mit dir sprechen wollen, und inzwischen treiben die Jungs wahrscheinlich bis nach Hawaii.«

»Was hat Hawaii mit dieser Sache zu tun?«, platzte ich heraus.

»Ich weiß doch, wie leicht du dich ablenken lässt, und ich versuche nur, die Kinder zu schützen.«

Ich schaute Pam an und sagte: »Mal sehen, ob ich das jetzt richtig verstanden habe: Du hast mir zugetraut, ohne dich mit den Kindern bis nach Mexiko zu fahren, aber du gehst nicht davon aus, dass ich an diesem Strand auf sie aufpassen kann, obwohl unser Haus so nahe liegt. Ist es das, was du mir sagen willst?«

Es war für uns beide ein äußerst beklemmender Moment. Pam hatte nicht das Gefühl, dass sie mir vertrauen konnte, und ich konnte nicht glauben, dass ich bei ihr so rasch aus der Gnade gefallen war. Ich fühlte mich in die Zeit meiner Kindheit zurückversetzt, als meine Mutter vor fast allem Angst hatte und niemandem vertrauen wollte. Pam hielt mich für ungeeignet, und mir erschien ihr Verhalten unsinnig. Es war eine seltsame Situation für uns, weil wir bis dahin gewohnt waren, einander einen Vertrauensvorschuss zu gewähren. Doch an diesem Abend herrschten zwischen uns nur die Zweifel.

Pam sah mir in die Augen, und ihre Gesichtszüge entspannten sich. »Meine Güte, wahrscheinlich habe ich mich gerade genauso angehört wie deine Mutter, oder?«

»Das hast du gesagt, Pam, nicht ich.«

»Tut mir leid, Bill. Da sind wohl gerade unsere Altlasten kollidiert. Ich hatte als Kind Mühe, meinem alkoholkranken Vater zu vertrauen, und habe das auf dich übertragen. Du hattest Mühe, deiner ängstlichen Mutter zu vertrauen, und ich merke, dass ich genau diesen wunden Punkt bei dir berührt habe. Ich werde jetzt heimfahren und dir mit den Kindern einfach vertrauen. Wir sehen uns dann zu Hause.«

Wir konnten so handeln, weil wir gründlich durchbuchstabiert hatten, wo wir unseren Eltern vergeben mussten, und weil wir fest vereinbart hatten, einander entschlossen zu vergeben, wann immer es nötig war.[7] Genauso rasch, wie wir einander aus dem Herzen gerutscht waren, zogen wir wieder dort ein. Der Unterschied war verblüffend. Unterhalb der Linie mangelte es an Vertrauen, und es keimten seltsame Vorstellungen darüber auf, was der andere tun würde. Wir hatten sehr schnell damit angefangen, über die Beweggründe des anderen zu urteilen, und hatten ungesunde Schlussfolgerungen übereinander gezogen. Oberhalb der Linie legte sich die ganze Aufregung. Die gegenseitige Anziehungskraft kehrte zurück, und fast augenblicklich erhielt die Begebenheit eine heitere Note.

Das Wachstum

Sobald eine Partnerschaft auf Gnade gegründet ist, kann sie auf ein Ziel ausgerichtet werden. Paulus' Ziel war »die Verteidigung und Verkündigung des Evangeliums«. Dies war auch für die Gemeinde in Philippi ein besonderes Anliegen, weil sie eine persönliche Beziehung zu Paulus hatte. Dasselbe kann auch in Ihrer Ehe geschehen.

♡⌂♡⌂♡⌂♡⌂♡⌂♡⌂♡⌂♡

Wenn Sie Ihre Beziehung auf Gnade gründen, setzen Sie eine enorme Kraft in Ihrem Leben frei.

♡⌂♡⌂♡⌂♡⌂♡⌂♡⌂♡⌂♡

Wenn Sie Ihre Beziehung auf Gnade gründen, setzen Sie eine enorme Kraft in Ihrem Leben frei. Sie haben die Freiheit, zu denken, zu fühlen und zu träumen. Sie sind von innen heraus motiviert, einander zu ermutigen, weil Ihnen die Beziehung so viel bedeutet. Ideen können frei entfaltet werden, weil es nur selten Kritik gibt. Sie können etwas wagen, weil das Vertrauen groß ist.

All das sind Erfolgsmomente, und sie entstehen ganz natürlich bei Ehepaaren, die Gnade und Zielorientierung für sich entdeckt haben.

Wir haben in den ersten vier Jahren unserer Ehe angefangen, unsere gemeinsamen Ziele zu entdecken. Wie Sie wissen, sind wir in schwierigen Verhältnissen aufgewachsen. Deshalb waren uns zwei Dinge klar, als wir heirateten: 1.) Wir liebten einander, und 2.) wir wussten nicht wirklich, was wir taten. Verzweifelt suchten wir Menschen, die uns geben konnten, was wir für eine vernünftige Beratung hielten.

Jeden Sonntag gingen wir zur Gemeinde und blieben hinten stehen, bis der Gottesdienst begann. Wir ließen die Blicke durch die Reihen schweifen auf der Suche nach Ehepaaren, die schon eine Weile verheiratet waren und einander immer noch mochten. Wir gingen davon aus, dass Ehepartner, die sich an der Hand hielten oder bei denen der eine sich an den anderen anlehnte oder seinen Arm über die Schulter des anderen legte, gute Kandidaten wären. Dann setzten wir uns hinter diese Ehepaare, damit sie uns bei der anfänglichen Begrüßung bemerken mussten.

Ich (Bill) fragte sie gewöhnlich: »Wenn man Sie so sieht, hat man den Eindruck, dass Sie einander wirklich lieben. Ist dieser Eindruck echt?«

Jedes dieser Paare zeigte dieselbe Reaktion. Sie lachten ein wenig, blickten einander an und sagten: »Oh ja, unsere Liebe ist echt.«

Daraufhin fragte ich: »Wie haben Sie das gemacht? Wie ist es Ihnen gelungen, nach so vielen gemeinsamen Jahren einander immer noch zu lieben?«

Während der Begrüßung hatten die Paare nicht genug Zeit, auf diese Frage zu antworten. Deshalb luden die meisten uns anschließend zum Mittagessen ein. Dabei stellten wir ihnen dann Fragen und hörten zu, wie sie uns gemeinsam die Geschichte ihres Lebens erzählten. Einige der besten Ratschläge, die wir je bekommen haben, stammen von diesen spontanen Mahlzeiten mit Ehepaaren, die über ihre echten Erfahrungen sprachen. Hier einige Beispiele:

- ♥ Unterlassen Sie sarkastische Bemerkungen in Ihrer Ehe.
- ♥ Lachen Sie täglich miteinander.
- ♥ Machen Sie Ihren Ehepartner zu Ihrem besten Freund.
- ♥ Hören Sie nie auf, Ihre Ehefrau wie Ihre Jugendliebe zu behandeln.
- ♥ Hören Sie nie auf, mit Ihrem Ehemann zu flirten.
- ♥ Rufen Sie Ihren Ehepartner von der Arbeit aus an, nur um zu sagen: »Ich liebe dich.«
- ♥ Verabreden Sie sich regelmäßig.
- ♥ Das beste Geschenk, das Sie Ihren Kindern machen können, ist eine glückliche, sichere Ehe.

Wir hätten nie gedacht, dass aus diesen Mittagessen, die aus Neugier zustande kamen, ein Dienst für Ehepaare und Eltern werden würde. Uns war nur klar, dass wir herausfinden mussten, wie wir erfolgreich verheiratet sein konnten. Oft haben wir diesen Ehepaaren gesagt: »Der Einfluss, den wir Jahre später auf Ehen haben konnten, kam zustande, weil Sie damals ein junges Paar zum Essen eingeladen haben.«

Impuls zum gegenseitigen Verständnis

Tauschen Sie sich über Ihre Antwort auf folgende Frage aus: Welcher Rat, den eine ältere und weisere Person dir bisher über die Ehe gegeben hat, erscheint dir hilfreich und richtig?

Das Geheimnis des Wachstums

Bei dem Bemühen, eine Atmosphäre der Gnade und Vergebung zu schaffen, sollte man unbedingt beachten, dass Wachstum in unserem Leben eine komplizierte Angelegenheit ist. In einigen Bereichen geschehen Veränderungen rasch. Es ist spannend, über diese Bereiche zu sprechen, und befriedigend, an ihnen zu arbeiten, weil man rasche und greifbare Ergebnisse sieht. Andere Bereiche unseres Lebens sind von langsamen Fortschritten geprägt. Eine Veränderung geschieht hier nur allmählich, auch wenn wir uns noch so sehr darauf konzentrieren und uns Mühe geben. In diesen Bereichen ist Gnade besonders wichtig, um eine sichere Umgebung für Ihre Beziehung zu schaffen.

In welchen Bereichen Ihres Lebens wachsen Sie nur langsam und hoffen, dass Ihr Ehepartner Ihnen mit Gnade begegnen wird?

Beispiel: Ich (Bill) habe immer Mühe, pünktlich nach Hause zu kommen. Oft bin ich so mit Menschen beschäftigt, dass ich die Zeit vergesse. Ich habe mich bemüht, einen Terminplan zu erstellen, diesen Terminplan am Vorabend durchzusehen und Erinnerungszettel an meinen Computer oder auf mein Handy zu kleben. Nichts von alledem hat meine Probleme behoben. Ich bin dankbar, dass Pam so viel Geduld mit mir hat, während ich versuche, mich zu bessern.

Beispiel: Ich (Pam) bin eine umtriebige Frau und liebe deshalb die vorwärtsgewandten Dinge des Lebens – träumen, planen, vorbereiten. Die Aufgaben im Hintergrund dagegen liegen mir nicht so sehr: Briefe von Behörden in Ordner einheften, das Scheckbuch führen, Quittungen verwalten, Rechnungen bezahlen. Bill begegnet mir in diesen Dingen mit großer Nachsicht und hat einige praktische Schritte unternommen, damit es in diesem Bereich, in dem ich nur langsame Fortschritte mache, nicht zu Konflikten in unserer Beziehung kommt. Ein einfaches Beispiel ist, dass ich immer vergaß, einen ausgestellten Scheck in die Liste einzutragen. Dieses Problem löste er, indem er ein Scheckheft mit Durchschlägen anschaffte, sodass automatisch eine Kopie ensteht, wenn ich einen Scheck ausstelle. Nun muss er nicht mehr maulen oder sich ärgern, weil ich einen Eintrag vergessen habe, und ich muss nicht mehr an die Liste denken!

In welchen Bereichen macht Ihr Ehepartner nur langsame Fortschritte, sodass es auf Ihre Nachsicht ankommt, um eine sichere Umgebung für Ihre Ehe zu schaffen?

Beispiel: Pam geht ganz in ihrer Arbeit auf, sodass es ihr schwerfällt, »sich umzuschauen«. Oft schaltet sie das Licht nicht aus, lässt die Wäsche halb fertig liegen, fährt den Benzintank leer und verlegt ihre Habseligkeiten. Es ist klasse, mit ihr zusammenzuleben, solange ich diesen Dingen keine Bedeutung schenke.

Beispiel: Bill ist ein sehr produktiver Mensch, der seinen Kaffee liebt. Überall finde ich Kaffeetassen: in der Garage, im Auto, auf dem Schreibtisch. Eines Tages fiel mir auf, dass nur noch wenige Kaffeetassen im Schrank waren, also schnappte ich mir einen Karton und durchsuchte jedes Zimmer, die Garage, die Autos und sein Büro. Ich sammelte siebzehn Kaffeebecher ein, die Bill eigentlich in die Küche bringen wollte, aber noch stehen gelassen hatte. Statt mich zu ärgern, beschloss ich, darin eine seiner erheiternden Marotten zu sehen, die sein dynamisches Leben mit sich bringt.

Welche Art von Bemühen sinnvoll ist

Es stimmt natürlich, dass eine Ehe auch Mühe macht, aber in Ihrer Beziehung geht es nicht nur um Anstrengung. Der Schlüssel zum Gelingen Ihrer Beziehung ist nicht die Summe Ihrer Bemühungen. Es kommt nicht darauf an, wie stark und wie oft sie sich für ihre Beziehung bemühen, sondern es kommt auf die Art und Weise Ihres Bemühens an. Betrachten Sie einmal folgende Beispiele:

- ♥ Wenn Ihr Auto Öl braucht, können Sie einen noch so großen Aufwand betreiben, um den Wagen zu waschen, abzuledern und auf Hochglanz zu polieren. Der Motor braucht immer noch Öl.
- ♥ Wenn zu Hause ein Abfluss verstopft ist, können Sie sich noch so sehr abmühen, die Fenster zu putzen oder den Rasen zu mähen – das Abflussrohr muss immer noch gereinigt werden.
- ♥ Wenn Ihr Haar einen neuen Schnitt braucht, können Sie noch so viel Zeit damit verbringen, Ihren Kleiderschrank aufzuräumen. Ihr Haar braucht immer noch einen neuen Schnitt.

Ich denke, Sie haben verstanden, was ich meine. Je strategischer Sie vorgehen, desto effektiver wird Ihr Bemühen sein. Im Gegensatz dazu werden Sie bei aller Anstrengung umso frustrierter sein, je mehr Sie am Ziel vorbeischießen. Dieses Buch möchte Ihnen Wege aufzeigen, wie Sie strategischer an Ihrer Ehe arbeiten können. Wir hoffen, dass wir Ihnen helfen können, Umwege zu vermeiden, Ihre Bemühungen zu fokussieren und den richtigen Sprachcode zu entdecken, der das Potenzial Ihrer Beziehung erschließt.

Den Zugangscode zu Ihrer Liebe finden

Dinner & Dialog – einander mit dem Herzen näherkommen

Wählen Sie eine geschlechtsspezifische Eigenschaft Ihres Partners bzw. Ihrer Partnerin, und machen Sie ihm bzw. ihr dazu eine Woche lang jeden Tag ein Kompliment. Sie können die Komplimente mündlich, per E-Mail, per Voicemail, durch eine schriftliche Notiz oder als SMS mitteilen. Entscheidend ist, dass Sie es täglich tun.

Ordnen Sie ganz bewusst eine Eigenschaft Ihres Partners bzw. Ihrer Partnerin in den Bereich des »langsamen Wachstums« ein. Stellen Sie sich darauf ein, dass sein bzw. ihr Leben sich in diesem Bereich nur ganz allmählich ändern wird, genauso wie auch einige Bereiche in Ihrem eigenen Leben sich nur quälend langsam entwickeln. Ihnen sind

> Die Menge Ihrer Bemühungen ist nicht annähernd so wichtig wie die Art und Weise Ihres Bemühens.

diese Bereiche bewusst, weil Sie jeden Tag damit leben. Sie haben darüber gebetet, aber die Veränderungen geschehen nicht so rasch, wie Sie es sich wünschen. Sie haben versucht, in diesen Bereichen Ihres Lebens Disziplin zu üben, und Sie sind schließlich zu der Einsicht gekommen, dass Fortschritte in diesen Bereichen zwar möglich sind, aber wahrscheinlich Ihr ganzes Leben dauern werden.

Nur zu leicht erwarten wir mehr von unserem Partner. Da wir das Wachstum und die Entwicklung unseres Partners nicht steuern können, neigen wir dazu, ihn oder sie unter Druck zu setzen, sich zu bessern. Sie können Ihren Geduldsfaden verlängern, wenn Sie beschließen, den Fortschritten in diesem Bereich das Tempo zu lassen, das sie nun einmal brauchen. Wenn Sie diese Entscheidung treffen, können Sie sich nicht mehr darüber beklagen oder ungebetene Ratschläge dazu erteilen.

Jeder von Ihnen entscheidet, in welchem Bereich Sie Nachsicht üben, und das Tempo der Veränderung überlassen Sie Gott. Sagen Sie Ihrem Partner nicht, welchen Bereich Sie gewählt haben, sondern fangen Sie einfach an, in diesem Bereich Gnade walten zu lassen. Beten Sie außerdem darum, dass Sie Ihren Partner mit Gottes Augen sehen können. Achten Sie bei diesem »namenlosen« Geschenk auf positive Entwicklungen in Ihrer Ehe, die Gott zu seiner Zeit und nicht nach Ihren zeitlichen Vorstellungen herbeiführen wird.

♡△♡△♡△♡△♡△♡△♡△♡△♡△♡△♡△♡△♡△♡△♡△♡△♡

KAPITEL 3
ZUNEIGUNG

»Die Frucht des Geistes ist ... Freundlichkeit ...«

Ein Schlüssel für eine sichere und glückliche Ehe ist innige Zuneigung. Wir trafen uns mit einem Ehepaar im Walter Reed Hospital in Washington D.C. zum Abendessen. Der Ehemann gehörte aufgrund seiner Verletzungen während des Irakkrieges zur Brigade der Kriegsversehrten. Er berichtete, wie er samt Ausrüstung meilenweit marschiert war, obwohl er ein gebrochenes Schlüsselbein hatte, beide Schultern ausgerenkt waren, sein Rücken verwundet und ein Knöchel gebrochen war. Natürlich staunten wir über die Leiden, die dieser Mann ertragen hatte, und über seine Entschlossenheit. Doch noch beeindruckender war das, was dann passierte. Er sagte:»Ich hatte zwar einige gebrochene Knochen und ausgekugelte Gelenke, aber nichts sollte mich davon abhalten, zu meiner Frau und meinen Kindern zurückzukehren. Sie sind die Menschen, die ich in dieser Welt am meisten liebe, und dass ich meine Frau kennenlernte, ist das Beste, was mir in meinem Leben passiert ist. Die Feinde versuchten, mich körperlich zu zerbrechen, aber ich war fest entschlossen, dass sie meinen Willen nicht brechen würden. Ich würde zu meiner Frau und meiner Familie heimkehren.«

Mit Tränen in den Augen lehnte seine Frau sich zu ihm hinüber und nahm seine Hand. Dann schaute sie uns an und sagte:»Das habe ich noch nie von ihm gehört, und es war so wichtig für mich, diese Worte zu hören.«

Wir wurden dazu geschaffen, auf Zuneigung zu reagieren. Zuneigung gibt uns das Gefühl, stärker und zuversichtlicher und attraktiver zu sein. In einer Krise kann sie unser Herz beruhigen und uns auf die Herausforderungen vorbereiten, die auf uns zukommen. Einer der Gründe, weshalb Sie einander geheiratet haben, war die Feststellung, dass Sie einen Menschen gefunden hatten, der Ihnen ein besseres Gefühl über sich selbst vermittelte. Gesunde Ehen, in denen man die Zuversicht hat, sicher und erfolgreich sein zu können, zeichnen sich durch gegenseitige Zuneigung aus. Beide Partner legen großen Wert darauf, einander Komplimente zu machen. Beide finden Wege, einander zu ermutigen.

Sie können die gegenseitige Zuneigung in Ihrer Ehe fördern, indem Sie einander zärtlich berühren, die einzigartige Begabung Ihres Partners im Blick behalten und sich in Ihrem Miteinander mit freundlichen Worten überhäufen.

Liebevolle körperliche Berührung

Wir alle wurden dazu erschaffen, körperlich miteinander in Berührung zu sein. Es beginnt schon im Säuglingsalter. Babys, die oft zärtlich in den Arm genommen werden, entwickeln sich in jeder Hinsicht gesünder. Ihr Immunsystem funktioniert besser, ihre Herzfrequenz und ihr Blutdruck sind niedriger, ihr Verdauungssystem arbeitet besser, und sie sind emotional ausgeglichener.[8]

Das verändert sich nicht, nur weil wir älter werden. Auch als Erwachsene werden wir durch zärtliche körperliche Berührungen gestärkt. Genauso wie Kinder haben auch Erwachsene bei einer gesunden körperlichen Interaktion ein besseres physisches, emotionales und soziales Gleichgewicht. Verheiratete Paare sind in der frühen Phase ihrer Beziehung fast ständig körperlich miteinander in Kontakt. Wenn die Beziehung reifer wird und die Verpflichtungen zunehmen, lässt der Körperkontakt oft nach. Diesem Trend sollte man widerstehen.

Ich (Pam) erinnere mich an den Moment, als mir die enorme Kraft der körperlichen Berührung bewusst wurde. Schon immer hatte ich mit Versagensängsten zu kämpfen. Mein Vater war selten mit der Leistung irgendeines Menschen zufrieden, und so gewöhnte ich mir schon früh an, mein eigenes Handeln ständig zu analysieren. Wann immer ich das Gefühl habe, dass mein Teller zu voll ist und überlaufen wird, werde ich hektisch und unausgeglichen und sehe in allem ein Drama. Ich reagierte oft ähnlich wie Hühnchen junior in dem Animationsfilm »Himmel und Huhn« mit seinem: »Der Himmel stürzt ein! Der Himmel stürzt ein!«

Oft wurde ich wütend auf Leute, die nicht sofort aufsprangen, um mich zu retten. Ihre Tatenlosigkeit betrachtete ich als Missachtung. Und habe ich schon erwähnt, dass ich meine Angst normalerweise verschwieg und es niemandem sagte, dass ich Hilfe brauchte? Ich erwartete einfach, dass die Menschen, die mich liebten, auf magische Art und Weise meine Gedanken lesen konnten und von selbst wissen würden, wann sie herbeispringen und mich aus dem Schlamassel ziehen sollten!

Eines Tages, als ich in der Küche schimpfte und wetterte und Bill und den Kindern barsche Befehle erteilte, zog Gott den Schleier von meinem Herzen zurück und ließ Bill direkt in meine Seele blicken. Bill kam herüber, schloss mich in die Arme und flüsterte: »Pam, wovor hast du Angst?«

Ich wollte mich freistrampeln, um dramatisch mit den Armen zu fuchteln und meinen aufgestauten Emotionen freien Lauf zu lassen, aber Bill ließ nicht locker. »Schatz«, flüsterte er wieder, »wovor hast du Angst?«

Und da sprudelte eine ganze Latte von Ängsten hervor.

Er hielt mich einfach weiter fest, bis meine Arme, mein Herz und meine Seele sich beruhigt hatten. Es lag kein Zwang in seiner Umarmung, sie war nicht in irgendeiner Weise fordernd. Es war eine beharrliche Umarmung, die mir klarmachte, dass wir dies gemeinsam durchstehen würden. Immer wieder flüsterte er mir ins Ohr: »Pam, ich liebe dich. Ich werde dich immer lieben. Ich bin dein größter Fan. Ich bin für dich da. Die Kids und ich, wir sind für dich da. Gott ist für dich da. Wir alle wollen, dass du es schaffst. Wir gehören zu deinem Team. Sag uns, wie wir dir helfen können, damit du selbst spürst, wie klasse du bist.«

In seinen Armen fiel die Anspannung von mir ab, und ich drückte mein Gesicht an seine Brust. Eine riesige Last schien von meinen Schultern abzufallen. Ich merkte, dass ein Durchbruch geschehen war, nicht nur emotional, sondern auch geistlich. Ich musste nicht auf die Lüge hören: »Du bist nicht gut genug.« Ich wusste, dass Gott mich für »gut genug« erklärt hatte. Mit acht Jahren hatte ich eine persönliche Beziehung zu dem Gott des Universums begonnen, der mich seine auserwählte Tochter nannte. Vom Verstand her wusste ich, dass ich durch das Opfer, das Gott aus Liebe für mich vollbracht hatte, gut genug für den Himmel war. Aber nach meinem Zusammenbruch dort in der Küche *spürte* ich nun tatsächlich, dass ich gut genug war. Gottes bedingungslose Liebe, die er mir durch Bill offenbarte, brach die Kette, die mich an meine Vergangenheit fesselte.

Meine Angst vor dem Versagen hätte jede Beziehung zerstören können, die ich je haben werde, weil sie mich so hart gegen mich selbst macht. Ich neige dazu, denselben Druck auf andere zu übertragen und Ansprüche zu stellen, die manchmal unrealistisch sind. Natürlich versucht Satan immer noch, mich mit derselben alten Lüge in die Falle zu locken: »Du bist minderwertig. Du bringst es nicht. Du bist nicht gut genug.« Aber jetzt kann ich ihr besser standhalten. Wenn mir die aufsteigende Angst bewusst wird, besinne ich mich auf meine Stellung in Christus und erkläre: »Doch, ich bin gut genug! Also lass mich und unsere Liebe in Ruhe. Weg mit dir. Angst, verschwinde!« Und die Angst weicht, denn wo Liebe gedeiht, kann Angst sich nicht halten.

Männer, es ist wichtig, in Erinnerung zu behalten, dass zärtliche Berührungen für Ihre Frau attraktiv sind, weil sie sich dadurch bei Ihnen sicher fühlt. Wenn Sie ihr Zärtlichkeit und Sicherheit vermitteln, während Sie ihre Hand halten, sie umarmen oder sich auf der Couch an sie schmiegen, wird sie diese Seite Ihrer Beziehung außerordentlich schätzen. Doch wenn sie dabei den Eindruck gewinnt, dass Sie nur versuchen, etwas von ihr zu bekommen oder sich gut mit ihr zu stellen, wird sie sich manipuliert fühlen und den Schluss ziehen, dass intime körperliche Kontakte mit Ihnen nicht sicher sind. Entscheidend ist, ihr zu vermitteln, dass sie in der Beziehung zu Ihnen sicher ist.

Ich (Bill) weiß, dass auch wir Männer Berührungen mögen. Insgeheim hoffen wir, dass unsere Frauen nie ganz erkennen, wie viel Einfluss sie auf unser Leben haben, wenn sie uns physisch lieben. Mit dem Flirten fängt es an. Wenn eine Frau ihren Mann flirtend berührt, ändert sich sein Herzenszustand sofort. Er fühlt sich stärker, fähiger und männlicher. Seine Motivation steigt, und sein Interesse an der Beziehung wächst.

Nach drei Jahrzehnten Ehe staune ich, dass dieser Effekt in unserer Beziehung immer noch so stark ist. Wenn Pam auf mich zukommt und mich zärtlich berührt, werde ich sofort im besten Sinn abgelenkt. Ich denke: *Oh, was für eine tolle Frau! Ich habe so ein Glück, mit ihr verheiratet zu sein. Mit ihr in meinem Leben bin ich als Mann stärker, und sie ist einfach bezaubernd!*

Das läuft so schnell ab, dass ich mich manchmal frage, ob ich nicht sehr oberflächlich sein muss, um so zu reagieren. Ihr Einfluss ist in dieser Hinsicht so groß, dass es sogar noch funktioniert, wenn ich mich über sie geärgert habe. Wenn unsere Beziehung angespannt ist und sie mich flirtend berührt, ändern sich zwar die Worte ein wenig, aber meine Reaktion ist dieselbe: *Oh, oh. Sie tut es wieder. Ich liebe es, wenn sie mich so berührt. Aber warum macht sie das gerade jetzt? Bestimmt will sie etwas von mir. Mensch, lass das, Bill. Wie dumm von dir. Sie ist eine großartige Frau, und sie weiß einfach nicht, was sie jetzt gerade mit dir anfangen soll. Sie versucht nur, dich zu erreichen. Lass es einfach zu!*

Uns Männern wird oft vorgeworfen, wir würden unsere Frauen nur berühren, um Sex mit ihr zu haben. Die meisten Männer sind vernünftig genug, zu wissen, dass kontinuierliche Berührungen in einer Beziehung mehr bedeuten, als nur eine sexuelle Beziehung zu haben. Als Mann muss ich zugeben: Der Gedanke, dass diese Zärtlichkeiten zu einer sexuellen Begegnung führen könnten, ist immer präsent. Warum auch nicht? Wenn sie interessiert ist, warum sollte ich es nicht sein? Aber ich weiß, dass die Bedürfnisse in unserer Ehe komplexer sind. Pam möchte umarmt werden und wissen, dass ich sie als ganze Person schätze. Ich möchte umarmt werden und wissen, dass Pam mich als den Mann schätzt, der ich bin.

Eigentlich hören Männer deshalb auf, ihre Frau zu berühren, weil sie kritisiert werden, wenn sie es tun. Denken Sie daran, dass ein Mann durch Erfolg in der Ehe motiviert wird. Wenn er das Gefühl hat, dass seine Versuche, seine Frau durch Zärtlichkeit zu ermutigen, akzeptiert werden, ist er motiviert, weiterzumachen. Wird er jedes Mal kritisiert, wenn er ihr begegnen will, wird er irgendwann damit aufhören.

Entschlüsselungs-Impuls

Tauschen Sie sich darüber aus, wie Sie folgende Aussagen
fortsetzen würden:
Wenn du mich berührst, habe ich das Gefühl, ich könnte …
Am liebsten mag ich deine Berührung, wenn …

Die einzigartigen Begabungen des Partners im Blick behalten

Sie sind ein unglaublich talentierter Mensch, und Sie leben mit unglaublich talentierten Menschen. Jeder von Ihnen wurde mit mindestens einer einzigartigen Fähigkeit begabt, die Ihnen viele Möglichkeiten bietet. Diese besonderen Fähigkeiten sind stark ausgeprägt und wollen genutzt werden. Deshalb sind sie zugleich erstaunlich und unbequem.

♡⌂♡⌂♡⌂♡⌂♡⌂♡⌂♡⌂♡
Sie sind ein unglaublich talentierter Mensch, und Sie leben mit unglaublich talentierten Menschen.
♡⌂♡⌂♡⌂♡⌂♡⌂♡⌂♡⌂♡

Wenn Sie Ihre speziellen Fähigkeiten gezielt einsetzen und dabei bescheiden bleiben, werden sie Ihr Leben sehr bereichern. Setzen Sie sie aber nachlässig und selbstsüchtig ein, können sie Verärgerung auslösen und sogar Schaden anrichten.

Ihre besonderen Fähigkeiten sind ein zentraler Bestandteil Ihrer Identität, und Sie haben keine andere Wahl, als Ihr Leben danach auszurichten.

Wenn Sie dabei sind, Ihre einzigartigen Begabungen auszuleben, verstärkt sich das Gefühl, dass Sie wirklich Sie selbst sind. Und Sie werden zu Menschen hingezogen, die Ihren besonderen Beitrag im Leben zu schätzen wissen.

Eine Ihrer Aufgaben besteht darin, die einzigartigen Fähigkeiten Ihres Partners zu erkennen und ihm oder ihr so oft wie möglich Komplimente dafür zu machen. Diese Komplimente legen in Ihrem Partner oder Ihrer Partnerin eine Grundlage des Vertrauens und der Zuversicht. Wenn Sie Kinder haben, werden Komplimente für ihre besonderen Fähigkeiten denselben Einfluss auf Ihre Kinder haben. Jeder gewinnt dadurch an Optimismus. Jeder entwickelt eine positivere Einstellung. Jeder wird produktiver.

Männer, was eure Frauen sich mehr wünschen als alles andere, ist Wertschätzung. Ihre Frau möchte wissen, dass sie Ihnen wichtig ist, und sie möchte wissen, dass das, was sie für andere tut, wirklich geschätzt wird. Sie ist mit den wichtigen Menschen in ihrem Leben sehr innig verbunden und braucht immer wieder die Gewissheit, dass ihr Rat, ihre Bemühungen und ihr Einsatz für diese Menschen deren Leben bereichert. Wenn sie von den Menschen, die sie liebt, die Bestätigung erhält, dass sie in deren Leben etwas Wesentliches bewirkt, kommt sie in den Bereich der Sicherheit oberhalb der Vertrauenslinie.

Entschlüsselungs-Impuls für Männer

Finden Sie einen Weg, wie Sie Ihrer Frau sagen können, dass sie etwas Wesentliches bewirkt und dass Ihr Leben (oder die Familie, die Nachbarschaft, die Gemeinde, die Welt) durch sie besser geworden ist.

Frauen, eure Männer wünschen sich mehr als alles andere auf der Welt, spüren zu können, dass ihr an sie glaubt. Ihr Mann trägt eine tiefe Verantwortung für seine Familie, auch wenn er das vielleicht nicht so deutlich artikuliert. Er möchte Sie lieben und für seine Familie sorgen, auch wenn ihm schmerzlich bewusst ist, dass er das nie perfekt machen wird. Er weiß, dass er seinem Ego nicht die Oberhand lassen sollte, aber er wird leicht verlegen und frustriert, wenn die Dinge nicht gut laufen. Deshalb sehnt er sich nach einer Person in seinem Leben, die ihn liebt und an ihn glaubt. Seine Zuversicht wird sehr gestärkt, wenn seine Frau sich zu ihm hingezogen fühlt und ihm Komplimente macht.

Entschlüsselungs-Impuls für Frauen

Finden Sie einen Weg, wie Sie Ihrem Mann sagen können, dass Sie an ihn glauben (an seine Talente, seine Fähigkeiten, seine Stärken, seine Liebe, sein Verantwortungsbewusstsein, seinen Charakter).

Bemerkenswerte Talente

Da Gott ein genialer Schöpfer ist, wurden Sie »herrlich und ausgezeichnet« geschaffen (Psalm 139,14). In Ihnen spiegelt sich sein Ebenbild wider (1. Mose 1,27). Deshalb besitzen Sie Fähigkeiten und natürliche Begabungen. Außerdem teilt der Geist Gottes jedem Menschen, der auf Christus als seinen Retter vertraut, Gaben zu (1. Korinther 12). Das alles hat zur Folge, dass Sie in einigen Bereichen sehr geschickt sind, während Sie in anderen Bereichen zu kämpfen haben.

Die Vorstellung, dass wir einzigartige Fähigkeiten haben, ist als Konzept leicht zu begreifen, aber dies auch in die Praxis umzusetzen, bedeutet eine Herausforderung. Wenn man diese natürlichen Talente nutzt, ist man aktiv und zuversichtlich. Man hat Freude daran, sich mit seinen speziellen Begabungen zu betätigen, und bei der Anwendung der eigenen Talente ist man ausgesprochen effizient. Dasselbe gilt für die geistlichen Gaben. Da sie von Gott gegeben sind und von der Kraft des Heiligen Geistes erfüllt werden, tragen sie wirksam dazu bei, dass andere gestärkt werden und sich mehr auf ihre eigenen Bereiche fokussieren können. Wenn wir unsere geistliche Gabe einsetzen, fallen uns die entsprechenden Aufgaben leicht. Diese Überlegungen sagen uns aber nicht, wie wir unsere eigenen speziellen Fähigkeiten erkennen und im alltäglichen Leben praktisch anwenden können.

Die Hinweise auf unsere einzigartige Begabung erkennen

Ihre individuelle Begabung stellt einen inneren Schatz dar, der dazu bestimmt ist, einen Unterschied in Ihrer Welt zu bewirken. Das Problem ist, dass dieser Schatz im Verborgenen liegt. Manchmal haben wir das Gefühl, wir brauchen unseren eigenen Indiana Jones, der aus den Hieroglyphen die entscheidenden Hinweise ableiten kann. Oder wir wünschen uns eine Landkarte wie in dem Kinofilm Das Vermächtnis der Tempelritter, wo auf der Rückseite der Unabhängigkeitserklärung eine verborgene Schatzkarte entdeckt wurde. Zwar haben wir keinen Professor für antike Geschichte in der Hinterhand, aber wir verfügen über eine verschlüsselte Karte, die uns zu unserem Schatz leitet. Diese Karte wurde durch Gottes Geist in unsere Herzen gezeichnet. Wir brauchen nur seiner Führung zu folgen, um den Schatz zu entdecken.

Als Kind wurde Ihnen bewusst, dass irgendetwas in Ihnen darauf drängte, sich auszudrücken. Es war ein starker Drang, und deshalb suchten Sie nach Möglichkeiten der Umsetzung. Diese Veranlagung war aber unausgereift, und Sie stellten sich oft ungeschickt an. Die Welt war grausam, also ernteten Sie Kritik und Spott, während Sie versuchten, herauszufinden, wer Sie eigentlich sind und welchen Beitrag Sie in der Welt leisten sollten. Einige von Ihnen legten sich bei dieser Herausforderung ein dickes Fell zu und ignorierten den größten Teil der Kritik. Später entwickelten Sie mehr Zuversicht, indem Sie beharrlich die Hindernisse auf dem Weg Ihrer Entwicklung überwanden. Andere reagierten empfindlicher, wenn man sich über sie lustig machte. Als Kind fühlten Sie sich niedergeschmettert, und noch heute ringen Sie darum, Ihren Platz zu finden. Sie scheuen sich, neue Möglichkeiten zu nutzen, weil die Kritik in Ihrer Seele noch lebendig ist. Am liebsten tun Sie einfach das, was Sie gewohnt sind, weil Sie sich dann sicher fühlen, auch wenn es Sie langweilt.

Damit Sie Ihre einzigartigen Fähigkeiten einsetzen können, müssen Sie in einem ersten Schritt feststellen, worin sie bestehen. Das ist eine Herausforderung, denn eine große Hürde macht es Ihnen schwer, zu entdecken, was Sie am besten können. Diese Hürde ist die grenzenlose Kreativität unseres Schöpfers. Man hat ausreichend bewiesen, dass kein anderer Mensch genauso ist wie Sie. Jeder von uns hat individuelle Fingerabdrücke, eine ganz besondere Stimme und eine einzigartige DNA. Dasselbe gilt für unsere einzigartige Befähigung. Nie hat es einen anderen Menschen mit genau derselben Kombination von Weisheit, Begabung und Intuition gegeben, die Sie von Natur aus besitzen. Deshalb gibt es auch keine Liste spezieller Fähigkeiten, aus denen Sie wählen könnten, um herauszufinden, was Sie am besten können. Stattdessen befinden Sie sich auf einem Weg, der sich erst allmählich abzeichnet, indem Sie nach und nach sowohl Ihre Talente als auch Ihre Bestimmung entdecken. Auch wenn keine solche Liste verfügbar ist, gibt es doch bestimmte Kategorien, in denen Ihre Fähigkeiten zum Einsatz kommen. Ihre einzigartige Begabung ist eine Kombination von Eigenschaften aus jeder dieser Kategorien.

Erste Kategorie: Körperliche Fähigkeiten

Sie sind ein physisches Wesen, das aus Knochen, Muskeln, Bindegewebe und Nerven besteht. Die Aktivitäten Ihres Körpers werden von Ihrem Gehirn koordiniert, dem leistungsstärksten Computer der Welt. Das Gehirn sendet ständig Impulse an den ganzen Körper, die sowohl die bewussten als auch die unwillkürlichen Bewegungen steuern. Während Ihr Verstand Ihre Bewegungsabläufe organisiert, merken Sie, dass Sie in einigen Dingen richtig gut sind, während Sie in anderen Bereichen »zwei linke Hände« haben.

Einige von Ihnen haben hervorragende Voraussetzungen für den Do-it-yourself-Trend. Es macht Ihnen Freude, Dinge zusammenzubauen oder zu reparieren. Sie staunen sogar selbst über Ihre Fähigkeit, ganz spezielle handwerkliche Herausforderungen zu meistern.

Andere sollten häusliche Reparaturen um jeden Preis meiden, weil sie alles nur noch schlimmer machen, sobald sie ein Werkzeug zur Hand nehmen. Jeder Versuch, Geld zu sparen, indem Sie selbst Hand anlegen, kostet am Ende nur noch mehr, weil Sie einen Fachmann dafür bezahlen müssen, Ihre Fehler wiedergutzumachen.

Wieder andere haben ein natürliches Talent, feinmotorisch mit ihren Händen zu arbeiten. Bei kunsthandwerklichen oder technischen Aufgaben zeigt sich, wie geschickt Sie nähen, stricken, patchworken oder handwerkeln können. Vielleicht nutzen Sie Ihre Fingerfertigkeit beruflich als Chirurg oder bei der Herstellung elektronischer Geräte. Sie haben eine ruhige Hand und können komplizierte Bewegungen sehr geschickt ausführen. Ihre Begabung kann auch von Nutzen sein, wenn Sie Make-up auftragen, eine Massage durchführen oder dekorativ tätig werden. Wenn andere etwas von dem versuchen, was Ihnen so leicht von der Hand geht, werden Sie häufig scheitern. Was Ihnen leichtfällt, erscheint für andere undurchführbar.

Manchen Menschen liegen von Natur aus sportliche oder andere körperliche Betätigungen wie Tanzen oder verschiedene Arten der Fortbewegung. Ihr Selbstvertrauen auf dem Sportplatz vermittelt Ihnen Zuversicht im Leben. Körperliche Fitness scheint die einzig richtige Lebensweise zu sein, und während andere alles meiden, was sie ins Schwitzen bringt, fühlt sich Ihr Leben ohne körperliche Anstrengung leer an.

Menschen mit ausgeprägten körperlichen Fähigkeiten können Sie auf folgende Weise ermutigen:

- ♥ Machen Sie ihnen Komplimente darüber, wie geschickt sie etwas reparieren oder herstellen.
- ♥ Danken Sie ihnen, wenn sie etwas für Sie repariert oder angefertigt haben.
- ♥ Nehmen Sie bei Ihrer Terminplanung genug Rücksicht, damit sie bei ihren Projekten nicht unterbrochen werden.
- ♥ Nehmen Sie sich Zeit, die Arbeit zu bewundern, die sie geleistet haben.
- ♥ Geben Sie ihnen Zeit, körperlichen Betätigungen nachzugehen.
- ♥ Machen Sie bei ihren Aktivitäten mit, auch wenn Sie dabei Ihre eigene Komfortzone verlassen müssen, und bitten Sie sie um Rat.

Sie entmutigen Menschen mit ausgeprägten körperlichen Fähigkeiten, wenn Sie

- ♥ sich beschweren, wie viel Zeit ihre Projekte in Anspruch nehmen und wie viel Geld sie kosten.
- ♥ die Projekte alle paar Minuten unterbrechen.
- ♥ ihnen sagen, wie sie bei ihrer Tätigkeit vorgehen sollen, statt ihnen die Sache selbst zu überlassen.

♥ den Alltag so mit Bürokram und gesellschaftlichen Verpflichtungen ausfüllen, dass kaum Zeit für Projekte bleibt.

♥ einen so dichten Terminplan erstellen, dass nur wenig Zeit für körperliche Aktivitäten bleibt.

♥ selbst keine körperliche Betätigung mögen und dann von Ihrem Partner oder Familienmitglied verlangen, ebenfalls keiner körperlichen Aktivität nachzugehen.

Zweite Kategorie: Weisheit und Einsicht

Unsere Gehirnzellen arbeiten unfassbar gut. Sie verknüpfen Gedanken und ziehen Schlussfolgerungen über das Leben. Einige von Ihnen haben jedoch eine ganz besondere Auffassungsgabe für bestimmte Lebensbereiche. Vielleicht verstehen Sie sich auf Geschäftspraktiken und können komplexe Abläufe vereinfachen. Vielleicht wissen Sie viel über Entscheidungsfindung und können andere bei ihren Entscheidungen coachen. Vielleicht kennen Sie sich mit Finanzanlagen aus, sodass Sie ein geschickter Investor oder Finanzberater sind.

♡△♡△♡△♡△♡△♡△♡△♡
Einige von Ihnen haben die
Faktoren und die Hindernisse
vor Augen und erkennen, welchen Kurs Sie wählen müssen.
♡△♡△♡△♡△♡△♡△♡△♡

Im Bereich Ihrer besonderen Begabung erleben Sie immer wieder Momente erstaunlicher Klarheit. Während Sie noch mit anderen sprechen, zeichnen sich in Ihren Gedanken schon die nächsten Schritte glasklar ab. Sie haben die Faktoren und die Hindernisse vor Augen und erkennen, welchen Kurs Sie wählen müssen. Der Ablauf liegt so klar vor Ihnen, dass Sie andere sicher führen können. Manchmal werden Sie sogar ungeduldig, wenn andere Ihre Schlussfolgerungen infrage stellen, weil die Lösung Ihnen so klar ist.

Sie können Ihren Partner im Bereich seiner bzw. ihrer besonderen Begabung ermutigen, indem Sie

♥ ihm oder ihr Komplimente über seine bzw. ihre Einsicht machen.
♥ ihm bzw. ihr Zeit für Kontakte mit Menschen geben, denen er oder sie mit seiner bzw. ihrer Einsicht helfen kann.
♥ ihn oder sie ermutigen, seine bzw. ihre Kenntnisse in seinem bzw. ihrem speziellen Fachbereich zu erweitern.
♥ die Zeit, das Geld oder die Energie aufbringen, ein Team-Kamerad Ihres Partners beim Abenteuer seiner bzw. ihrer Lernerfahrungen zu sein.

Sie werden Ihren Partner im Bereich seiner bzw. ihrer besonderen Begabung entmutigen, wenn Sie

♥ sich darüber beschweren, wie viel Zeit er oder sie mit anderen Personen verbringt.
♥ sagen, dass Sie den Eindruck haben, dass andere Menschen ihm oder ihr wichtiger sind als Sie.
♥ vor anderen Menschen vorgefasste Ansichten über das Fachgebiet Ihres Partners äußern, statt ihm oder ihr das Feld zu überlassen.
♥ das Bedürfnis Ihres Partners einschränken, weiterzulernen und seine Fähigkeiten zu vertiefen oder seine Kenntnisse einzusetzen.

Dritte Kategorie: Technologie

Die Fortschritte im Bereich der Technologie sind so rasant, dass wir nur ahnen können, welche technologischen Wunder die Zukunft für uns bereithält. Mitten in dieser fortwährenden elektronischen Entwicklung sind einige von Ihnen besonders begabt, zu verstehen, wie das alles funktioniert. Wenn eine neue Technologie auftaucht, dauert es nicht lange, bis Sie sich damit vertraut gemacht haben und sie nutzen können.

♡△♡△♡△♡△♡△♡△♡△♡

Mitten in dieser fortwährenden elektronischen Entwicklung sind einige von Ihnen besonders begabt, zu verstehen, wie das alles funktioniert.

♡△♡△♡△♡△♡△♡△♡△♡

Manche haben ein großes Geschick, zu programmieren, technische Geräte einzurichten und Problemlösungen zu entwickeln. Wir Übrigen sind diesen Menschen sehr dankbar, dass sie uns die technischen Fortschritte zugänglich machen, auf die wir angewiesen sind. Die meisten von uns könnten das, was sie leisten, nie zustande bringen. Wir sind schon nach wenigen Augenblicken völlig überfordert, wenn sie anfangen, uns die Funktion dieser Technologien auch nur auf der einfachsten Ebene zu erklären.

Wieder anderen gelingt es sehr gut, Menschen mit neuer Technologie vertraut zu machen, denn sie akzeptieren, dass manche technologischen Details für viele Menschen eine Fremdsprache sind, obwohl sie diese Technologien bei der Arbeit oder in ihrem persönlichen Leben nutzen. Sie können uns die nötig Herangehensweise mit einfachen Worten verständlich machen. Und sie helfen mit, komplexe Computersysteme anwenderfreundlich zu machen, damit sie von einer breiten Masse genutzt werden können.

Wenn Ihr Partner in technologischen Dingen begabt ist, können Sie ihn oder sie ermutigen, indem Sie

♥ ihm oder ihr Komplimente über seine bzw. ihre besondere Auffassungsgabe in technologischen Dingen machen.
♥ sinnvolle Investitionen für die technische Ausstattung unterstützen.

- ♥ Aktivitäten unterstützen, die Ihrem Partner helfen, mehr über Technologien zu lernen.
- ♥ Ihren Partner um Hilfe im Umgang mit Computer oder Handy bitten.
- ♥ mit Ihrem Partner an Veranstaltungen teilnehmen, bei denen technologische Neuerungen vorgestellt oder vermarktet werden.

Einen technologisch begabten Partner werden Sie entmutigen, wenn Sie

- ♥ sich darüber beschweren, wie viel Zeit er oder sie am Computer verbringt.
- ♥ sich darüber beschweren, dass die elektronischen Anschaffungen so teuer sind.
- ♥ jammern, dass technologische Entwicklungen Ihren Alltag belasten oder das Leben in der heutigen Welt zu kompliziert machen.
- ♥ desinteressiert oder gelangweilt auf technologische Themen reagieren.

Vierte Kategorie: Beziehungen

Viele von Ihnen haben von Natur aus einen ausgeprägten Sinn für die Art und Weise, wie Beziehungen funktionieren. Sie nehmen die Stimmungen und Bedürfnisse von Menschen wahr. Sie können voraussagen, wie viel Zeit jemand für eine bestimmte Sache braucht, und Sie entwickeln kreative Möglichkeiten, so mit anderen zu sprechen, dass sie ermutigt und inspiriert werden.

Einige von Ihnen haben ein besonderes Geschick für den alltäglichen Umgang mit freundschaftlichen Beziehungen. Es gelingt Ihnen gut, mit Menschen in Kontakt zu bleiben. Sie wissen Bescheid, was im Leben anderer gerade passiert, und finden regelmäßig Wege, sie für ihre Aufgaben zu ermutigen.

Andere verfügen über das Talent, Menschen in ihren Beziehungen zu beraten. Wahrscheinlich zeigte sich diese Begabung schon im Teenager-Alter, als Ihnen auffiel, dass Freunde Sie in Beziehungsdingen häufig um Rat fragten. Ihnen war nicht klar, warum gerade Sie gefragt wurden, aber offenbar konnten Sie ihnen eine Antwort geben. Als Erwachsener helfen Sie anderen immer wieder, in zwanglosen oder formellen Situationen mit ihren Beziehungen zurechtzukommen. Ihre Freunde rufen wahrscheinlich bei Ihnen an, wenn sie einen Rat brauchen. Vielleicht leiten Sie einen Bibelkreis oder eine Gebetsgruppe, die sich auf die wichtigen Beziehungen im Leben der Teilnehmer konzentriert.

Manche von Ihnen, die in dieser Hinsicht begabt sind, helfen anderen Menschen, gesund zu werden. Wahrscheinlich sind Sie in einem helfenden Beruf tätig oder engagieren sich in einer sozialen Einrichtung in Ihrer Stadt. Wenn andere Menschen ihre Geschichte erzählen, sehen Sie durch Ihr außergewöhnliches Talent schon den Weg, wie sie aus ihrer schmerzhaften Situation herauskommen und gesunde Entscheidungen treffen können. Die Zahl dieser Schmerzgeschichten, die Sie zu hören bekommen, wird Ihnen zu einer Last, aber Sie können sich der Einsicht nicht entziehen, welche Schritte diese Menschen gehen müssen, damit ihr Herz ganz heil werden kann.

Wenn Ihr Partner besonderes Geschick in Beziehungsfragen hat, können Sie ihn oder sie auf folgende Weise ermutigen:

- ♥ Machen Sie ihm oder ihr Komplimente für diese besondere Fähigkeit, Menschen zu verstehen.
- ♥ Sagen Sie Ihrem Partner bzw. Ihrer Partnerin, dass Sie sich freuen, seine Freundin bzw. ihr Freund zu sein.

- ♥ Geben Sie ihm oder ihr Gelegenheiten, mit Menschen in Kontakt zu bleiben.
- ♥ Helfen Sie Ihrem Partner bzw. Ihrer Partnerin, gesunde Grenzen zu wahren, um nicht von zu vielen Gesprächen überwältigt zu werden.
- ♥ Verbringen Sie einen Teil Ihrer Urlaubszeit mit Familienangehörigen und Freunden.

Einen Partner mit besonderen Fähigkeiten in Beziehungsfragen werden Sie entmutigen, wenn Sie

- ♥ sich darüber beschweren, wie oft er oder sie Kontakte zu anderen Menschen pflegt.
- ♥ sein oder ihr Bedürfnis ignorieren, die richtigen Grenzen zu ziehen, damit dieses Talent einen gesunden Rahmen nicht überschreitet.

Bill hat diese Gabe.

Immer wieder staune ich, wie zielsicher er das eigentliche Anliegen einer Person in einem Gespräch auf den Punkt bringt, wie er es schafft, dass völlig fremde Menschen sich innerhalb von Minuten bei ihm wie zu Hause fühlen, und wie er mit seinen erheiternden Geschichten und interessanten Fragen bei jeder Dinner-Party für Stimmung sorgt.

Bill kann so gut mit Menschen umgehen. Wenn wir in irgendeiner Stadt in einem Pulk von Menschen irgendeine Straße entlanggehen, wird der Obdachlose, der um Geld bettelt, oder die Mutter, die eine Starthilfe oder einen Radwechsel braucht, sich unweigerlich an Bill wenden. Nicht an mich, nicht an die neun anderen Passanten, sondern immer an Bill! Oft fragt Bill selbst: »Wieso gerade ich? Warum kommen die immer zu mir?« Dann ziehe ich ihn damit auf, dass es an seinem Superman-Anzug liegt, der unter seinem Hemd hervorlugt.

Auch unser Sohn Zachery hat diese Gabe. Im College war Zach der Kapitän des gemischten Cheerleader-Teams. Über hundert Gleichaltrige betrachteten ihn als Leiter und folgten seiner Führung, und zwar nicht nur im Sport, sondern auch in ihrem persönlichen Leben. Sein Geschick, Freunden zu helfen, mit ihrem Leben klarzukommen, wurde so bekannt, dass sogar einige Cheerleader anderer Colleges ihn um Rat und Orientierung baten. Wir gaben ihm den Spitznamen »Kapitän der Cheerleader-Welt«.

Weil Bill und Zach so geschickt im Umgang mit Menschen sind, kann es leicht passieren, dass ihr Leben vor lauter Menschen aus den Fugen gerät und die Bedürfnisse dieser Leute zu einer nicht endenden Flut von Hilfsanfragen werden. Bill und Zach brauchen oft Rückendeckung, wenn es darum geht, gesunde Grenzen durchzusetzen.

Als wir einmal nach Hawaii reisten, um dort einen dringend nötigen Urlaub zu verbringen und einen Geburtstag zu feiern, kaufte ich Bill ein T-Shirt mit der Aufschrift: »Zeugenschutzprogramm: Sie kennen mich nicht.«

Es hat nicht funktioniert.

Am ersten Tag in unserer Pension kam beim Frühstück heraus, womit Bill seinen Lebensunterhalt verdient. Die Folge war, dass Bill einen Teil der Ferien damit verbrachte, anderen Menschen Rat und Hilfe zu geben. Ehrlich gesagt, machte es mir nichts aus, weil er immer noch *reichlich* Zeit für mich übrig hatte. Außerdem wird Bill, wenn er seine Begabung einsetzen kann, viel umgänglicher, wenn wir allein sind, weil es ihm ein gutes Gefühl gibt, zu erleben, wie Gott durch seine Gabe wirkt, um anderen zu helfen.

Ich ermutige Bill, indem ich ihm spontan den Freiraum gebe, seine Beziehungsgabe einzusetzen. Bill ermutigt mich, indem er für die Ausübung seiner Gabe Grenzen zieht, damit ich immer weiß, dass ich der wichtigste Mensch in seinem Herzen bin.

Fünfte Kategorie: Musikalische Begabung

Musik ist eine enorme Kraft in unserem Leben. Musik berührt unser Herz, weckt unsere Emotionen und beflügelt unsere Fantasie. Sie ist fähig, unsere Gedanken, unsere Gefühle und unser Handeln so zu verbinden, dass wir zum Besseren inspiriert werden.

Einige von Ihnen besitzen ein musikalisches Talent, das allen anderen zugutekommt. Ihr Gehör ist so beschaffen, dass Sie den richtigen Ton treffen, wenn Sie singen oder ein Instrument spielen. Ihre Stimme ist zum Singen geschaffen. Sie lernen schnell, ein neues Musikinstrument zu spielen, und sich mit Musik zu beschäftigen, fasziniert Sie. Vielleicht besteht Ihr Talent darin, dass Sie ein Instrument besonders gut beherrschen oder singen oder komponieren. Ob Sie es nun genießen, auf einer Bühne zu stehen, oder ob Sie die Abgeschiedenheit eines Studios bevorzugen: Sie lieben Musik und können sich gut durch ein Lied ausdrücken.

> ♡△♡△♡△♡△♡△♡△♡△♡
> Einige von Ihnen besitzen ein musikalisches Talent, das allen anderen zugutekommt.
> ♡△♡△♡△♡△♡△♡△♡△♡

Einen musikalisch begabten Partner können Sie ermutigen, indem Sie

- ♥ ihm oder ihr Komplimente dafür machen, wie gut er oder sie sich musikalisch ausdrücken kann.
- ♥ in Instrumente, Musikunterricht oder Gesangsstunden investieren.
- ♥ ihn oder sie zur Mitwirkung in einer Musikgruppe, einem Chor oder einem Orchester ermutigen.

Sie werden einen Partner, der musikalisch begabt ist, entmutigen, wenn Sie

♥ sich darüber beschweren, wie störend es ist, ihn oder sie üben zu hören.
♥ ihn oder sie so sehr mit anderen Dingen beschäftigen, dass keine Zeit mehr für das Musizieren oder Singen bleibt.
♥ ihm oder ihr vorwerfen, zu viel Zeit mit dem Musizieren und zu wenig Zeit mit Ihnen und Ihrer Familie zu verbringen.

Sechste Kategorie: Kreativität

Kreatives Ausdrucksvermögen ist eine großartige Begabung im Leben. Durch Kreativität entstanden Theaterstücke, schöne Bilder, Kinofilme, Fernsehen, Innendekoration und andere Kunstwerke. Wenn Sie eine kreative Begabung haben, betrachten Sie das Leben in einer Art und Weise, die andere Menschen nicht erfassen können. Sie nehmen Formen, Farben und Konzepte in ungewöhnlicher Klarheit und Schönheit wahr.

♡△♡△♡△♡△♡△♡△♡△♡
Kreatives Ausdrucksvermögen ist eine großartige Begabung im Leben.
♡△♡△♡△♡△♡△♡△♡△♡

Wenn Sie sich ausdrücken, haben andere Menschen ein »Aha-Erlebnis«. Ihr Freunde ebenso wie Fremde betrachten Ihr Kunstwerk und sagen: »Das ist unglaublich.« Wenn andere Sie bitten, ein Logo zu erstellen, brauchen sie Ihnen nur zu sagen, wie es sich anfühlen soll. Und wenn Sie diesem Gefühl dann eine Gestalt geben, sagen die anderen zu Ihnen: »Ja, genau. Wie bist du bloß darauf gekommen?« Diese Frage können Sie eigentlich gar nicht beantworten, weil Sie diese Idee plötzlich vor Augen hatten und einfach wussten, dass sie passte.

Sie können Ihren Partner, wenn er oder sie kreativ begabt ist, auf folgende Weise ermutigen:

- ♥ Äußern Sie Komplimente für ihre oder seine Fähigkeit, andere zu inspirieren.
- ♥ Geben Sie Ihrem Partner oder Ihrer Partnerin die Gelegenheit, sich kreativ zu betätigen.
- ♥ Investieren Sie in geeignete Kurse, die sein oder ihr natürliches Talent weiter entfalten.
- ♥ Stellen Sie ihre oder seine Werke aus.

Sie entmutigen Ihren Partner in seiner bzw. ihrer kreativen Begabung, wenn Sie

- ♥ sich darüber beschweren, dass Ihr Partner so unglaublich expressiv ist.
- ♥ die kreativen Ausdrucksformen Ihres Partners kritisieren.
- ♥ ihm oder ihr so viele Aufgaben übertragen, dass wenig Zeit für kreatives Schaffen bleibt.
- ♥ ihn oder sie drängen, ein kreatives Werk zu zeigen, bevor er oder sie dazu bereit ist, es anderen zu offenbaren.

Unser jüngster Sohn Caleb ist der Künstler in unserer Familie, und er ist dabei erstaunlich ausdauernd. Tagelang arbeitet er an einer Zeichnung, bis er schließlich mit dem Ergebnis zufrieden ist. Seine sportlichen Ziele verfolgt er ebenfalls mit eiserner Beharrlichkeit. Menschen, die ihn kennen, sind beeindruckt von dem, was er zustande bringt, und bitten ihn, zu leiten, auch wenn er das ohne viele Worte tut.

Michael und Cindy haben eine Beziehung, die man nur bewundern kann, wenn es darum geht, einen kreativen Partner zu unterstützen. Cindy ist eine talentierte Sängerin, die ihre Lieder selbst schreibt. Michael begleitet sie als Tontechniker, wenn sie bei Freizeiten und evangelistischen Veranstaltungen auftritt. Außerdem kümmert er sich um die Kinder, damit sie schreiben und komponieren kann. Michael ist der Wind unter Cindys Flügeln.

Ist Ihnen schon einmal aufgefallen, wie viele Künstler, denen ein *Grammy* oder ein *Country Music Award* verliehen wird, zuerst Gott und dann ihrem Partner oder ihrer Partnerin danken, wenn sie die Auszeichnung entgegennehmen? Man braucht einen Partner, der ein Fan ist, um ein erfolgreicher Künstler zu werden.

Siebte Kategorie: Leitung

Einige von Ihnen sind geborene Leiter. Es scheint, als würden Sie bei allem, was Sie anfangen, irgendwann die Führungsrolle übernehmen. Schon in der Kindheit haben Ihre Altersgenossen Sie zum Leiter bestimmt. Ihre Ideen finden Gehör, und Ihre Weisungen werden normalerweise in die Tat umgesetzt. Sie haben bemerkt, dass manche zu leiten versuchen, aber die anderen ihnen nicht folgen. Sie dagegen haben immer eine Gefolgschaft, auch wenn Sie lieber in Ruhe gelassen werden wollen.

Sie können Folgendes tun, um einen Partner zu ermutigen, der eine Leitungsbegabung hat:

- ♥ Folgen Sie seiner oder ihrer Führung.
- ♥ Äußern Sie sich anerkennend über eine Vision, die Ihr Partner oder Ihre Partnerin Ihnen mitteilt.
- ♥ Helfen Sie aktiv mit, dass der Plan Ihres Partners oder Ihrer Partnerin sich reibungsloser umsetzen lässt.
- ♥ Lassen Sie andere Menschen in seinem bzw. ihrem Umfeld wissen, dass Sie Ihren Partner bzw. Ihre Partnerin als Leiter schätzen.

Sie werden einen Partner, der eine Leitungsbegabung hat, entmutigen, wenn Sie

- ♥ die meisten Entscheidungen kritisieren, die Ihr Partner oder Ihre Partnerin trifft.
- ♥ sich weigern, seiner oder ihrer Leitung zu folgen.
- ♥ sich seinen bzw. ihren Bemühungen, etwas zum Guten zu verändern, widersetzen.
- ♥ selbstsüchtig mit Mitteln umgehen, die, wenn Sie sie teilen würden, Ihrem Partner oder Ihrer Partnerin helfen könnten, die gesteckten Ziele zu erreichen.

Pam hat diese Kombination von Fähigkeiten. Es fällt ihr leicht, Entscheidungen zu treffen. Sie hat Bücher geschrieben wie *Becoming a Brave New Woman* und *Die 10 besten Entscheidungen, die eine Frau treffen kann*[9], weil es ihr im Blut liegt, Frauen neue Wege zu erschließen. Es macht ihr Freude, Ehepaaren und Familien zu helfen, weil sie anderen Frauen so gern die nötigen Hilfen vermittelt, damit deren wichtigste Beziehungen gelingen können. Doch als Visionärin, Leiterin und Entscheidungsträgerin braucht sie einen Ehepartner, der flexibel reagieren kann, wenn sie einen neuen Kurs einschlägt, Pläne in die Tat umsetzt und ein ziemlich hektisches Tempo an den Tag legt. Sie braucht ein Team um sich, das die von ihr angestoßenen Pläne aufgreift und umsetzt.

Ich (Pam) sage oft, dass es einen starken Mann braucht, um eine starke Frau zu heiraten. Bill leitet unsere Familie und unser Leben, und zu den Stärken eines guten Leiters gehört die Fähigkeit, Aufgaben zu delegieren. Er ist immer mein größter Unterstützer gewesen, der mich anfeuert und mir Mut macht. Viele Frauen, die als christliche Referentinnen oder Leiterinnen arbeiten, haben einen Ehemann, der es als wertvoll erachtet, seiner Frau den nötigen Freiraum zu geben, damit sie ihre von Gott geschenkten Talente einsetzen kann.

Achte Kategorie: Kommunikation

Vielleicht besitzen Sie ein außergewöhnliches Geschick, wenn es darum geht, anderen Menschen die Prinzipien des Lebens darzulegen. Andere hören Ihnen zu und sagen: »Ja, genau das habe ich auch gedacht, aber ich wusste nicht, wie ich es formulieren sollte.« Vielleicht bevorzugen Sie private Gespräche, bei denen Sie Freunden Ihre Sicht des Lebens vermitteln können, oder Sie suchen nach Gelegenheiten, dies vor einer Gruppe zu tun. Vielleicht haben Sie den Wunsch, beruflich oder als Hobby zu unterrichten, oder Sie finden es interessant, öffentlich zu reden.

♡△♡△♡△♡△♡△♡△♡△♡

Vielleicht besitzen Sie ein außergewöhnliches Geschick, wenn es darum geht, anderen Menschen die Prinzipien des Lebens darzulegen.

♡△♡△♡△♡△♡△♡△♡△♡

Möglicherweise haben Sie bei sich selbst sogar einen Hang zur Kommunikation in den Medien entdeckt, sodass Radio- oder Fernsehsendungen für Sie ein attraktives Betätigungsfeld sind. Jedenfalls haben Sie die Gabe, so mit Worten umzugehen, dass selbst komplexe Prinzipien für andere Menschen leicht zu begreifen sind.

Sie können einen Partner, der im Bereich der Kommunikation besonders begabt ist, ermutigen, indem Sie

♥ ihm oder ihr Komplimente dafür machen, wie gut er oder sie anderen Menschen die Prinzipien des Lebens erklären kann.
♥ für Gelegenheiten sorgen, in denen er oder sie andere Menschen weiterbringen kann.
♥ ihn oder sie oft um Rat bitten.

Sie werden einen Partner, der im Bereich der Kommunikation besonders begabt ist, entmutigen, wenn Sie

♥ sich beschweren, dass er oder sie mit so vielen Personen Kontakt hat.
♥ Ihrem Partner oder Ihrer Partnerin vorwerfen, oberflächlich oder selbstsüchtig zu sein.
♥ ihm oder ihr in Gesprächen oft das Wort abschneiden.

Neunte Kategorie: Finanzen

In der Schule haben Sie vielleicht von einer mythischen Gestalt namens *Midas* gehört – alles, was er berührte, verwandelte sich in Gold. Einige von Ihnen haben diese Gabe. Sie interessieren sich für Finanzfragen, wissen, wie man Gewinne erwirtschaftet, und können gut mit Geld umgehen. Sie finden es spannend, mit welcher Hektik Finanzgeschäfte getätigt werden, oder Sie beobachten gern, wie die Zinserträge steigen. Und beim Anblick einer ausgewogenen, kompetent erstellten Excel-Tabellenkalkulation geht Ihnen das Herz auf.

♡△♡△♡△♡△♡△♡△♡△♡
Einige von Ihnen haben die »Midas-Gabe«. Sie interessieren sich für Finanzfragen, wissen, wie man Gewinne erwirtschaftet, und können gut mit Geld umgehen.
♡△♡△♡△♡△♡△♡△♡△♡

Menschen mit dieser Begabung haben oft sehr viel zu tun. Vielleicht sind sie Geschäftsführer oder Unternehmer, aber auch ohne solche Titel sind ihre Arbeitsstunden lang. Die Ehepartner von Menschen mit dieser Begabung müssen es zu schätzen wissen, dass sie mit einer Person verheiratet sind, der Gott zutraut, ein guter Verwalter von Geld zu sein.

Wenn Ihr Partner in finanziellen Dingen geschickt ist, können Sie ihn bzw. sie ermutigen, indem Sie

💜 Komplimente für sein oder ihr Geschick aussprechen, Vorsorge zu treffen und Mittel bereitzustellen.
💜 unabhängig genug sind, familiäre und persönliche Aufgaben selbstständig zu erledigen (also ihm oder ihr darin den Rücken frei halten).
💜 mit ihm oder ihr darüber beten, wie dieses Talent genutzt werden kann, um großzügig in Gottes Reich zu investieren oder andere zu lehren, wie sie ihre Finanzen gut verwalten und produktiv arbeiten können.
💜 Ihrem Partner oder Ihrer Partnerin helfen, ein Unternehmen zu gründen.

Sie werden einen Partner, der in finanziellen Dingen geschickt ist, entmutigen, wenn Sie

💜 sich darüber beschweren, wie lange er oder sie arbeitet.
💜 eifersüchtig vergleichen, wessen Gehaltsscheck größer ausfällt.
💜 es ablehnen, an gesellschaftlichen Veranstaltungen teilzunehmen, die zur beruflichen Tätigkeit Ihres Partners bzw. Ihrer Partnerin gehören.
💜 verschwenderisch leben.

Ihre Zuneigung füreinander wird wachsen, wenn beide Partner ihre eigenen Begabungen, aber auch die jedes anderen Familienmitglieds wertschätzen und anerkennen. Freuen Sie sich darüber, dass Sie und Ihr Partner so unterschiedlich sind. Sorgen Sie dafür, dass diese Unterschiedlichkeit Ihnen und Ihrer Familie zugutekommt, indem jeder sein Bestes zum Wohl aller beiträgt.

Entschlüsselungs-Impuls

Sammeln Sie die Hinweise. Jetzt ist es an der Zeit, nach Hinweisen zu suchen und die wichtigsten Anzeichen zu sammeln, um herauszufinden, welche Stärken, Begabungen, Talente und Fähigkeiten jeder Einzelne besitzt. Kreuzen Sie jeweils die Kategorien an, die auf die einzelnen Mitglieder Ihrer Familie zutreffen:

Besondere Begabung	Mann	Frau	Kind 1	Kind 2	Kind 3	Kind 4	Kind 5
Körperliche Fähigkeiten							
Weisheit und Einsicht							
Technologie							
Beziehungen							
Musikalisches Talent							
Kreativität							
Leitung							
Kommunikation							
Finanzen							

Werten Sie die Hinweise aus: *Zeit und Zielstrebigkeit sind nötig, um herauszufinden, welchen besonderen Beitrag Sie durch Ihre Begabung im Leben leisten können. Jede Lebensphase bietet Ihnen weitere Einsichten in die ganz persönliche Identität und Begabung, mit der Sie erschaffen wurden. Mit jedem Versuch, Ihre einzigartige Begabung genauer zu erkennen, wird diese ein wenig klarer. Beschreiben Sie Ihre Begabung so, wie Sie sie heute verstehen. Was sind die besten Vorzüge, die Sie einzubringen haben?*

Zählen Sie nun die Wesenszüge und Eigenschaften auf, die Sie an Ihrem Partner bzw. an Ihrer Partnerin am meisten schätzen und lieben.

Nehmen Sie sich Zeit, einander Komplimente zu machen und konkrete Beispiele zu nennen, wie Sie durch die Stärken Ihres Partners bzw. Ihrer Partnerin ermutigt, gesegnet oder gestärkt wurden.

Freundlichkeit als Schlüssel

Freundlichkeit ist der Schlüssel, um die besondere Gabenkombination in Ihrer Ehe zu erschließen. Damit meinen wir nicht, dass Sie zu übertrieben netten Leuten werden sollen, die nie etwas zur Sprache bringen und einander nie herausfordern. Freundlichkeit bedeutet, dass wir anerkennen, dass wir vor Gott alle gleichberechtigt sind. Dadurch haben unsere Begabungen denselben Wert wie die Talente der anderen Familienmitglieder.

Wenn ich glaube, dass jeder in meiner Familie genauso wichtig ist wie ich, werde ich allen freundlich begegnen. Und ich werde genauso viel Mühe darauf verwenden, den anderen zu helfen, in ihrem Leben zu wachsen und sich weiterzuentwickeln, wie ich in mein eigenes Leben investiere. In dieser Hinsicht ist Jesus die freundlichste Person, die je gelebt hat, und in Johannes 13,1-15 setzt er uns den Maßstab:

Nun bewies [Jesus] seinen Jüngern das ganze Ausmaß seiner Liebe ...
Er stand vom Tisch auf ... Dann begann er, seinen Jüngern die Füße
zu waschen ... »Und weil ich, der Herr und Meister, euch die Füße
gewaschen habe, sollt auch ihr einander die Füße waschen. Ich habe
euch ein Beispiel gegeben, dem ihr folgen sollt. Tut, was ich für euch
getan habe.«

Wir haben eine Beziehung mit Jesus, weil er freundlich ist. Früher
taten wir das, was einer liebevollen Beziehung widerspricht:

Auch wir waren früher unwissend und ungehorsam. Wir ließen
uns in die Irre führen und wurden zu Sklaven vieler Wünsche
und Leidenschaften. Unser Leben war voller Bosheit und Neid.
Wir hassten die anderen, und sie hassten uns. Doch dann zeigte
Gott, unser Retter, uns seine Freundlichkeit und Liebe. Er rettete
uns ... (Titus 3,3-5).

Mit anderen Worten: Jesus hat durch seine Freundlichkeit eine
ewige Beziehung mit ihm ermöglicht. Er erachtete uns für ebenso
wichtig wie sich selbst und gab sein Leben für uns hin; und nun
fordert er uns heraus:

Seid nicht selbstsüchtig; strebt nicht danach, einen guten Eindruck
auf andere zu machen, sondern seid bescheiden und achtet die ande-
ren höher als euch selbst. Denkt nicht nur an eure eigenen Angelegen-
heiten, sondern interessiert euch auch für die anderen und für das,
was sie tun. Geht so miteinander um, wie Christus es euch vorgelebt
hat (Philipper 2,3-5).

Freundlichkeit hat eine enorme Kraft. Betrachten Sie einmal, was
Freundlichkeit alles bewirken kann:

- ♥ Sie bewegt uns zur Umkehr (Römer 2,4).
- ♥ Sie führt dazu, dass Gott uns als seine Söhne und Töchter annimmt (Epheser 1,5).
- ♥ Sie bietet uns Einsicht in das »Geheimnis seines Willens« (Epheser 1,8-9; ELB).
- ♥ Sie gibt uns Zugang zur Vergebung, die unsere Herzen von Bitterkeit befreit (Kolosser 3,12-13).
- ♥ Sie schafft eine Atmosphäre, in der wir wachsen können (1. Petrus 2,1-3).

Die Macht Ihrer Worte

Eine der besten Möglichkeiten, Zuneigung auszudrücken, geschieht durch Worte. Zu Beginn dieses Jahrhunderts hat John Gottman, ein Beziehungsforscher an der *University of Washington,* den gesamten Bereich der Ehefortbildung durch die Schlussfolgerung beflügelt, dass bei erfolgreichen Ehepaaren jede negative Interaktion durch fünf positive Interaktionen aufgewogen wird.[10] Wir alle wissen intuitiv, dass Komplimente und positive Bestätigungen für Paare gut sind, aber keiner hatte empirische Daten, um diese Vermutung zu belegen.

Inzwischen wissen wir, dass Paare, die sich dazu entschieden haben, sich um eine sichere und erfolgreiche Beziehung zu bemühen, für einen positiven Umgang miteinander sorgen. Der Mann macht seiner Frau und die Frau ihrem Mann oft Komplimente. Am Morgen und am Abend sprechen sie einander Anerkennung aus. Sie machen einander Komplimente von Angesicht zu Angesicht oder per E-Mail oder über ihr Handy. Sie äußern sich anerkennend über die besonderen Gaben des Partners und über sein bzw. ihr Bemühen, zu wachsen. Sie machen einander Komplimente, wenn sie glücklich miteinander sind, aber auch mitten in einer Auseinandersetzung. Positive Aussagen übereinander prägen die häusliche Atmosphäre.

Wir haben für unseren Umgang miteinander einige Traditionen entwickelt, die für ein hohes Maß an gegenseitiger Bestätigung sorgen.

Pam: Ich nutze jede Gelegenheit, um Bill zu sagen: »Du bist so ein guter Ehemann.« Oft schreibe ich in meiner Antwort auf seine E-Mails: »Was würde ich bloß ohne dich machen!« Wenn ich weiß, dass Bill mich hören kann, sage ich zu anderen: »Er ist das Ruder, das meine Kreativität auf Kurs hält. Ohne ihn würde ich mich völlig verfranzen.«

Bill: Wenn Pam zu mir sagt: »Ich bin es nur«, antworte ich immer: »Nein, schön, dass gerade du es bist.« Oft beginne ich meine E-Mails mit den Worten: *»An meinen Engel ...«* Sooft ich kann, rufe ich Pam in Erinnerung: »Ohne dich wäre mein Leben längst nicht so zur Entfaltung gekommen.«

Wir beide haben es uns zur Gewohnheit gemacht, zu sagen: »Ich bin lieber mit dir in dieser stressigen Situation als mit irgendeinem anderen Menschen in einer einfachen Situation.« Wir haben gelernt, uns mitten in geschäftlichen Tätigkeiten zueinander hinüberzubeugen und uns etwas ins Ohr zu flüstern, das wir sagten, als wir einander liebten.

Uns ist klar, dass das alles etwas kitschig klingt, aber es sorgt von Woche zu Woche dafür, dass die positiven Momente unserer Beziehung die negativen bei Weitem überwiegen.

Den Zugangscode zu Ihrer Liebe finden

Dinner & Dialog –
einander mit dem Herzen näherkommen

Bringen Sie Ihre Beziehung in den Bereich »oberhalb der Vertrauenslinie«, indem Sie folgende Aussagen vervollständigen:

♥ »Wenn ich dich anschaue, sehe ich eine ganz besondere Stärke, nämlich ...«
♥ »Was ich an dieser Stärke am meisten schätze, ist ...«

Fragen Sie einander dann:

♥ »Was kann ich tun, um dich in diesem Bereich zu ermutigen?«
♥ »Was ist das Liebevollste, das ich je zu dir gesagt oder für dich getan habe?«
♥ »Wie wirkt sich meine Art, dich zu berühren, auf den Bereich deiner Stärken und Einzigartigkeit aus?«

KAPITEL 4
FREIZEIT

»Die Frucht des Geistes ist ... Geduld ...«

Unser Freund Dawn Wilson ist einer von Tausenden, die ein Faible für Geocaching haben, ein hoch entwickeltes Schatzsuchespiel per GPS.

»Geocaching hat die Fantasie von mehr als einer halben Million Menschen in über zweihundert Ländern beflügelt«, sagt Dawn. »Geocacher benutzen eine Liste von Hinweisen und ein mobiles GPS-System oder ein GPS-fähiges Handy, auf dem sie die Koordinaten eingeben, die sie auf einer Webseite gefunden haben, um *Caches* – verborgene Schätze – zu finden.«

Das Spiel führt sie an unbekannte Orte, aber am Ende der Jagd erwartet sie irgendein Krimskrams oder Spielzeug, das in einem luftdichten Behälter hinterlegt wurde, und ein Logbuch, in das sie sich eintragen können. Normalerweise ist es leicht, die Koordinaten zu finden, aber das Auffinden des Cache kann einen verrückt machen. Entweder ist das Gelände unwegsam oder die stundenlange Mühe, das Zielgelände zu suchen, entmutigend. Manche Caches enthalten Hinweise auf größere Caches, wenn die Spieler zu diesem Aufwand bereit sind.

Die Regeln sind einfach. Wer etwas aus dem Cache nimmt, legt auch etwas hinein und trägt sich dann ins Logbuch ein. Das Ziel ist zwar, den Schatz zu finden, aber der eigentliche Reiz ist das Abenteuer.

Dawn zieht mehrere Parallelen zwischen Geocaching und einer gesunden Ehe.

»Eine Ehe gewinnt eine neue Dimension, wenn die Partner ihre Beziehung als eine Schatzsuche betrachten! Jede neue Entdeckung an Ihrem Partner ist wichtig, aber es ist die Entdeckungsreise selbst, die Spaß und Freude in die Ehe bringt.

Wenn Sie bei Ihrem Partner nach Hinweisen auf seine oder ihre persönlichen Motivationen und Ziele, die persönlichen Stärken und Schwächen und die tief empfundenen Bedürfnisse suchen, gewinnen Sie dadurch nicht nur neue Erkenntnisse, sondern es macht Ihre Beziehung auch spannender. Was Sie entdecken, kann für Sie ein unbekanntes Gebiet sein und ist vielleicht nicht immer angenehm. Die Entdeckungsreise kann harte Arbeit sein, aber es lohnt sich. Denken Sie an die Geocacher! Wenn Sie etwas nehmen, vergessen Sie nicht, auch etwas zu geben. Gemeinsame, liebevolle Gespräche werden Ihre Beziehung vertiefen. Forschen Sie nach dem wahren Herzen Ihres Partners, aber vergessen Sie darüber nicht Ihr eigenes Herz.«[11]

Ihre gemeinsame Zeit

Was ist mit Männern und Sport?

Ein junger Mann heiratet und steht neben seiner Braut in der Kirche. Neben ihm steht auch sein Trolley mit den Golfschlägern.

Seine Braut flüstert: »Was haben denn deine Golfschläger hier zu suchen?«

Der Mann antwortet: »Das hier dauert doch sicher nicht den ganzen Tag, oder?«

Was ist mit Frauen und Shopping?

Eine Frau wird auf der Straße von einer schmutzigen, schäbig ausse-
henden obdachlosen Frau angerempelt, die etwas Geld für ein Abend-
essen haben will.

Die Frau zieht ihre Brieftasche hervor, nimmt einen Geldschein
heraus und fragt: »Wenn ich Ihnen dieses Geld gebe, werden Sie dann
ein paar Flaschen Wein statt ein Abendessen damit kaufen?«

»Nein, ich musste schon vor Jahren mit dem Trinken aufhören«,
erwidert die Obdachlose.

»Werden Sie damit shoppen gehen, statt sich etwas zu essen zu
kaufen?«

»Nein, ich vergeude meine Zeit nicht mit Shoppen. Ich brauche
meine ganze Zeit, um überhaupt zu überleben.«

»Werden Sie das Geld in einem Schönheitssalon ausgeben statt für
Essen?«

»Sind Sie verrückt? Ich habe mir zwanzig Jahre lang nicht mal die
Haare schneiden lassen.«

»Also, ich werde Ihnen das Geld nicht geben«, sagt die Frau.
»Stattdessen lade ich Sie ein, heute Abend mit mir und meinem Mann
essen zu gehen.«

»Wird er nicht wütend sein, wenn Sie das tun? Ich weiß ja, dass
ich schmutzig bin und wahrscheinlich ziemlich unangenehm rieche.«

»Das ist schon in Ordnung. Schließlich ist es wichtig für ihn, zu
sehen, wie eine Frau aussieht, wenn sie das Shoppen, die Friseurbesu-
che und den Wein aufgegeben hat.«

Irgendwie gehen alle Witze in die Richtung, dass Ehepartner immer weniger Zeit miteinander verbringen und sich stattdessen
immer mehr Zeit für getrennte Aktivitäten wie Golf oder Shoppen
nehmen. Aber ist das der Grund, warum wir geheiratet haben? Um
uns für eine gemeinsame Tasse Tee zu treffen oder einen kurzen
Last-minute-Urlaub gemeinsam zu verbringen?

Eine Freundschaft, die Spaß macht

»Erfolgreiche Ehepaare ›wissen die Gesellschaft ihres Partners zu schätzen und sind gern mit ihm oder ihr zusammen‹.«[12] Mit anderen Worten: Ehepaare, deren Beziehung sicher und erfolgreich verläuft, geben ihrer Freundschaft eine besondere Priorität. Sie investieren miteinander geduldig Zeit, um das Herz ihres Partners wirklich kennenzulernen und ein gemeinsames Leben aufzubauen.

Es klingt simpel, aber oft widerspricht das unserer instinktiven Reaktion. Wenn eine Frau Freundschaften zu anderen Frauen entwickelt, ist die Grundlage solcher Freundschaften ein Ideenaustausch. Sie und ihre Freundinnen sprechen in einem dynamischen Wechselspiel über ihre Hoffnungen, Träume, Gedanken und gegenwärtigen Erfahrungen. Sie alle betrachten das Leben als ein großes Netzwerk von Gedanken, Emotionen und Erfahrungen und treten deshalb ganz natürlich über Worte miteinander in Beziehung. Frauen empfinden eine Beziehung als sicher, wenn sie von tiefen Gesprächen, lebhaften Emotionen und vielen Dialogen geprägt ist.

Männer dagegen stützen ihre Freundschaften auf Aktivitäten. Sie jagen zusammen, angeln zusammen, arbeiten zusammen am Computer, bauen etwas zusammen, machen zusammen Musik. Während sie Seite an Seite aktiv sind, festigen sie ihre Kameradschaft. Manchmal sagen sie einander, was sie auf dem Herzen haben, dann wieder ist es nur die Aktivität, der sie gemeinsam nachgehen. Männer betrachten eine Freundschaft als erfolgreich, wenn sie einfach genug ist, um ihnen das Gefühl zu geben, dass sie etwas geleistet haben, oder sie sich weniger gestresst fühlen.

Wenn Männer und Frauen unterschiedlich miteinander umgehen, was führt dann dazu, dass eine Freundschaft zwischen einem Mann und einer Frau gelingt? Eine Freundschaft zwischen zwei Ehepartnern, die eine Atmosphäre der Sicherheit und des Erfolgs schafft, weist folgende Merkmale auf: Die Ehepartner spielen mit-

einander, lachen miteinander, beeinflussen einander gleichermaßen, lernen einander wirklich »kennen« und finden ihren eigenen
Rhythmus als Ehepaar.

Gemeinsam etwas unternehmen

Sie haben einander geheiratet, weil sie so gern zusammen waren,
wissen Sie noch? Stundenlang haben Sie miteinander geredet, sind
Ihren Träumen nachgegangen und haben Ihre Herzenswünsche
erforscht. Sie entdeckten eine Freundschaft, wie Sie sie noch nie
erlebt hatten. Da war eine gegenseitige Annahme, Leidenschaft,
Ermutigung und Faszination. Da Sie so gut zusammenpassten, beschlossen Sie, zu heiraten.

Dann kamen Jahr für Jahr neue Aufgaben, Verpflichtungen und
finanzielle Belastungen hinzu. Falls Sie nicht bewusst auf feste Zeiten für Ihre Liebesbeziehung geachtet haben, beherrschen nun die
täglichen Pflichten Ihren Alltag und Ihre Gespräche. Ständig sprechen Sie über Rechnungen, Ihre Kinder und zeitliche Verpflichtungen, aber Sie verbringen kaum noch Zeit damit, über die Hoffnungen und Träume zu reden, die Sie zu einer faszinierenden Person
machen.

Natürlich brauchen Sie Zeit, um über Ihre Aufgaben und Verpflichtungen im Leben zu sprechen. Doch wenn Ihre Ehe blühen
soll, brauchen Sie auch ein beträchtliches Maß an gemeinsamer
Zeit, um die innige Vertrautheit Ihrer Beziehung zu pflegen. In besonders geschäftigen Lebensphasen stellt das eine größere Herausforderung dar, weil die romantische Anziehungskraft in solchen
Phasen oft nicht zum Zug kommt. Es wird wohl kaum funktionieren, wenn Sie zu Ihrem Partner sagen: »Wie fühlst du dich heute?
Aber fass dich bitte kurz, denn ich muss wieder an die Arbeit.« Ein
solcher Zeitdruck in der Kommunikation bewirkt nur, dass unser

Herz sich verschließt, und schafft eine Distanz zwischen Menschen, die einander eigentlich lieben.

Ihr Partner wird es vermeiden, sich Ihnen zu öffnen, weil er oder sie sich gehetzt fühlt. Er oder sie wird den Eindruck gewinnen, dass Ihnen die täglichen Verpflichtungen wichtiger sind als Ihre Ehe, und automatisch eine defensive Haltung Ihnen gegenüber einnehmen. Geduld lindert emotionalen Widerstand, weil Liebe Zeit braucht.

♡♤♡♤♡♤♡♤♡♤♡♤♡♤♡
Geduld lindert emotionalen Widerstand, weil Liebe Zeit braucht.
♡♤♡♤♡♤♡♤♡♤♡♤♡♤♡

Die Zeit, die Sie für gemeinsame Unternehmungen mit Ihrem Ehepartner brauchen, ist für Ihre Beziehung unverzichtbar. Sie gehört zu den wichtigsten Aktivitäten, aus denen Sie die Energie für alles andere in Ihrem Leben schöpfen. Ehepaare, die ihre Liebe zueinander regelmäßig erfahren, müssen weniger Zeit und Energie für Konflikte aufwenden. Ehepaare, die ihre romantische Zuneigung pflegen, sind zuversichtlicher und dadurch in ihren beruflichen Aufgaben effektiver. Ehepaare, die einander respektieren und bewundern, stimmen eher in dem überein, was sie ihren Kindern vermitteln, wodurch sich die Konflikte in der Erziehung verringern. So steigt durch eine romantische Verbundenheit der Energielevel in ihrem Leben.

♡△♡△♡△♡△♡△♡△♡△♡△♡△♡△♡△♡△♡△♡△♡△♡

Hinweise sammeln

Kreuzen Sie an, welche Beschreibung auf Sie zutrifft, Ehemann links, Ehefrau rechts.

Ich wünsche mir gemeinsame Unternehmungen
- ☐ ☐ einmal in der Woche.
- ☐ ☐ alle zwei Wochen.
- ☐ ☐ einmal im Monat.

Mir gefällt es besser, wenn wir
- ☐ ☐ am selben Wochentag etwas unternehmen.
- ☐ ☐ bei jeder Verabredung gemeinsam besprechen, an welchem Tag wir wieder ausgehen.

Bei unseren gemeinsamen Zeiten ist es mir am liebsten,
- ☐ ☐ wenn wir ausgehen.
- ☐ ☐ wenn wir zu Hause bleiben.

Unsere gemeinsamen Zeiten gefallen mir am besten, wenn
- ☐ ☐ ich die Verabredung plane.
- ☐ ☐ mein Ehepartner die Verabredung plant.
- ☐ ☐ wir uns bei der Planung abwechseln.
- ☐ ☐ wir unsere Verabredungen gemeinsam planen.

Bei unseren Verabredungen möchte ich, dass wir
- ☐ ☐ unter uns bleiben.
- ☐ ☐ mit einem anderen Ehepaar ausgehen.
- ☐ ☐ mit einer Gruppe etwas unternehmen.

Ich wünsche mir für unsere Verabredungen ein geselliges
Beisammensein

☐ ☐   zu zweit.

☐ ☐   mit anderen bei uns zu Hause.

☐ ☐   mit anderen außer Haus.

Sobald Sie Ihre Antworten angekreuzt haben, setzen Sie sich zusammen und legen Sie sich gemeinsam einen Plan für Ihre gemeinsamen Zeiten als Ehepaar zurecht.

Entscheiden Sie, wie oft Sie sich verabreden wollen und wer die
Unternehmungen planen wird. Unsere Empfehlung lautet, dass Sie
wöchentlich Zeit miteinander verbringen und sich bei der Planung
abwechseln, auch wenn der eine Partner vielleicht öfter Verabredungen plant als der andere.

Wenn Sie sich zusammensetzen, um ihre gemeinsamen Zeiten
zu planen, nehmen Sie sich auch die Zeit, die Aktivitäten der folgenden Liste durchzugehen. Jeder von Ihnen kreuzt alle Aktivitäten an, die ihm gefallen. Diese Liste können Sie später zu Hilfe nehmen, um konkrete gemeinsame Unternehmungen zu planen, die
Ihnen Spaß machen.

Wenn wir Zeit miteinander verbringen, gefällt es mir, wenn wir …
(Benutzen Sie die Leerzeilen für Ihre eigenen Ideen.)

AKTIVITÄT	Ehemann	Ehefrau
Entspannte Aktivitäten		
zusammen essen		

einen Film ansehen		
shoppen		
in einem Antiquitätengeschäft stöbern		
in ein Konzert gehen		
ein Museum besuchen		
Aktive Unternehmungen		
spazieren gehen		
eine Wanderung unternehmen		
Kanu oder Kajak fahren		
rudern, Wasserski fahren oder segeln		
Fahrrad fahren		

Drachen steigen lassen		
am Strand entlangschlendern *oder um einen See spazieren*		
unter dem Sternenhimmel tanzen		
snowboarden oder Ski fahren		
mit dem Schneemobil fahren		
Motorrad oder Motocross fahren		
einen Ausritt machen		
Kutsche fahren oder Heuballen rutschen		
Bob oder Schlitten fahren		
mit einem Floß auf einem Fluss treiben		
bowlen		
seilspringen oder im Park schaukeln		

Anstrengende Unternehmungen		
auf einen Berg steigen		
joggen		
im Fitnessstudio trainieren (gleichzeitig)		
Trampolin springen		
Fallschirm springen		
an einem Aerobic- oder Pilates-Kurs teilnehmen		
schnorcheln oder tauchen		
windsurfen		

Miteinander lachen

Es ist eine allgemein anerkannte Tatsache, dass Lachen gut für uns ist. Wer herzhaft lacht, fühlt sich körperlich und emotional besser. Freunde, die miteinander lachen, sind gern zusammen. Wir haben schon früh in unserer Beziehung beschlossen, Humor zu einer Priorität zu machen. Wir tragen in unserem Leben oft viel Schmerz und Verletzung mit uns herum: von den schwierigen Erfahrungen in der Kindheit bis zu den Enttäuschungen, die wir als Erwachsene erleben. Wenn wir wollten, könnten wir uns selbst verrückt machen, indem wir uns ständig auf die negativen Seiten des Lebens konzentrieren. Aber wir haben die Erfahrung gemacht, dass negative Dinge nicht positiver werden, wenn wir uns ständig damit beschäftigen. Deshalb haben wir beschlossen, unser Leben mit Anlässen zum Lachen zu füllen.

Üben Sie, über sich selbst zu lachen. Unsere Unvollkommenheiten bieten jede Menge Gelegenheiten, uns über unser eigenes Verhalten zu amüsieren. Als junger Pastor versuchte ich (Bill), unserem Anbetungsteam beizubringen, den Gottesdienst mit Schwung und Energie zu beginnen. Da ich spürte, dass ich das Konzept nicht gut vermittelt hatte, beschloss ich, das Team einige Wochen lang zu begleiten, um ihnen zu zeigen, was ich meinte. Zuversichtlich trat ich vor die versammelte Gemeinde und sagte enthusiastisch: »Willkommen zum Gottesdienst heute Morgen. Bitte steht auf, und betet mich an!« (Englisch: »worship me«).

Natürlich meinte ich: »mit mir ... betet mit mir an« (Englisch: »worship with me«), aber ich hatte ein sehr wichtiges kleines Wort vergessen. Damals war ich erst 29 Jahre alt und erst seit drei Monaten in dieser Gemeinde angestellt, deshalb haben die Leute sich bestimmt gefragt, ob ich das vielleicht wirklich so meinte. Ich wusste, dass ich etwas Falsches gesagt hatte, weil alle einen betroffenen Gesichtsausdruck hatten.

Als ich innehielt und überlegte, was ich gesagt hatte, musste ich sofort lachen. Aus den betroffenen Mienen wurden amüsierte, und viele fingen an, mit mir zu lachen. Danach versuchte ich noch ein paar Mal, den Gottesdienst einzuleiten, aber jedes Mal musste ich kichern. An diesem Morgen kamen wir nicht mehr aus dieser Sache heraus, aber es war ein Gottesdienst, der uns besonders in Erinnerung geblieben ist.

Eine der besten Erinnerungen an unsere Flitterwochen ergab sich aus unserer Unerfahrenheit. Wir feierten die erste Woche unseres gemeinsamen Lebens in einem Urlaubsort in den Bergen im Dezember. Wir waren jung, aufgeregt, zusammen zu sein, und begeistert von unserem sehr romantischen Hotelzimmer. Es hatte ein extragroßes Bett und einen gemütlichen Kamin.

Am ersten Abend öffneten wir die Abzugsklappe am Kamin und setzten einige Holzscheite in Brand, die schon bald in der Glut knisterten. Verträumt schauten wir in die romantisch lodernden Flammen. Auf mich (Bill) wirkte Pams Schönheit in dem warm flackernden Licht noch bezaubernder. Wir verbrachten einen herrlichen Abend damit, einander zu lieben und uns zärtlich aneinander zu schmiegen. Mit den Lichtreflexen des Feuers an den Wänden schliefen wir ein.

Nie wären wir auf den Gedanken gekommen, dass dies vielleicht keine so gute Idee war. Irgendwann nach Mitternacht war das Feuer heruntergebrannt, aber die Klappe war noch offen. Die Wärme des Raums wurde durch den Kamin abgezogen. Als wir am nächsten Morgen die Decken zurückschlugen, herrschte eine eisige Kälte in unserem Zimmer.

Pam schnappte sich die Tagesdecke und lief quer durch den Raum. Ich dachte, sie wollte mit mir Fangen spielen, damit uns wieder warm würde. Also sprang ich auf und lief hinter ihr her. Zu meiner Überraschung blieb sie aber an der gegenüberliegenden

Wand stehen, hob die Decke über ihren Kopf und breitete sie über das Warmluftgitter der Zentralheizung. Ich schlüpfte zu ihr unter das provisorische Zelt, wo uns die warme Luft einhüllte. Gemeinsam bibberten wir noch eine Weile vor Kälte, bis wir wieder aufgetaut waren und ich mich schließlich lange genug hinauswagte, um die Abzugsklappe am Kamin zu schließen. Nach etwa zwei Stunden wagten wir uns in den Raum, in dem ungefähr Null Grad Kälte herrschte, zogen uns an und gingen zum Frühstück hinunter, während die Zentralheizung langsam das Zimmer enteiste.

In Lake Tahoe verbrachten wir eine ganze Woche, aber der Moment, an den wir uns am meisten erinnern, ist dieser Morgen, den wir aneinandergekuschelt vor dem Warmluftgitter verbrachten und an dem wir uns köstlich darüber amüsierten, wie wir uns durch unser Liebesspiel diese eisige Kälte eingehandelt hatten.

Witze sammeln. Da wir uns nicht auf unsere eigene Fähigkeit verlassen wollten, mitten im Alltag Humor zu entfalten, fingen wir an, Witze zu sammeln. Einige sind wahre Geschichten, andere stammen von unseren Zuhörern, manche wurden uns zugeschickt, und wieder andere finden wir auf unserer Suche in Witzbüchern, Sonntags-Comics oder anderen Quellen. Hier ist einer unserer Favoriten:

Ein kleiner Junge setzte sich zu seinem Großvater und fragte:
»Opa, kann ich dich was fragen?«

»Aber klar, Donnie, was willst du denn wissen?«

»Wie nennt man das, wenn man ins Bett geht, und einer liegt oben?«

Der Großvater wurde ein wenig nervös. Er wusste zwar, dass sein Enkel eines Tages neugierig werden und gewisse Fragen stellen würde, aber er war nicht sicher, ob es schon jetzt an der Zeit war, ihn über solche Fakten des Lebens aufzuklären. Schließlich holte

er kurz Luft und sagte vorsichtig: »Nun, Donnie, das nennt man
Geschlechtsverkehr.«

»Aha«, sagte Donnie gelassen. »Danke, Opa.«

Eine Viertelstunde später tauchte Donnie wieder im Zimmer
seines Großvaters auf: »Stimmt nicht, Opa. Man nennt es ›Etagen-
bett‹, und Mami möchte auf der Stelle mit dir reden!«

Wenn wir einen Witz finden, der uns gefällt, tippen wir ihn ab, speichern ihn auf dem Computer und schicken ihn einander per E-Mail.

Auf Momente achten, die die Spannung lösen. Wir alle erleben manchmal mitten in einer schwierigen Situation einen Moment, der unerwartet die Spannung löst und uns zum Lachen bringt ... wenn wir es zulassen.

Bei einem unserer Seminare erzählte ein Ehepaar uns eine seiner Lieblingsgeschichten, die sich wirklich ereignet hatte. Seit Jahren litten sie unter ihrer Kinderlosigkeit. Sie sehnten sich sehr danach, liebevolle Eltern zu werden und in einer heilen Familie Kinder aufzuziehen. Doch nach jahrelangen Versuchen waren sie immer noch kinderlos und sehr bekümmert.

Sie informierten sich über verschiedene Möglichkeiten und entschieden sich schließlich für eine künstliche Befruchtung. Der Ehemann würde der Samenspender sein, und ein Arzt, dem sie vertrauten, würde die Befruchtung vornehmen.

Je näher der Termin für die Prozedur rückte, desto melancholischer wurde die Frau. Unruhig lief sie im Haus auf und ab, und ihr Mann fragte sie: »Schatz, was ist denn los? Wir werden doch jetzt bald schwanger werden. Ich dachte, du würdest dich freuen.«

»Ich freue mich, Mutter zu werden, aber ich finde einfach, dass es nicht so nüchtern ablaufen sollte. Schwanger zu werden ist etwas Intimes, und es sollte leidenschaftlich geschehen. Aber ich werde bloß in eine Arztpraxis gehen und mich einer Prozedur unterziehen. Ich möchte einfach, dass es ... etwas Besonderes ist.«

»Ich habe eine Idee«, meinte ihr Mann. »Ich werde mit dir in die Praxis gehen und mich an deine Seite setzen, sodass ich dir ins Ohr flüstern kann. In dem Moment, in dem mein Sperma injiziert wird, werde ich verführerisch seufzen: ›Oh, Baby. Oh, Baby!‹ Denkst du, das könnte helfen?«

Lachend verzichtete sie darauf, aber diese Worte sind zu einem wertvollen Schatz in ihrem Leben geworden. Wann immer die beiden in Spannungen geraten, flüstert einer dem anderen zu: »Oh, Baby. Oh, Baby!« Das Lachen löst zwar nicht das Problem, aber es schafft auf jeden Fall eine positive Atmosphäre, um an einer Lösung zu arbeiten.

Eine einflussreiche Freundschaft

Eine Ehe ist eine Partnerschaft. Sie beide haben Einsichten, Weisheit und Sachkenntnisse einzubringen. Sie beide haben eine bestimmte Form von Bildung erhalten. Sie haben bedeutsame Lebenserfahrung gesammelt, und Sie haben ein Gespür für bestimmte Aspekte des Lebens. Wenn Ihre Freundschaft stark ist, werden Sie den Beitrag zu schätzen wissen, den Ihr Partner leistet. Sie werden einander zuhören, voneinander lernen, einander folgen und sich gegenseitig leiten. Es wird für Sie ganz natürlich sein, einander zu fragen: »Wozu würdest du mir in dieser Situation raten?«

Männern fällt das normalerweise schwerer als Frauen. Das Gehirnareal, das bei verbalen Funktionen aktiviert wird, ist bei Frauen größer als bei Männern. Deshalb setzen Frauen sich mit den Dingen des Lebens öfter verbal auseinander und lernen früh, wie wertvoll es ist, unterschiedliche Perspektiven einzunehmen. Es fällt ihnen darum viel leichter, verschiedene Standpunkte in Betracht zu ziehen, und sie ändern ihre Meinung, wenn sie neue Informationen erhalten.

Männer dagegen drängt es, die Dinge zu vereinfachen, um leichter Erfolge zu erzielen. Sie ziehen es vor, ohne lange Erwägungen Entscheidungen zu treffen, Methoden zu entwickeln, an die sie sich in der Regel halten können, und komplizierte Diskussionen zu meiden. Das Gelingen in diesem Bereich der Freundschaft hängt deshalb in den meisten Beziehungen eher vom Mann ab als von der Frau.

Das war ein frühes Spannungsfeld in unserer Ehe, das sich zu einem entscheidenden Bereich unserer Freundschaft entwickelt hat. Als ich (Bill) im Bezirk San Diego als Pastor arbeitete, sprach ich mit Pam häufig offen über Entscheidungen, die ich in der Gemeinde treffen musste. Ich schilderte ihr meine Situation und bat sie um Rat. Meistens antwortete sie: »Nun, Bill, mach doch einfach ...« oder: »Warum machst du nicht einfach ...?«

Was danach folgte, spielte eigentlich keine Rolle mehr, denn diese Worte lösten etwas in mir aus, das dem Gespräch sofort ein Ende machte. Ich hatte schon stundenlang mühsam um die beste Vorgehensweise gerungen. Und nun kam Pam daher und sagte bloß: »Mach einfach.« oder: »Ist doch einfach.« Es gab mir das Gefühl, dass entweder sie sehr unsensibel oder ich sehr dämlich sein musste. Keine dieser beiden Schlussfolgerungen tat unserer Freundschaft gut.

Dann kam Pam

Aber wenn ich mir unsere Beziehung insgesamt vor Augen halte, kann ich gar nicht sagen, wie sehr ich schätze, was Pam in meinem Leben bewirkt hat. Ich wurde von einer eigensinnigen, kreativen, kontrollierenden und ängstlichen Mutter erzogen. Sie ist außerordentlich talentiert, aber ihre Begabungen werden durch ihre Ängste unterdrückt. Sie scheut nähere Kontakte zu anderen Menschen und hat Angst, ihre Kreativität zum Ausdruck zu bringen. Kreative Menschen müssen sich selbst ausdrücken, sonst baut sich ein innerer Druck auf. Das kreative Potenzial meiner Mutter reicht für mehrere Menschenleben aus, also können Sie sich vorstellen, wie hoch der Druck war.

Ich wusste nie, wann meine Mutter enthusiastisch an die Dinge herangehen und wann sie einen Wutanfall bekommen würde. Ihre Angst veranlasste sie, unser Familienleben so stark zu kontrollieren, dass wir isoliert lebten, keinen Besuch von Freunden hatten und außerhalb von Schule oder Beruf keine gesellschaftlichen Kontakte pflegten. Sie schützte die Festung, indem sie darauf beharrte, dass wir das »Familiengeheimnis« für uns behielten. Wir durften mit keinem Menschen außer mit ihr über das reden, was in unserer Familie passierte. Deshalb entwickelte ich eine ziemlich verschlossene Einstellung zum Leben.

Ich hätte auch als Erwachsener so durchs Leben gehen können: isoliert von jedem Einfluss. Und das wäre doch sehr bedauerlich gewesen, wenn man bedenkt, dass meine besondere Begabung darin besteht, Menschen zu helfen.

Und dann kam Pam. Auch sie hat ihren eigenen Kopf und ist kreativ. Ich habe lange gebraucht, mich darauf einzustellen, denn man sagt ja, dass Männer oft eine Frau heiraten, die ihrer Mutter ähnlich ist. Das war die beängstigendste Aussage, die ich in meinem Leben je gehört habe! Ich wollte eigentlich eine Partnerin heiraten, die ganz anders ist als meine Mutter, weil der Stress, mit einer ängstlichen, kontrollierenden Frau zu leben, unerträglich ist. Aber ich muss zugeben, dass ich feste Meinungen schätze und Kreativität mag. Das Schöne an Pam ist, dass sie die furchtloseste Frau ist, der ich je begegnet bin. Sie glaubte an meine Begabung, lange bevor ich es selbst tat. Ständig suchte und fand sie Gelegenheiten, bei denen ihr Talent, mein Talent und die Talente unserer drei Söhne aufblühen konnten. Deshalb hat mein Leben eine Dimension bekommen, die ich mir als junger Mann nicht einmal im Traum hätte vorstellen können.

Aktion auf der Autobahn

Im Jahr 2002 wurden wir nach Deutschland eingeladen, um dort eine Ehekonferenz für Armeeangehörige und ihre Ehefrauen zu halten. Die Truppe war gerade aus einem Einsatz im Irak zurückgekehrt, und die Soldaten waren dabei, sich wieder an das Leben zu Hause anzupassen. Wir waren Teil eines Integrationsteams, das ihnen bei dieser Umstellung helfen sollte. Dies war eine der lohnendsten Aufgaben, an denen wir je beteiligt waren.

Wir wohnten bei Kevin, der sich als Veterinär bei der Armee verpflichtet hatte. Seine Frau Debbie holte uns am Flughafen ab und fuhr uns mit entspannten 120 Stundenkilometern über die Autobahn nach Hause. Als wir in die Einfahrt einbogen, sah ich dort einen leuchtend roten Mini Cooper stehen.

An diesem Abend aßen wir mit der Familie, und ich (Bill) sagte beiläufig zu Kevin: »Übrigens: Ich habe den Mini in der Einfahrt gesehen. Wann fahren wir denn mal mit dem auf die Autobahn?«

Sein achtzehnjähriger Sohn platzte heraus: »Ich kann mit Ihnen fahren. Das wird echt Spaß machen.«

Ich und mein schnelles Mundwerk. Gerade war ich quer über den Atlantik gereist, um Soldaten und ihre Frauen zu ermutigen, und nun stand ich im Begriff, mein Leben in die Hände eines Teenagers am Steuer zu legen! Eine solche Spritztour war natürlich alles andere als weise, aber ich würde einen Teenager nicht merken lassen, dass ich Angst hatte.

Kaum war das Abendessen vorbei, meldete sich mein jugendlicher Chauffeur. »Also, sind Sie bereit?«

»Yeah, auf geht's«, erwiderte ich enthusiastisch.

Ich war nicht besonders nervös, bis Debbie zu ihrem Sohn sagte: »Aber nicht schneller als 130, es ist für ihn das erste Mal!«

Wir kreuzten durch die Straßen der Stadt und nahmen dann den Zubringer zur Autobahn. Der junge Mann legte einen höheren Gang ein, trat das Gaspedal durch, und schon wurde ich in meinen Sitz gepresst, während ich in Gedanken ein Stoßgebet nach oben schickte.

Es war beeindruckend, so auf der Autobahn zu beschleunigen. Nur einmal hörte ich die Reifen leicht quietschen. Ich sah, dass wir mit 129,9 Sachen fuhren, aber ich muss anerkennen, dass unser Chaffeur die 130 nie überschritt. Diese Erfahrung gehört zu den »Klasse Typ«-Erinnerungen meines Lebens.

Ich bin überzeugt, dass ich diese Erfahrung nie gemacht hätte, wenn ich nicht mit Pam verheiratet gewesen wäre. Eine ängstliche Frau wäre nicht zuerst allein nach Deutschland geflogen, um mit Soldaten-Frauen zu sprechen und unser gemeinsames Kommen vorzubereiten. Eine ängstliche Frau hätte ihren Mann nicht in einen Mini einsteigen lassen, um auf der Autobahn eine Spritztour zu machen. Schon gar nicht, wenn der Fahrer ein Teenager ist. Aber Pam glaubt an einen großen Gott, der fähig ist, jedes Detail im Leben zu kontrollieren. Deshalb werden ihre Entscheidungen nicht von Angst bestimmt.

Sie glaubt aufrichtig, dass die ganze Welt hören sollte, was Gott in unserem Leben getan hat und was er uns auf diesem Weg beigebracht hat. Und wenn zu der Reise, auf die Gott uns führt, gehört, in fremde Länder zu reisen, Wandertouren zu machen, auf Flüssen zu schippern oder mit bewaffneten Soldaten umzugehen, dann wird sie »Ja!« sagen. Und unterwegs wird sie sogar zu einer vergnüglichen Spritztour in einem Mini Ja sagen. Ihr Einfluss auf mein Leben hat mich in meiner besonderen Begabung mehr beflügelt, als ich mir je erträumt hätte.

Einander kennenlernen

Wenn es darum geht, Ihren Ehepartner kennenzulernen, können Ihnen die folgenden Fragen, die John Gottman in *Die 7 Geheimnisse der glücklichen Ehe* entwickelt hat, helfen, festzustellen, wie gut Sie einander bereits kennen.

Kreuzen Sie jeweils an, ob folgende Aussagen richtig oder falsch sind:

R F Ich kann die besten Freunde/Freundinnen meines Partners / meiner Partnerin nennen.

R F Ich weiß, mit welchen Stressfaktoren mein Mann / meine Frau gerade zu kämpfen hat.

R F Ich kenne die Namen derjenigen Personen, die ihn/sie in der letzten Zeit geärgert haben.

R F Ich weiß etwas von den Lebensträumen meines Partners / meiner Partnerin.

R F Ich bin mit seinen/ihren Glaubensüberzeugungen vertraut.

R F Ich kann seine/ihre grundlegende Lebensphilosophie skizzieren.

R F Ich kann die Verwandten nennen, die mein Mann / meine Frau am wenigsten mag.

R F Ich weiß, welche Musik er/sie am liebsten mag.

R F Ich kann die drei Kinofilme aufzählen, die er/sie am liebsten sieht.

R F Ich kenne die Kindheitserfahrung meines Mannes /
       meiner Frau, die ihn/sie am meisten belastet hat.
R F Ich kann seine/ihre größten Ambitionen aufzählen.
R F Ich weiß, was er/sie mit einem Lottogewinn anfangen
       würde.
R F Ich kann den ersten Eindruck, den er/sie auf mich
       machte, genau beschreiben.
R F Ich frage meinen Partner / meine Partnerin gelegentlich,
       wie es in seiner/ihrer Welt gerade aussieht.

__ __ Wie hoch ist bei diesen fünfzehn Aussagen Ihr Anteil an
       richtigen bzw. falschen Antworten?

Auswertung: Wenn mehr als die Hälfte auf Sie zutrifft, handelt es
sich um einen Bereich Ihrer Ehe, in dem Sie Stärken haben.[13] Wenn
Sie bei mindestens der Hälfte die Antwort nicht wissen, dann nehmen Sie sich künftig einmal wöchentlich Zeit, um über genau diese
Themen zu sprechen. Wählen Sie für jedes Gespräch eine der Fragen, und tauschen Sie Ihre Gedanken darüber aus. Haben Sie Geduld miteinander, und lassen Sie nicht zu, dass dieser Austausch zu
einem Versuch wird, Probleme zu lösen, indem Sie einander viele
»Warum«-Fragen stellen. Verwenden Sie die Zeit nur darauf, einfach neugierig auf Ihren Partner zu sein.

Den eigenen Rhythmus finden

Manchmal lernt man die wichtigsten Lektionen im Leben in einem
ganz unerwarteten Moment. Pam und ich organisierten eine Rad-
tour für eine Teenager-Gruppe. Da keiner von uns entsprechende Erfahrungen hatte, baten wir einen Radsportprofi, uns für die Tour zu
trainieren. In einer Trainingseinheit machte er folgende Bemerkung:

Finden Sie beim Radeln heraus, welches Tempo zu Ihnen passt, und wählen Sie die Gänge Ihres Rads so, dass Ihre Beine im richtigen Rhythmus in die Pedale treten. Wenn Sie dieses Tempo überschreiten, werden Sie ermüden. Wenn Sie langsamer fahren, werden Sie ebenfalls ermüden. Der Schlüssel liegt darin, den eigenen Rhythmus zu finden.

Ihr Rhythmus ist eine Kombination aus der Geschwindigkeit, mit der Sie leben wollen, aus der Größe Ihrer Ziele und aus dem Maß an Einfluss, den Sie aufrechterhalten wollen. Wenn Sie gern rasch vorangehen, große Ziele verfolgen und viele Menschen positiv beeinflussen möchten, wird Ihr Rhythmus schneller sein. Wenn Sie hingegen lieber behutsam vorgehen, kleinere Ziele bevorzugen oder mehr Wert darauf legen, mit einer begrenzten Anzahl Menschen tiefer gehende Beziehungen zu führen, wird Ihr Rhythmus langsamer sein.

Wenn Sie Jugendliche, Kinder oder Menschen, die einem Traum nachjagen, begleiten wollen, müssen Sie sich darauf einstellen, mit einem Affenzahn vorzugehen. Wenn Sie jedoch bei Babys oder reiferen Senioren etwas Positives bewirken möchten, können Sie das Tempo herunterschalten und einen Rhythmus wählen, der Ihnen angenehm ist.

Ob Ihr Rhythmus schnell oder langsam ist: Sie kommen voran, und Sie haben Ziele, und Sie können andere positiv beeinflussen. Es hängt also nicht vom Tempo ab, ob Ihr Rhythmus der richtige ist. Alle Menschen sind mit ihrem ganz persönlichen Rhythmus für die Gesellschaft wertvoll. Ihr Rhythmus ist der richtige, weil es Ihr Rhythmus ist. Sie können jeden Tag von morgens bis abends in Ihrem Rhythmus laufen, ohne zu ermüden. Wenn Sie versuchen, schneller oder langsamer zu leben, werden Sie bald feststellen, dass Sie sich erschöpft oder überfordert fühlen.

Als individueller Mensch haben Sie einen Lebensrhythmus, der Ihnen zusagt. Als Ehepaar haben Sie einen Rhythmus, bei dem Ihre Beziehung am besten funktioniert.

Manche Ehepaare sind der Meinung, dass eine doppelte Berufstätigkeit ihnen zu wenig Zeit für Gemeinsamkeit lässt, und ziehen deshalb ein praktikableres Modell vor, bei dem einer von beiden zu Hause bleibt oder von zu Hause aus arbeitet, damit sie die Termine und Anforderungen des Lebens besser koordinieren können. Bei einigen Ehepaaren lieben beide Partner ein schnelles Tempo und sehen die Magie der Romantik in der Kreativität, gemeinsame Zeiten zu finden und zu schaffen. Bei anderen Paaren bevorzugen beide Ehepartner ein gemächliches Schlendern im Leben. Wenn sich einer von Ihnen beiden einen schnelleren Rhythmus wünscht als der andere, können einige Anpassungen und Kompromisse Ihnen helfen, einen Rhythmus zu finden, bei dem Sie beide glücklich und zufrieden leben können.

Ihr individueller Rhythmus

Den eigenen Rhythmus zu finden, gehört zu den großen Abenteuern des Lebens. Sammeln Sie Hinweise, die Ihnen helfen, diesen individuellen Rhythmus zu entdecken.

♡♤♡♤♡♤♡♤♡♤♡♤♡♤♡♤♡♤♡♤♡♤♡♤♡♤♡♤♡♤♡

Hinweise sammeln

Kreuzen Sie an, welche Beschreibung auf Sie persönlich zutrifft. Ehemann links, Ehefrau rechts

1. Der Rhythmus, den ich für mein Leben bevorzuge, ist
   - ☐ ☐ gemächlich.
   - ☐ ☐ ein zügiges Tempo.
   - ☐ ☐ schneller als bei den meisten anderen Menschen.
   - ☐ ☐ ein sehr forsches Tempo.

2. Ich mag Ziele, die
   - ☐ ☐ leicht zu erreichen sind.
   - ☐ ☐ den Zielen der meisten Menschen entsprechen.
   - ☐ ☐ groß sind,
   - ☐ ☐ das Leben verändern.

3. Ich möchte in meinem Leben einen positiven Einfluss ausüben auf
   - ☐ ☐ einige wenige Personen.
   - ☐ ☐ die Menschen in meiner Familie und im engen Freundeskreis.
   - ☐ ☐ eine größere Zahl von Personen in meiner Stadt oder Gemeinde.
   - ☐ ☐ viele Menschen in meiner Welt.

4. Mein Leben gefällt mir am besten, wenn mein Rhythmus
   - ☐ ☐ langsamer ist als beim Durchschnitt anderer Menschen.

☐ ☐ ungefähr dem Durchschnitt anderer entspricht.

☐ ☐ schneller ist als beim Durchschnitt.

☐ ☐ so rasant ist, dass er für die meisten anderen Menschen unerreichbar bleibt.

5. »Wie im Himmel« fühle ich mich

☐ ☐ bei der vierundzwanzig-stündigen Geschäftigkeit einer Stadt.

☐ ☐ bei dem konstant regen Treiben einer Stadtrand-siedlung.

☐ ☐ bei dem gemächlichen Leben, aber auch der harten Arbeit und Beständigkeit auf dem Land.

☐ ☐ bei einem stillen, besinnlichen Lebensrhythmus in den Bergen, in einer Hütte oder an einem abgeschiedenen Strand oder See, fern von der Hektik der Welt.

Ausgehend von diesen Antworten, kreuzen Sie nun die Aussage an, die Ihren individuellen Rhythmus am besten beschreibt:

Ehemann links, Ehefrau rechts

☐ ☐ Mein Rhythmus ist langsamer als bei den meisten anderen Menschen.

☐ ☐ Mein Rhythmus ist etwa so wie bei den meisten anderen Menschen.

☐ ☐ Mein Rhythmus ist schneller als bei den meisten anderen Menschen.

☐ ☐ Mein Rhythmus ist rasant und wäre für die meisten anderen Menschen unangenehm.

Ihr Rhythmus als Ehepaar

Wenn Sie immer noch Single wären, könnten Sie jetzt einfach Ihren Rhythmus beibehalten und es genießen, Ihre Unternehmungen völlig unter Kontrolle zu haben. Gott stellt uns aber in Beziehungen, um ein Wachstum zu fördern, das wir allein gar nicht erreichen könnten. Wir alle heiraten, weil wir geliebt und ermutigt werden möchten und uns nach einer romantischen Beziehung sehnen. Es dauert nicht lange, bis wir feststellen, dass ein großer Teil der Ehe sich so definieren lässt wie in Sprüche 27,17 beschrieben: »Eisen schärft Eisen, ebenso schärft ein Mensch einen anderen.« Wir hofften auf eine reibungslose, einfache Beziehung und landeten in einer, die uns schleift und herausfordert.

Nun können Sie nicht einfach im eigenen Rhythmus weitermachen, sondern müssen Ihren gemeinsamen Rhythmus als Ehepaar finden. Wenn Ihr gemeinsamer Rhythmus Ihrem persönlichen ähnlich ist, wird es Ihnen gefallen. Aber wenn Ihr Rhythmus als Ehepaar eher dem Ihres Partners oder Ihrer Partnerin entspricht, werden Sie die Sorge haben, außen vor zu bleiben, sobald Sie zu einem Tempo gezwungen werden, bei dem Sie sich nicht wohlfühlen. Es gibt keine klare und einfache Formel, wie Sie Ihren Rhythmus entdecken können, deshalb brauchen Sie Geduld. Zeit, Gespräche, Anpassungen und Neugier sind nötig, um den Rhythmus zu finden, der für Sie beide als Ehepaar am besten funktioniert. Dabei wird es Ihnen helfen, einige Hinweise zu sammeln.

♡▽♡▽♡▽♡▽♡▽♡▽♡▽♡▽♡▽♡▽♡▽♡▽♡▽♡▽♡▽♡

Hinweise sammeln

**Kreuzen Sie an, welche Satzergänzung
Sie beide als Ehepaar am besten beschreibt:**

1. Der Rhythmus, den wir für unser Leben bevorzugen, ist
   - ☐ gemächlich.
   - ☐ ein zügiges Tempo.
   - ☐ schneller als bei den meisten anderen Ehepaaren.
   - ☐ ein sehr forsches Tempo.

2. Wir mögen Ziele, die
   - ☐ leicht zu erreichen sind.
   - ☐ den Zielen der meisten anderen Ehepaare entsprechen.
   - ☐ groß sind.
   - ☐ das Leben verändern.

3. Wir möchten in unserem Leben einen positiven Einfluss
   ausüben auf
   - ☐ einige wenige Personen.
   - ☐ die Menschen in unserer Familie und im engen Freundes-
     kreis.
   - ☐ eine größere Zahl von Personen in unserer Stadt
     oder Gemeinde.
   - ☐ viele Menschen in unserer Welt.

4. Unser Leben gefällt uns am besten, wenn unser Rhythmus
   - ☐ langsamer ist als beim Durchschnitt anderer Ehepaare.
   - ☐ ungefähr dem Durchschnitt anderer entspricht.

- ☐ schneller ist als beim Durchschnitt.
- ☐ so rasant ist, dass er für die meisten anderen Ehepaare unerreichbar bleibt.

Ausgehend von diesen Antworten, kreuzen Sie nun die Aussage an, die Ihren gemeinsamen Rhythmus als Ehepaar am besten beschreibt:

- ☐ Unser Rhythmus ist langsamer als bei den meisten anderen Ehepaaren.
- ☐ Unser Rhythmus ist etwa so wie bei den meisten anderen Ehepaaren.
- ☐ Unser Rhythmus ist schneller als bei den meisten anderen Ehepaaren.
- ☐ Unser Rhythmus ist rasant und wäre für die meisten anderen Ehepaare unangenehm.

Sobald Sie Ihren Rhythmus ermittelt haben, machen Sie es sich zur Gewohnheit, einander immer dann, wenn Sie als Ehepaar eine Entscheidung treffen müssen, folgende Frage zu beantworten: »Wird diese Entscheidung uns ermöglichen, in unserem eigenen Rhythmus zu leben?«

♡△♡△♡△♡△♡△♡△♡△♡△♡△♡△♡△♡△♡△♡△♡

Den Zugangscode zu Ihrer Liebe finden

Dinner & Dialog –
einander mit dem Herzen näherkommen

Schildern Sie beide, wie ein freier Tag aussehen könnte, der für Sie eine echte »Auszeit« ist. Skizzieren Sie einen 24-Stunden-Plan, und erläutern Sie, warum das ein Tag ist, den Sie genießen würden. Nachdem Sie sich darüber ausgetauscht haben, wählen Sie ein Wochenende, an dem jeder von Ihnen den eigenen 24-Stunden-Plan verwirklichen kann. Vielleicht müssen Sie Ihre Pläne etwas modifizieren, um das verfügbare Budget oder zeitliche Verpflichtungen zu berücksichtigen, aber tragen Sie das Wochenende in Ihren Terminkalender ein, damit Sie etwas haben, worauf Sie sich freuen können.

KAPITEL 5
KONFLIKTE LÖSEN

»Die Frucht des Geistes ist ... Frieden ...«

Konflikte sind ein normaler Bestandteil jeder innigen Beziehung. Wir alle denken, dass wir eigentlich fähig sein sollten, mit diesem Menschen zurechtzukommen, der unser Herz auf diese Art und Weise gefangen genommen hat. Schließlich ist unsere Verbindung etwas ganz Besonderes.

Obwohl dies meistens zutrifft, ist es nahezu unmöglich, das eigene Leben mit dem eines anderen Menschen zu vereinen, ohne dass es zu kräftigen Auseinandersetzungen kommt. Auf unserem gemeinsamen Weg ist es unvermeidlich, dass wir einander »unter die Haut« gehen und uns gegenseitig herausfordern, die Dinge, die uns wirklich wichtig sind, bis auf den Grund unseres Herzens zu erforschen.

Konflikte lassen sich jedoch so lösen, dass sie Ihre Beziehung bereichern. Jeder Konflikt fühlt sich zunächst negativ an, aber wenn man als Ehepaar damit umzugehen weiß, wird daraus etwas Wertvolles hervorgehen. Es kann sogar dazu führen, dass die gegenseitige Anerkennung in Ihrer Ehe sich erhöht. Sie werden an Ihre Leidenschaft für diese Beziehung erinnert. Sie merken erneut, dass einige Dinge Ihnen so wichtig sind, dass sie Sie auf einer ganz tiefen Ebene berühren, und Sie werden daran erinnert, dass Sie beide etwas Wesentliches im Leben Ihres Partners bzw. Ihrer Partnerin bewirken.

Bevor wir über den Umgang mit Konflikten sprechen, wollen wir die Gründe betrachten, weshalb jede innige Beziehung Spannungen erfährt. Es gibt einige Auslöser, die Konflikte in Ihrer Beziehung an die Oberfläche befördern.

Ich möchte mich nicht blamieren!

Sie sind sich Ihrer inneren Widersprüche sehr bewusst, weil Sie täglich mit ihnen leben. Sie haben gelernt, manches davon zu kompensieren, aber Sie bemühen sich sehr, diese Widersprüche gut zu verstecken. Wenn diese Dinge durch das Handeln Ihres Partners aufgedeckt werden, macht Sie das verletzbar und unsicher. Wenn sie in Anwesenheit anderer an die Oberfläche kommen und Ihr Partner oder Ihre Partnerin unsensibel reagiert, fühlen Sie sich doppelt verletzlich.

♡△♡△♡△♡△♡△♡△♡△♡
Sie sind sich Ihrer inneren Widersprüche sehr bewusst, weil Sie täglich mit ihnen leben.
♡△♡△♡△♡△♡△♡△♡△♡

Wir meinen, dass das Problem beim anderen liegt, aber in Wirklichkeit ist er oder sie nur der Spiegel, der die Widersprüche in jedem von uns aufdeckt.

Sie möchten ein guter Ehemann oder eine gute Ehefrau sein, aber Sie haben Angst, dass Ihnen das Nötige fehlt, um Ihrer Partnerin oder Ihrem Partner gerecht zu werden. Sie möchten produktiv genug sein, um für den Lebensunterhalt Ihrer Familie zu sorgen, aber Sie haben Angst, dass Ihre Arbeit vielleicht nicht gut genug ist. Sie möchten großartige Beziehungen pflegen, aber Ihnen ist nur allzu klar, wie unzulänglich Sie sich bei allem fühlen, was Sie sagen oder tun. Sie haben Angst, »dieser Kerl« oder »die Frau da« zu sein, die sich blöd anstellt oder etwas Dummes sagt.

Da Ihr Ehepartner oder Ihre Ehepartnerin Ihnen nähersteht als jeder andere Mensch, wird seine oder ihre Meinung (oder das, was Sie als seine oder ihre Meinung auffassen) Ihnen mehr Auftrieb geben oder Sie stärker verunsichern als die Meinung irgendeiner anderen Person auf der Erde.

Ich langweile mich

Einige Ihrer Ehekonflikte entstehen, wenn Langeweile einsetzt. Vielleicht sind Sie nicht unbedingt verärgert übereinander, aber es gibt auch nicht viel Enthusiasmus. Nehmen wir das fiktive Beispiel von Mike und Myra Modern. Sie lernten sich in einem Onlineportal kennen. Dieser Ansatz gefiel ihnen, weil das Ausfüllen der Fragebogen und die Erstellung eines Persönlichkeitsprofils mit dem vorhandenen Tool ihnen half, sich selbst zu beschreiben und ihre Erwartungen an einen Partner zu benennen. Ihre Antworten waren so ähnlich, dass sie sich schon beim Lesen sofort zueinander hingezogen fühlten. Beim Austausch von E-Mails nahm die Anziehungskraft weiter zu. Beide staunten, wie ähnlich ihre Schreibstile waren, wie sehr ihre Neigungen und Vorlieben übereinstimmten und wie stark ihre Überzeugungen harmonierten.

Nach einigen Monaten ohne die geringste Unstimmigkeit beschlossen sie, einander persönlich zu begegnen. Mike flog mit der Hoffnung auf eine gute Begegnung (wenn auch mit einer leisen Unsicherheit) in Myras Heimatstadt. Wie die ganze bisherige Entwicklung ihrer Beziehung verlief auch dieses Wochenende außerordentlich gut. Beide fühlten sich auf der Stelle heftig zueinander hingezogen. Nach dieser ersten direkten Begegnung waren beide sicher, den Partner fürs Leben gefunden zu haben. Innerhalb von drei Monaten waren sie verlobt, und schon ein Jahr nach dem ersten E-Mail-Kontakt gaben sie einander das Eheversprechen.

Bei einem so magischen Start waren Mike und Myra sicher, dass ihre Ehe außergewöhnlich erfüllend für sie beide sein würde. Sie rechneten mit reibungslosen Entscheidungen, weil sie so stark übereinstimmten. Zwar sprachen sie es nicht aus, aber sie erwarteten eine nahezu perfekte Beziehung. Schließlich war die Anziehungskraft zwischen ihnen deshalb so stark, weil sie einander so ähnlich waren.

Die Wirklichkeit sieht etwas anders aus

Die Wirklichkeit sah etwas anders aus, als Mike und Myra es erhofft und erwartet hatten. Mike ist ein introvertierter Mensch, der Zeiten des Alleinseins braucht, um neue Kraft zu schöpfen. Wenn er freie Zeit zur Verfügung hat, verbringt er sie am liebsten allein, treibt Sport, arbeitet im Garten oder beschäftigt sich mit seinen elektronischen »Spielzeugen«. Myra dagegen ist extrovertiert und wird durch Kontakte zu anderen Menschen beflügelt. Wenn sie freie Zeit zur Verfügung hat, trifft sie gern andere Menschen, um anregende Gespräche zu führen und Geschichten aus dem Leben auszutauschen. Das ist zwar kein großes Problem, aber beide reagieren fast jedes Mal frustriert, wenn sie freie Zeit haben. Mike scheut sich davor, Myra nachzugeben, weil er das Gefühl hat, durch ständige soziale Kontakte ausgelaugt zu werden. Myra scheut sich, Mike nachzugeben, weil sie Angst hat, sich für den Rest ihres gemeinsamen Lebens zu langweilen.

Hinzu kommt, dass Mike und Myra beruflich sehr engagiert sind. Beide haben hart gearbeitet und eine einflussreiche und sichere Position erreicht. Sie sind beide dazu bereit, viel zu investieren, damit ihre berufliche Laufbahn erfolgreich verläuft. Beide machen oft Überstunden und müssen spontan einspringen, wenn die berufliche Situation es erfordert.

Ihre Zeitpläne aufeinander abzustimmen, gehört zu den schwierigsten Herausforderungen. Mike ist überrascht, dass Ärger in seinem Herzen aufsteigt, wenn Myra ihn bittet, seinen Terminplan so zu ändern, wie es ihre terminlichen Verpflichtungen erfordern. Er weiß, dass er bei der Frau, die er liebt, nicht so heftig reagieren sollte, doch die Angst, sich nicht genug um seine berufliche Karriere kümmern zu können, erfasst ihn sofort heftig.

Myra ist überrascht, dass sie beleidigt reagiert, wenn Mike sie bittet, sich auf seinen Terminplan einzustellen. Sie denkt, dass sie ihm eigentlich mehr vertrauen müsste, aber ihre Gedanken und Gefühle werden so rasch aufgewühlt, dass sie nicht mehr die Kraft zu haben scheint, ruhig über die Angelegenheit nachzudenken. Sie hat Angst, dass Mike ihre berufliche Karriere ausbremsen wird, um seine Bedürfnisse zu erfüllen.

Die beiden scheinen keine Lösung für dieses Problem zu finden. Darum tun sie ihr Bestes, die unterschwelligen Irritationen zu unterdrücken. Sie sprechen gar nicht mehr viel darüber. Stattdessen schützt jeder schweigend den eigenen Zeitplan und hofft, dass es eines Tages von allein besser werden wird.

Das Zusammenleben der beiden ist pragmatisch geworden. Es gelingt ihnen gut, über Haushaltsangelegenheiten zu sprechen und sich über die Ereignisse der Woche auszutauschen. Auch die finanziellen Dinge haben sie gut im Griff. Sie haben klar definiert, wer zu Hause welche Pflichten übernimmt, und sie verbringen jedes Jahr einen gemeinsamen Urlaub. Zu ihrer Enttäuschung sind aber auch ihre Gespräche pragmatisch geworden. Sie haben nicht die innere Freiheit, offen über ihre Hoffnungen und Träume, ihre Enttäuschungen und Unstimmigkeiten zu reden und sich dadurch verletzbar zu machen. Sie machen gute Miene, damit sie miteinander klarkommen. Aber beide vermissen die innige Vertrautheit, von der sie erwartet hatten, dass sie sich in ihrer Beziehung so leicht einstellen würde. Sie verstehen nicht, warum sich die Dinge so entwickelt haben, aber sie halten jetzt den Ball flach. Sie verspüren eine seltsame Angst, dass sie in ihrer Beziehung scheitern werden, wenn sie zu verletzbar werden.

Sie ärgern sich nicht übereinander, sondern sind einfach gelangweilt. Die magische, aufregende Beziehung, die bei ihren ersten Begegnungen in greifbarer Nähe zu liegen schien, ist verschwunden, und sie verstehen nicht, warum oder wie es dazu kam.

Wenn Sie nicht glauben, dass man sich um Sie kümmert, werden Sie Ihr eigenes Leben schützen und von den Menschen, die Sie lieben, fordern, sich um Sie zu kümmern. Dann sind Sie nicht mehr in der Lage, den Menschen, die am meisten auf Sie angewiesen sind, zu dienen und sich aufopfernd für sie einzusetzen.

Entschlüsselungs-Impuls

Durchbrechen Sie die Langeweile! Jeder von Ihnen beantwortet folgende Frage: Was ist eine Idee, die du gern ausprobieren, ein Ort, den du gern aufsuchen, oder eine Erfahrung, die du gern machen würdest (solange es nichts Unmoralisches oder Illegales ist), obwohl du dabei deine Komfortzone verlassen müsstest?

Auslöser aus der Vergangenheit

Ein weiterer typischer Grund, weshalb es in einer Ehe zu Konflikten kommt, sind schmerzhafte Reaktionen aus der Vergangenheit, die wir manchmal bei unserem Partner auslösen. Solche Reaktionen können an bestimmte Kindheitserfahrungen oder an frühere Erlebnisse als Erwachsener geknüpft sein. Irgendetwas, das Ihr Partner oder Ihre Partnerin sagt oder tut, lässt den Schmerz wieder aufbrechen. Solche Konflikte kommen uns oft seltsam vor, weil unsere Reaktionen sich weniger auf die heutige Situation, sondern vielmehr auf ein Ereignis der Vergangenheit beziehen. Plötzlich fühlt man sich nicht mehr sicher und geht auf Abwehr, um sich zu schützen. Wenn man sich unmittelbar bedroht fühlt, benutzt man Logik, Zornausbrüche, unsinnige Verhaltensweisen, Verärgerung oder andere Taktiken, bis man den Eindruck hat, wieder außer Gefahr zu sein.

Ich (Bill) habe einige Zeit mit meinen Eltern verbracht, während Pam und ich dieses Buch geschrieben haben. Mein Vater ist durch einen Schlaganfall, den er in seinen Vierzigerjahren erlitt, körperlich stark beeinträchtigt. Ich fuhr zum Haus meiner Eltern, um ihn zu einem Arzttermin zu bringen. Mein Vater ist langsam und unbeholfen, aber er kann sich noch selbst versorgen. Er kann sich selbst anziehen, mit einem Stock gehen und beim Autofahren ohne Hilfe ein- oder aussteigen. Trotzdem hängt meine Mutter ihm ständig auf der Pelle, weil sie Angst hat, er könnte Hilfe brauchen und sich selbst verletzen, wenn niemand zur Stelle ist. Ich akzeptiere, dass dies meiner Mutter wichtig ist und dass es ihre Entscheidung ist, so zu leben.

Am meisten wundert es mich allerdings, wie sehr es mich aufregt, wenn sie versucht, ihre Ängste auf mich zu übertragen. Sie hatte es sich in den Kopf gesetzt, dass ich üben müsse, meinem Vater beim Ein- und Aussteigen zu helfen und ihn auf dem Weg vom Auto zur Arztpraxis zu stützen. Ich weiß, dass mein Vater diese Art von Hilfe gar nicht braucht. Und selbst wenn es so wäre, sehe ich mich durchaus in der Lage, meinem Vater auch ohne solche Übungen zu helfen. Mein Vater seinerseits ist dazu übergegangen, die Launen und Einfälle meiner Mutter einfach hinzunehmen.

Also entschieden wir uns zu Übungszwecken zu einem Restaurantbesuch. Wir kamen dort aber an, bevor das Restaurant öffnete. Deshalb parkte ich an einer schattigen Stelle, um zu warten. Ich hatte vor, das Auto auf einen Behindertenparkplatz zu fahren, sobald das Restaurant öffnete, und dort unsere Übung zu absolvieren. Ich versuchte, meiner Mutter meinen Plan zu erklären, aber sie setzte sich über meinen Vorschlag hinweg und bestand auf ihrer Vorstellung. Mein Vater sagte, wir sollten es so machen, wie sie es vorhatte.

Meine Reaktion zeugte von großer Reife: Ich stieg aus dem Wagen aus und schlug die Tür heftig hinter mir zu! Im Allgemeinen bin ich ein friedlicher, umgänglicher Mensch, aber offensichtlich verfüge ich über einen dicken roten Knopf, den meine Mutter zu betätigen weiß. Ich habe mich sehr bemüht, ihr alles, was sie getan und gesagt hat, ebenso zu vergeben wie den negativen Einfluss, den sie auf mein Leben ausgeübt hat. Dieser Prozess ist allerdings noch nicht abgeschlossen.

Glücklicherweise löst das bizarre Verhalten meiner Mutter heute nicht mehr diese Welle von Schmerz aus wie früher. Dieses Mal wirkte der Stachel in den Forderungen meiner Mutter nicht lange nach. Mir wurde bewusst, welche Reaktion die richtige wäre. Darum hielt ich sofort inne, nachdem ich die Tür zugeschlagen hatte, und blieb einen Augenblick neben dem Wagen stehen. Ich sagte mir: *Hol tief Luft. Beruhige dich. Sieh die Sache von der humorvollen Seite. Eine kleine Frau mit einer langen Liste von Ängsten geht einer Person unter die Haut, die gerade ein Buch darüber schreibt, wie man Ängste überwindet. Es schadet doch keinem, sich auf ihr angstgesteuertes Verhalten einzulassen. Du kannst heute Abend nach Hause fahren, wo nicht Angst, sondern Freude die Atmosphäre bestimmt, und zu deinem normalen Leben zurückkehren. Das hier dauert nicht lange, und sie hat nicht mehr die Kontrolle über dein Leben.*

Sie ist nicht meine Mutter, aber ...

Ich würde Ihnen jetzt gern mitteilen, dass ich diese Reaktionen nie auf Pam projiziert habe, aber Sie würden sofort wissen, dass das nicht stimmt. Ich habe mich sehr bemüht, den negativen Einfluss meiner Mutter hinter mir zu lassen, aber es gibt in meinem Leben einige wenige Verhaltensweisen, die ich offenbar nie loswerde. Es gibt nur wenige Dinge auf der Erde, die mich so nerven wie eine Frau, deren Verhalten für mich einfach keinen Sinn ergibt. Das setzt Pam ziemlich unter Druck, logisch zu denken und sich schlüssig zu verhalten. Vom Verstand her ist mir klar, dass dies ihr gegenüber nicht fair ist, also bemühe ich mich, in diesem Bereich zwar langsam, aber stetig zu wachsen.

Gleich nach meiner Reaktion auf ein »Ihr Verhalten ergibt einfach keinen Sinn« folgt an zweiter Stelle meine Reaktion auf ein »Ich wurde bei einer wichtigen Entscheidung übergangen«. Meine Mutter kontrollierte energisch die meisten Entscheidungen in unserer Familie, um so ihre Ängste zu beschwichtigen. Ich erinnere mich noch an den Gedanken, dass meine Meinung zu irgendeiner Angelegenheit keine Rolle spielte, weil meine Mutter sich in ihrem Kontrollzwang ohnehin darüber hinwegsetzen würde. Als junger Erwachsener war ich entschlossen, nicht zuzulassen, dass andere Personen wichtige Entscheidungen für mich treffen.

Nun, Pam kann sehr gut Entscheidungen treffen. Ich fühlte mich zu ihr hingezogen, weil sie stark ist und ihre Meinungen kompetent vertreten kann. Ich weiß, dass es nicht fair wäre, von ihr zu verlangen, ihre Entscheidungen immer zuerst mit mir abzusprechen. Deshalb habe ich manchmal mit Groll zu kämpfen, wenn ich den Eindruck habe, dass ich bei einer ihrer Entscheidungen hätte mitreden sollen.

Das sind Verhaltensmuster, die ich in unsere Ehe mitgebracht habe. Sie schlummern in mir und kommen an die Oberfläche, wenn sie durch das, was Pam tut, ausgelöst werden. Es wäre leicht, Pam dafür die Schuld zu geben, weil sie diese Reaktionen zum Vorschein gebracht hat, aber sie hat sie ja nicht verursacht. Selbst wenn sie sich ändern würde, würde die Reaktion immer noch in mir schlummern und beim nächsten Anlass wieder hervorbrechen.

Entschlüsselungs-Impuls

Jeder von Ihnen spricht über einen Vorfall aus Ihrer Vergangenheit (vor Ihrer Hochzeit), der in Ihrer Ehe dafür verantwortlich ist, heftige Emotionen auszulösen. Schildern Sie, was damals passierte und in welchen Situationen Sie heute merken, dass dieselben Emotionen wieder aufsteigen. Sie brauchen nicht nach einer Problemlösung zu suchen; bringen Sie nur zum Ausdruck, wie sehr Sie es schätzen, dass Ihr Partner bzw. Ihre Partnerin Ihnen diese sehr persönlichen, tiefen Gefühle mitgeteilt hat.

Ehrliche Meinungsverschiedenheiten

Ein besonders häufiger Grund für Streitigkeiten sind ehrliche Meinungsverschiedenheiten über eine Entscheidung, die Ihnen beiden wichtig ist. Es könnte zum Beispiel etwas sein, das Ihre Kinder betrifft, oder das mit Ihren Finanzen oder Terminen zu tun hat. Es ist wirklich ein positives Erlebnis, wenn man sich einig ist, weil man das Gefühl hat, ein Team zu sein und gemeinsam auf dieselben Ziele hinzuarbeiten. Uneinigkeit dagegen schmerzt, denn der andere ist schließlich Ihr Lebenspartner, und die Entscheidungen betreffen Dinge, die Ihnen besonders am Herzen liegen.

Ein Mann wurde einmal gefragt, was das Geheimnis seiner fünfzigjährigen harmonischen Ehe sei. Er sagte: »Als meine Frau und ich heirateten, vereinbarten wir, dass sie alle kleineren Entscheidungen und ich alle größeren Entscheidungen treffen würde. Bis heute waren keine größeren Entscheidungen fällig.«

Pam und ich waren bei einem Autohändler, um unseren ersten Minivan zu kaufen. Unsere Familie war inzwischen fünfköpfig, und wir brauchten ein praktisches Familienfahrzeug. Wir fanden einen geeigneten Wagen und wurden zu einem Büro begleitet, wo wir die Konditionen aushandeln sollten. Meine Art war es, behutsam vorzugehen und uns beim Kauf nicht zu übernehmen. Wir einigten uns im Voraus, dass ich für die Verhandlungen zuständig sein würde.

Die Dame, die uns betreute, fing an, uns die Optionen für den Minivan zu erläutern. »Wir können den Wagen mit einem Alarmsystem ausstatten, das Ihnen erlaubt, die Türen per Fernbedienung zu öffnen oder zu schließen. Außerdem können Sie Ihren Wagen dann per Knopfdruck auf einem Parkplatz suchen, wenn Sie einmal vergessen haben sollten, wo Sie ihn abgestellt haben.«

»Großartig. Das hätte ich gern«, platzte Pam heraus.

Soviel zum Thema »Verhandlungsführer«! Es war ein frustrierender Moment, weil ich gedacht hatte, dass ich die Entscheidung treffen würde, aber in ihrer spontanen Begeisterung hatte Pam die Führung übernommen.

Anschließend freuten wir uns über den Kauf unseres neuen Autos und diskutierten über das, was schiefgelaufen war. Ich hatte das Bedürfnis, meinem Frust Luft zu machen, auch wenn ich wusste, dass es keine echte Lösung gab. Ich musste einfach wieder an den Punkt kommen, an dem ich Pams Spontaneität und ihren Enthusiasmus schätzen konnte. (Und beim nächsten Wagenkauf sagte Pam: »Bill, ich liebe dich, und ich vertraue dir. Dies ist die Art von Fahrzeugen, die mir gefallen, also bin ich mit irgendeinem dieser Modelle einverstanden. Doch um unser Scheckbuch zu schonen, werde ich diesmal zu Hause bleiben und dir die Verhandlungen überlassen!«)

Pam und ich hatten Schwierigkeiten, als es um den Kauf eines Pick-ups für einen unserer Söhne ging. Dieser Sohn hat eine ähnliche Veranlagung wie Pam, und deshalb reagiert sie besonders stark auf seine Bedürfnisse. Wie Sie sich vorstellen können, besteht meine Rolle in der Familie unter anderem darin, alle an die nötige Vorsicht zu erinnern, wenn wir eifrig unsere Ziele verfolgen. Und damit war der Rahmen für eine sehr heftige Auseinandersetzung gegeben.

»Ich denke, wir sollten unseren Sohn überzeugen, einen kleineren Pick-up zu kaufen, der weniger Benzin verbraucht«, begann ich mit Überzeugung. »Er wird diesen Wagen in der ganzen Collegezeit fahren und wahrscheinlich auch noch in den ersten Jahren seiner Ehe. Ein niedriger Benzinverbrauch wäre da eine gute Sache.«

»Das weiß ich, aber er hatte ein hartes Jahr und ist entmutigt«, entgegnete Pam. »Er hat sich darauf versteift, diesen Pick-up zu bekommen. Ich weiß, dass er sehr enttäuscht sein wird, wenn wir das nicht für ihn tun.«

»Soll das heißen, dass seine emotionalen Bedürfnisse wichtiger sind als finanzielle Logik?«, fragte ich und dachte, das würde Pam überzeugen, meinen Vorschlag anzunehmen.

»Es geht um seine Motivation. Wenn er desillusioniert wird, wird er im College keine guten Leistungen bringen. Wenn seine Noten im College schlecht ausfallen, wird er in seinem Beruf nicht erfolgreich sein, und ich glaube nicht, dass ich damit leben kann«, antwortete Pam mit ebenso großer Überzeugung.

Dieselbe Unterredung haben wir in den unterschiedlichsten Versionen erfolglos geführt. Schließlich mussten wir ein längeres Gespräch ansetzen, bei dem jeder von uns sämtliche Gedanken über den Kauf schriftlich notierte. Anschließend gingen wir die Liste durch und ordneten unsere Ideen nach ihrer Priorität. Die besonders wichtigen Argumente erhielten die Priorität »A«, die weniger wichtigen die Priorität »B«. Ideen, auf die wir nur durch unsere Kreativität gekommen waren, erhielten ein »C«. Bei diesem Gespräch kamen wir am Ende zu dem Schluss, dass die Motivation unseres Sohnes und die Möglichkeit, die Ausrüstung seines Teams zu transportieren (im College wollte er sich einem Wettkampf-Team anschließen), die wichtigsten Faktoren waren. Auf dieser Basis unterschrieben wir den Kaufvertrag für den größeren Pick-up. Unser Sohn war, milde gesagt, begeistert!

Der große Einfluss eines Ehepartners

Ihr Partner oder Ihre Partnerin hat einen großen Einfluss auf Sie – deshalb haben Sie ihn oder sie geheiratet, und deshalb geraten Sie in Konflikte. Ihr Partner oder Ihre Partnerin inspiriert Sie mehr als jeder andere Mensch auf der Welt. Andererseits sind Sie über ihn oder sie auch mehr frustriert als über jeden anderen Menschen. Beide Reaktionen haben damit zu tun, dass Sie einander Ihr Herz geöffnet und sich damit verletzbar gemacht haben. Die Angst entwickelt sich in subtiler Weise:

> ♡△♡△♡△♡△♡△♡△♡△♡
> Ihr Partner oder Ihre Partnerin hat einen großen Einfluss auf Sie – deshalb haben Sie ihn oder sie geheiratet, und deshalb geraten Sie in Konflikte.
> ♡△♡△♡△♡△♡△♡△♡△♡

1. Sie sind fasziniert von der Art und Weise, wie Ihr Partner oder Ihre Partnerin an das Leben herangeht. Wenn Sie ein Friedensstifter sind, staunen Sie darüber, dass entscheidungsfreudige Menschen mit solcher Autorität vorangehen können. Wenn Sie ein inspirierender Mensch sind, wundern Sie sich über das Organisationstalent eines Versicherungsmaklers und so weiter.

2. Sie beschließen, Ihrem Partner oder Ihrer Partnerin einen bestimmten Bereich anzuvertrauen und in diesem Bereich seiner oder ihrer Führung zu folgen.

3. Sie äußern Ihre Meinung in einem Bereich, in dem er oder sie zuständig ist. Da es Ihre persönliche Überzeugung ist, halten Sie es für eine gute Idee.

4. Ihr Partner oder Ihre Partnerin verwirft Ihre Idee, weil sie seinem oder ihrem Stil nicht entspricht.

5. Sie fangen an, sich zu fragen, ob er oder sie Ihre Meinung überhaupt ernst nimmt.

6. Der Gedanke, dass er oder sie Ihre Vorstellungen nicht berücksichtigen wird, mündet in die Angst, bei zukünftigen Entscheidungen übergangen zu werden.

7. Wird diese Angst nicht geklärt, nagt sie am Vertrauen zwischen Ihnen beiden, und Sie werden versuchen, Ihre Möglichkeit der Beteiligung an Entscheidungen, die Ihnen wichtig sind, zu schützen.

Erfolgreiche Konflikte

Verantwortung übernehmen

Der erste Schritt zu einer Konfliktlösung besteht darin, dass Sie für Ihren Teil der Beziehung Verantwortung übernehmen. Entscheiden *Sie*, was Sie tun werden, denn nur das haben Sie selbst in der Hand. Wenn Sie sich darauf konzentrieren, Ihren Partner oder Ihre Partnerin zu verändern, um sich sicher zu fühlen, werden Ihre Emotionen und Gedanken außerhalb Ihrer Kontrolle liegen. Sie machen Ihr Wohlergehen von dem Menschen abhängig, den Sie lieben. Ihr Partner oder Ihre Partnerin mag Sie immens lieben, kann aber die wunden Punkte nicht ausradieren, weil diese in Ihrem Inneren verhaftet sind. Nur Sie selbst können die Verantwortung für die inneren Blockaden übernehmen, die Sie in Ihrer Liebesfähigkeit behindern.

Sobald Sie Ihre eigenen Reaktionen unter Kontrolle haben, werden Sie die Verhaltensweisen Ihres Partners oder Ihrer Partnerin Ihnen gegenüber ganz anders interpretieren. Statt sie als Bedrohung zu empfinden, werden Sie darin einen Ausdruck der Unsicherheiten und Bedürfnisse Ihres Mannes oder Ihrer Frau sehen. Sie werden in der Lage sein, sich auf Ihre eigene Entwicklung zu konzentrieren und darauf zu vertrauen, dass Gott für die Entwicklung Ihres Partners sorgen wird. Wenn Ihre eigenen Reaktionen frei von Angst sind, wächst die Beziehung von Ihrer Seite her.

♡△♡△♡△♡△♡△♡△♡△♡
Der erste Schritt zu einer Konfliktlösung besteht darin, dass Sie für Ihren Teil der Beziehung Verantwortung übernehmen. Wenn Sie sich darauf konzentrieren, Ihren Partner oder Ihre Partnerin zu verändern, um sich sicher zu fühlen, werden Ihre Emotionen und Gedanken außerhalb Ihrer Kontrolle liegen.
♡△♡△♡△♡△♡△♡△♡△♡

Wenn auch die Reaktionen Ihres Partner oder Ihrer Partnerin frei von Angst sind, können Sie Konflikte effektiv verwandeln, sodass sie Sie daran erinnern, wie sehr Sie einander lieben.

Gestehen wir uns doch ein, dass wir nicht perfekt sind. Und tun wir unser Bestes, um in unseren Herzen folgenden Gedanken in unsere Auseinandersetzungen mit hineinzunehmen. Wir stellen uns vor, dass Gott zu uns sagt: »Ich bin Gott, also habe ich die Kontrolle. Ich habe das Beste für euch im Sinn. Ich liebe euch, deshalb könnt ihr die Freude wählen und wieder frei sein, zu lieben. Es ist nicht nötig, euer Feld zu verteidigen, denn ich schütze euer Herz und euer Leben, sodass ihr lieben könnt!«

Geduldig sein

Der zweite Schritt zur Konfliktlösung ist *Geduld*. Wenn Sie glauben, dass Ihre Meinung Ihrem Mann oder Ihrer Frau nicht wichtig ist, oder wenn Sie das Gefühl haben, dass Ihr Leben ohne Ihre Zustimmung verändert wird, werden Sie Gefahr laufen, die Dinge selbst in die Hand zu nehmen, statt auf Gottes Führung für Ihr Leben und Ihre Ehe zu warten. Auf mich selbst bezogen, bedeutet Geduld die Bereitschaft, zu warten und zu sehen, was Gott in meinem Leben tun wird. Für mich als Ehepartner ist Geduld die Entscheidung, an meiner eigenen Entwicklung zu arbeiten, während ich darauf warte, dass Gott diejenigen Veränderungen herbeiführen wird, die er bei meinem Partner oder meiner Partnerin für nötig hält. Sie haben eine Beziehung begonnen, die auf Dauer angelegt ist und deshalb nicht von einer augenblicklichen Lösung aller Problemfelder abhängt. Manche Konflikte lassen sich rasch beheben, während andere mehr Zeit erfordern. Sie tun gut daran, den größeren Problembereichen Ihrer Ehe die nötige Zeit einzuräumen, einer Lösung näher zu kommen, ohne dass Sie dabei in Panik geraten.

Einige der besten Dinge kommen durch Warten in unser Leben. Betrachten Sie einmal folgende Aussagen der Bibel über den Wert des Wartens:

♥ Warten macht stark. Psalm 27 beginnt mit einer Aussage, die von dem Mut zeugt, der aus einer Gottesbeziehung erwächst: »Der Herr ist mein Licht und mein Heil; vor wem sollte ich mich fürchten? Der Herr ist meines Lebens Kraft; vor wem sollte mir grauen?« (Vers 1, LUT). Und er endet mit einer Entscheidung, zu warten: »Ich glaube aber doch, dass ich sehen werde die Güte des Herrn im Lande der Lebendigen. Harre des Herrn! Sei getrost und unverzagt und harre des Herrn!« (Verse 13-14, LUT).

- ♥ Warten weckt Hoffnung. »Siehe, des Herrn Auge achtet auf alle, die ihn fürchten, die auf seine Güte hoffen, ... Unsre Seele harrt auf den Herrn; er ist uns Hilfe und Schild. Denn unser Herz freut sich seiner, und wir trauen auf seinen heiligen Namen« (Psalm 33,18.20-21, LUT).
- ♥ Warten bereitet Sie auf Erfolg vor. »Harre auf den Herrn und halte dich auf seinem Weg, so wird er dich erhöhen, dass du das Land erbest; du wirst es sehen, dass die Gottlosen ausgerottet werden« (Psalm 37, 34, LUT).
- ♥ Warten lehrt Sie, auf Gottes Stimme zu hören. »Aber ich harre, Herr, auf dich; du, Herr, mein Gott, wirst erhören« (Psalm 38,16, LUT).
- ♥ Warten macht Sie stabiler. »Ich harrte des Herrn, und er neigte sich zu mir und hörte mein Schreien. Er zog mich aus der grausigen Grube, aus lauter Schmutz und Schlamm, und stellte meine Füße auf einen Fels, dass ich sicher treten kann« (Psalm 40,2-3, LUT).
- ♥ Warten bringt Sie davon ab, Vergeltung zu üben. »Sprich nicht: ›Ich will Böses vergelten!‹ Harre des Herrn, der wird dir helfen« (Sprüche 20,22, LUT).
- ♥ Warten hilft Ihnen, Gottes Barmherzigkeit zu erfahren. »Darum harrt der Herr darauf, dass er euch gnädig sei, und er macht sich auf, dass er sich euer erbarme; denn der Herr ist ein Gott des Rechts. Wohl allen, die auf ihn harren!« (Jesaja 30,18, LUT).
- ♥ Warten bewahrt Sie vor Kurzsichtigkeit: »Darum richtet nicht vor der Zeit, bis der Herr kommt, der auch ans Licht bringen wird, was im Finstern verborgen ist, und wird das Trachten der Herzen offenbar machen. Dann wird einem jeden von Gott sein Lob zuteil werden« (1. Korinther 4,5, LUT).

Warten ist aktiv

Viele Menschen finden das Warten unattraktiv, weil sie es für eine passive Erfahrung halten. Wir sitzen untätig herum, während wir darauf warten, dass Gott irgendetwas tut. Die gute Nachricht ist, dass das Warten ein aktives Bemühen ist. Schauen Sie, welche aktiven Schritte in Psalm 37 ein Bestandteil des Wartens sind:

♥ Sich um die laufenden Pflichten kümmern (Vers 3).
♥ Eine liebevolle Beziehung zu Gott pflegen (Vers 4).
♥ Ziele setzen, einen Plan erstellen und die Sache dem Herrn anbefehlen (Vers 5).
♥ Der eigenen Bestimmung folgen und gegen die Neigung kämpfen, das eigene Leben mit dem anderer Menschen zu vergleichen (Vers 7).

Von einem Lkw-Fahrer stammt eines unserer Lieblingstelefonate, das gut veranschaulicht, wie wichtig es ist, seine eigene Verantwortung zu erfüllen. Das Gespräch verlief ungefähr so:

Wollte bloß mal durchklingeln und Danke sagen, dat ihr dieses Buch da jeschrieben habt – »Männer sind wie Waffeln – Frauen sind wie Spaghetti«. Hab' ich auf der A 90 an der Raststätte jefunden. Boa, eh, dat war vielleicht jut. Weil nämlich – na ja, ich hatte Mist jebaut. Jelogen und betrogen. Und bevor ich meine Alte verlassen konnte, hat se mich rausjeschmissen. Einfach meine Sachen jepackt und jesacht, dat ich nit mehr nach Hause zu kommen brauche.

Aber dann hab' ich in euerm Buch 'n paar Sachen jelesen, die war'n echt der Hammer. Der Teil da, wo ihr sagt, wenn man sein Herz Gott gibt, kann er dat Leben wieder in Ordnung bringen.

Also, ich hatte es nie mit der Kirche und so. Aber ich hab' meine Alte anjerufen und zu ihr jesacht: »Schatz, ich war 'n schlechter Kerl,

und blöd war ich auch. Wat ich dir anjetan habe, dat war janz ver-
kehrt, und da bitte ich dich jetzt um Verzeihung. Weißte, Schatz, ich
hab' da dieses Buch jekauft – von dem Ehepaar im Radio –, und die
haben erklärt, wenn wir in die Kirche gehen, würde Gott uns viel-
leicht helfen, und wir könnten neu anfangen. Ich weiß, ich hab' keine
neue Chance verdient, aber ich bete, dat du mir eine jibst.«

Und echt, mein lieber Schatz hat jemeint, ich könnte wieder heim-
kommen. Deshalb wollt' ich euch einfach anrufen und Danke sagen.
Und wir sind am Sonntag in der Kirche. Könnt ihr für uns beten, ja?

Warten macht Sie bereit

Warten gehört zu den strategischen Fähigkeiten im Leben, denn es
entwickelt in uns die Charakterstärke, die wir brauchen, um unsere
besten Glanzleistungen zu erzielen. Es schafft in uns die Voraussetzung, zur rechten Zeit am richtigen Ort zu sein. Im Rückblick sind
wir entweder froh, dass wir gewartet haben, oder wir bedauern es,
nicht gewartet zu haben.

Doch mitten im Alltag empfinden wir Wartezeiten als quälend.
Wir sind frustriert, dass wir die Dinge nicht beschleunigen können, und wir bekommen mit der Zeit das Gefühl, ein Opfer des Lebens zu sein, statt unser Leben zu erobern. Nur zu leicht ziehen
wir dann den Schluss, dass nichts geschehen wird oder dass das
Falsche passieren wird, wenn wir nicht eingreifen und selbst etwas
unternehmen.

In Wirklichkeit bereitet das Warten jeden von uns auf unsere größten Momente vor. Gott weiß, wann unser Charakter und unsere Fähigkeiten so weit entwickelt sind, wie
es für die nächste Herausfor-

♡△♡△♡△♡△♡△♡△♡
Gott weiß, wann unser Charakter
und unsere Fähigkeiten so weit
entwickelt sind, wie es für die
nächste Herausforderung nötig ist,
und lässt uns bis dahin warten.
♡△♡△♡△♡△♡△♡△♡

derung nötig ist, und lässt uns bis dahin warten. Wir halten uns schon früher für bereit und werden ungeduldig. Gott weiß, wann die Lebensumstände für unseren Einsatz bereit sind, und lässt uns bis dahin warten. Wir finden, dass die Umstände zu langsam vorankommen, also werden wir ungeduldig. Gott weiß, dass unser Handeln häufig vom Handeln anderer abhängt, und lässt uns bis dahin warten. Wir sind sehr besorgt, was aus unserem Leben werden wird, und werden ungeduldig. Aber unsere Ungeduld widerspricht dem, was Gott durch uns tun will.

Das gilt besonders für unsere Ehen. Sie sind sich intuitiv darüber im Klaren, welche Veränderungen in Ihrem Leben nötig sind, aber Sie haben auch mit sich selbst Geduld, weil Sie wissen, dass einige Dinge einfach Zeit brauchen, bis sie besser werden. Ihnen ist auch sehr bewusst, welche Veränderungen bei Ihrem Mann oder Ihrer Frau geschehen müssen, aber Sie werden ungeduldig, weil seine oder ihre Schwächen Ihr Leben beeinträchtigen. Deshalb möchten Sie, dass er oder sie sich rasch ändert, damit Ihr Leben so laufen kann, wie Sie es sich wünschen. Gleichzeitig möchten Sie aber, dass Ihr Partner oder Ihre Partnerin mit Ihnen Geduld hat, damit Sie sich in einer sicheren Atmosphäre entwickeln können. Das Ziel ist es, mit dem a nderen genauso geduldig zu sein wie mit sich selbst.

Einen Plan vereinbaren

Der letzte Schritt zur Konfliktlösung in Ihrer Ehe besteht darin, *einen Plan zu vereinbaren, dem Sie als Ehepaar folgen wollen*. Wenn Sie in Ihrer Ehe mit einem Konflikt konfrontiert sind, wählen Sie einen der folgenden Ansätze.

Der geplante Ansatz

Vereinbaren Sie einen Zeitpunkt, wann Sie miteinander über den Grund für Ihren Ärger sprechen. Die meisten Ihrer Konflikte werden höchst emotional sein. Ihr Partner ist die einzige Person auf Erden, mit der Sie alles teilen. Ihre Finanzen, Ihre Gefühle, Ihren Körper, Ihre gesellschaftlichen Kontakte und Ihre Träume sind alle an diese Person geknüpft, zu der Sie gesagt haben: »Ja, ich will.« Deshalb lösen Meinungsverschiedenheiten heftige Emotionen aus, die Ihr Gespräch zu beherrschen drohen. Ein weiteres Problem ergibt sich aus der Tendenz von vielen Männern, dass sie, wenn sie von starken Gefühlen überwältigt werden, in die Verteidigung übergehen. In solchen Fällen haben Ehepaare oft Schwierigkeiten, zu einer Lösung zu kommen. Der Grund ist, dass ihre Emotionen das Gespräch beherrschen und ihre Logik außer Kraft setzen. Indem Sie einen Gesprächstermin vereinbaren, haben Sie die Gelegenheit, Ihr Herz und Ihre Gedanken auf den Gesprächsverlauf vorzubereiten.

Formulieren Sie vor diesem Treffen schriftlich, wie Sie die Angelegenheit sehen. Berücksichtigen Sie dabei, dass das sichtbare Problem nicht das eigentliche Problem ist. Sie müssen aber irgendwo anfangen. Wenn Sie beide Ihre Gedanken über die Meinungsverschiedenheit klar aussprechen können, ohne sofort auf die Aussagen des anderen zu reagieren, sind die Chancen für eine Klärung der Situation wesentlich größer.

Gehen Sie bei Ihrem Gespräch in folgenden Schritten vor, um das Problem zu lösen:

- ♥ *Kommen Sie gemeinsam in Gottes Gegenwart.* Beten Sie gemeinsam, und bitten Sie Gott, Ihnen Weisheit für die Klärung des Konflikts zu geben.
- ♥ *Eröffnen Sie das Gespräch.* Entscheiden Sie, wer zuerst reden soll. Das kann auf verschiedene Weise geschehen. Sie können

zum Beispiel einen Kugelschreiber zum »Mikrofon« umfunktionieren: Wer das Mikrofon hat, redet. Wer das Mikrofon nicht hat, tut nichts anderes, als zuzuhören. Wer ausgeredet hat, gibt dem Partner das Mikrofon weiter. Man kann auch einen kleinen Ball hin- und herrollen und sagen: »Der Ball ist auf deinem Spielfeld – du bist an der Reihe.« Sie können sogar ein Blatt Papier nehmen und Ihre Redebeiträge als Strichlisten aufzeichnen, bis Sie »auf einen Nenner kommen«. Das sind einfach Hilfsmittel, um auf der richtigen Spur zu bleiben und Ihre Emotionen unter Kontrolle zu halten. Setzen Sie den Dialog fort, bis Sie spüren, dass sich die Atmosphäre zwischen Ihnen beiden wieder entspannt.

♥ *Schauen Sie tiefer.* Nachdem beide sich genügend ausgesprochen haben, fragen Sie einander: »Was, glaubst du, ist das eigentliche Problem?« Es könnte das Thema sein, über das Sie gesprochen haben, oder etwas anderes betreffen. Vielleicht ist es eine Reaktion auf eine Erfahrung in der Vergangenheit, oder es geht um etwas, das Ihnen Angst oder Sorge macht. Es könnte auch sein, dass der Stress in Ihrem Leben zugenommen hat und Sie diesen Stress aneinander abreagieren. Möglich wäre auch, dass Sie sich über etwas an Ihrem Partner oder Ihrer Partnerin ärgern, das zu seinen oder ihren besten Eigenschaften gehört. Er oder sie hat vielleicht eine Entscheidung ohne Ihre Zustimmung getroffen oder ist eine gesellschaftliche Verpflichtung eingegangen, bei der Sie Ihre Komfortzone verlassen müssen.

♥ *Prüfen Sie die Optionen.* Sobald Sie das eigentliche Problem identifiziert haben, können Sie mögliche Lösungen erörtern. Bei uns hat es sich bewährt, unsere Ideen aufzuschreiben, statt uns auf unser Gedächtnis zu verlassen. Wenn eine der Ideen zu einer schlüssigen Lösung wird und Sie beide einverstanden sind, dann geben Sie Ihr Bestes, um diese umzusetzen. Fangen

Sie am besten gleich damit an. Zeichnet sich keine klare Lösung ab, beten Sie gemeinsam, und vereinbaren Sie dann einen weiteren Gesprächstermin, um Klarheit zu gewinnen. So haben Sie ein, zwei Tage Zeit, weiter über die Ideen nachzudenken, die Sie gesammelt haben. Da die Intensität von Gefühlen schwankt, hilft Ihnen der zeitliche Abstand, erst dann über Ihre Lösungsmöglichkeiten nachzudenken, wenn Ihre Emotionen sich beruhigt haben.

♥ *Entwickeln Sie sich im Umgang mit dem Problem weiter.* Setzen Sie sich ein, zwei Tage später wieder zusammen, um über eine Lösung zu sprechen. An diesem Punkt sollten Sie Geduld haben, denn bei manchen Herausforderungen und Problemen gibt es keine wirkliche Lösung. Vielleicht hat Ihr Kind eine Behinderung, die in Ihrer Beziehung immer wieder Stress auslöst. Vielleicht hatten Sie einige finanzielle Rückschläge, von denen Sie sich erst in einigen Jahren wieder erholen werden. Vielleicht haben Sie eine Erkrankung, die Sie zu einer veränderten Lebensweise zwingt. Sie stellen sich auf solche Belastungen ein, ohne sie je wirklich zu lösen. Suchen Sie nach Wegen, gemeinsam an dieser Herausforderung zu wachsen. Sie werden vielleicht einen etwas ungewöhnlichen Lebensstil haben und unter Umständen nie wieder in ein aus Ihrer Sicht normales Leben zurückkehren. Doch während Sie sich auf diesem schwierigen Weg gemeinsam vorantasten, wird eine wachsende Tiefe in Ihrer Liebe Sie für diesen gemeinsamen Weg belohnen.

Der spontane Ansatz

Dieser Ansatz gelingt nur durch ein hohes Maß an Selbstbeherrschung und Beziehungskompetenz. Bei dieser Vorgehensweise gehen Sie die Probleme sofort an, wenn sie auftreten. Sie warten nicht, Sie vertagen nichts, und Sie nehmen sich keine Zeit, um sich in die richtige Verfassung zu bringen. Sie gehen einfach ans Werk und versuchen, zum eigentlichen Kern des Problems vorzudringen.

Es gibt einige Techniken, die Ihnen bei diesem Ansatz helfen können:

♥ *Trennen.* Senden Sie Ich-Botschaften statt Du-Botschaften. Darüber lässt sich leicht schreiben, und in einem ruhigen Moment kann man leicht sagen, dass man dies tun wird, aber wenn man sich über den anderen geärgert hat, ist das eine ganz andere Sache. Du-Botschaften klingen wie Anschuldigungen, wenn sie mit negativen Emotionen vermischt sind. »Du hast das gemacht.« »Du bist so rücksichtslos.« »Das war selbstsüchtig von dir.« Diese Aussagen mögen wahr sein, aber sie rufen meist eine defensive Reaktion hervor. Von Ihrer Fähigkeit, ehrliche Ich-Botschaften zu senden, hängt es ab, ob Sie solche Diskussionen erfolgreich zum Ziel führen können. »Ich war überrascht über das, was passiert ist.« »Ich bin sehr verärgert über diese Situation.« »Ich war schockiert, als das passiert ist, und habe sehr heftig reagiert.« Solche Aussagen weichen dem Problem nicht aus, geben Ihrem Partner oder Ihrer Partnerin aber die Möglichkeit, zu reagieren, ohne in die Defensive zu gehen.

♥ *Sondieren.* Nehmen Sie sich die Zeit, Druck abzubauen, indem Sie beschreiben, was Sie für das eigentliche Problem halten. In dieser Phase geht es darum, die Intensität des emotionalen Klimas zwischen Ihnen beiden zu entschärfen. Fragen Sie: »Was ist das eigentliche Problem, das wir lösen müssen?« Wie bei allen Konflikten besteht das Ziel darin, diejenigen Problemfelder zu identifizieren, die der zentrale Auslöser Ihrer Reaktion sind, damit Sie in eine positive Richtung gehen können.

♥ *Identifizieren.* Machen Sie ein Brainstorming über Lösungsansätze. Erörtern Sie Ihre Ideen über mögliche Wege der Konfliktbewältigung. Nehmen Sie sich genug Zeit, über die Möglichkeiten nachzudenken. Vielleicht taucht dabei eine neue Lösung auf, die Ihnen in der Hitze des Augenblicks nicht klar war.

♥ *Initiieren.* Treffen Sie anhand Ihrer Schlussfolgerungen eine feste Vereinbarung über Ihr weiteres Vorgehen.

♥ *Anknüpfen.* Bevor Sie Ihr Gespräch beenden, versuchen Sie, herauszufinden, welche Eigenschaft, die Sie aneinander lieben, diese Meinungsverschiedenheit verursacht hat. Der Grund für solche intensiven Auseinandersetzungen liegt in der emotionalen Verbundenheit zwischen Ihnen beiden. Sie sind für Ihren Partner bzw. Ihre Partnerin außerordentlich attraktiv. Er liebt Ihre Eigenschaften, doch wenn die Schattenseiten dieser attraktiven Eigenschaften zum Vorschein kommen, löst dies starke negative Reaktionen aus. Da diese negativen Reaktionen mit etwas zu tun haben, das Ihr Partner an Ihnen liebt, können sie leicht zum Guten gewendet werden. Deshalb ist Versöhnungssex unter Ehepaaren so verbreitet. Der eine ärgert sich über den anderen, die Sache wird durchdiskutiert, und eine Lösung wird gefunden, und plötzlich entdecken beide wieder die starke Anziehungskraft zueinander. An diesem Punkt will man allen Streitigkeiten ein Ende machen, damit Auseinandersetzungen Ihnen zuarbeiten, statt Sie auseinanderzureißen.

Der verzögerte Ansatz

Wenn ein vereinbarter Gesprächstermin oder ein spontan geführtes Gespräch für Sie nicht der richtige Ansatz ist, probieren Sie es einmal damit, eine kurze Pause einzulegen, bevor Sie das Problem in Angriff nehmen. Diese Pause dient dazu, Ihre Emotionen abkühlen zu lassen und eine rationalere Haltung wiederzufinden.

Verlässlicher ist es, wenn Sie einen konkreten Zeitpunkt wählen, um sich zusammenzusetzen, aber vielleicht können Sie sagen:

»Sobald wir uns beruhigt haben, setzen wir uns zusammen.« Wenn Sie so vorgehen, haken Sie in regelmäßigen Abständen nach, ob Sie beide sich wieder beruhigt haben. Wenn Sie das nicht konsequent tun, werden Sie wahrscheinlich über das Problem hinweggehen und meinen, die Zeit hätte es aus der Welt geschafft. Und wenn das oft genug passiert, werden diese Tretminen irgendwann explodieren und Ihrer Beziehung großen Schaden zufügen. Es ist wesentlich besser, über Ihre Konflikte einzeln zu sprechen, als so lange zu warten, bis ein ganzer Problemkomplex plötzlich entfesselt wird.

Wenn Sie sich dann zusammensetzen, gehen Sie dieselben Schritte, die oben erläutert wurden:

- ♥ *Trennen.* Senden Sie Ich-Botschaften statt Du-Botschaften.
- ♥ *Sondieren.* Nehmen Sie sich die Zeit, Druck abzubauen, indem Sie beschreiben, was Sie für das eigentliche Problem halten. Fragen Sie:»Was ist das eigentliche Problem, das wir lösen müssen?«
- ♥ *Identifizieren.* Machen Sie ein Brainstorming über Lösungsansätze.
- ♥ *Initiieren.* Treffen Sie anhand Ihrer Schlussfolgerungen eine feste Vereinbarung über Ihr weiteres Vorgehen.
- ♥ *Anknüpfen.* Bevor Sie Ihr Gespräch beenden, versuchen Sie, herauszufinden, welche Eigenschaft, die Sie aneinander lieben, diese Meinungsverschiedenheit verursacht hat.

Ein Honda und verletzte Gefühle

Ich (Pam) fahre einen Honda CRV. Das ist ein netter kleiner Geländewagen, in dem ich gut Bücher transportieren kann und der auch nicht sehr schnell ist. Das ist gut für mich. Das Reserverad ist an die Rückseite montiert, und Bill hat mir dafür eine Hülle mit der Aufschrift der *University of Louisville* gekauft, die unser mittlerer Sohn besucht. Das macht es mir leicht, den Wagen auf einem Parkplatz wiederzufinden, und verbindet mich emotional mit meinem Sohn, der zweitausend Meilen entfernt von uns lebt. Jedes Mal, wenn ich das Kardinalmaskottchen hinten an meinem Wagen sehe, bete ich für Zach. Als Bill einmal mit meinem CRV auf einer Schnellstraße unterwegs war, flog die Radhülle davon.

»Ich weiß nicht, ob du es schon bemerkt hast, aber die Radhülle ist abgerissen«, teilte er mir später mit.

»Oh nein!«, sagte ich. »Wir müssen sie ersetzen, sonst verletzt es Zachs Gefühle.«

»Nein, bestimmt nicht. Für ihn ist das nur eine Rad-Hülle.«

»Doch. Zach ist ein empfindsamer junger Mann, und es geht um etwas, das ihm wichtig ist. Wir müssen die Hülle sofort ersetzen. Du wirst ja nächste Woche in Louisville sein und kannst das gleich erledigen.«

»Mal sehen. Wenn es klappt, besorge ich eine neue, aber ich werde nicht überall danach suchen, wenn ich dort bin.«

»Also sind dir Zachs Gefühle egal?«

»Ich nehme seine Gefühle ernst. Aber ich glaube einfach nicht, dass es hier um seine Gefühle geht.«

»Oh, du denkst, dass ich überreagiere?«

»Nein, ich denke nur, dass wir anders an solche Fragen herangehen. Du bist wirklich gut darin, Zach emotional zu unterstützen. Du achtest sogar auf eine Radhülle. Aber ich bin einfach ein anderer Typ. Lass dich von mir nicht irritieren, aber bitte erwarte nicht von mir, dass ich genauso reagiere. Ich liebe deine emotionale Lebhaftigkeit, solange ich dabei Zuschauer bleiben darf.«

»Was bist du bloß für ein Kerl! Ich liebe dich von ganzem Herzen, aber manchmal werde ich wirklich nicht schlau aus dir! Würdest du bitte, bitte, b i t t e versuchen, eine neue Radhülle zu besorgen, während du bei Zach bist? Ich bin sicher, d i r wird meine Reaktion gefallen, wenn ich sie an meinem Auto sehe!«

Bill besorgte die Radhülle – und ich hatte recht: Meine Reaktion gefiel ihm sehr!

♡△♡△♡△♡△♡△♡△♡△♡△♡△♡△♡△♡△♡△♡△♡

Den Zugangscode zu Ihrer Liebe finden

Dinner & Dialog – einander mit dem Herzen näherkommen

Jeder von Ihnen überlegt, welche Methode der Konfliktlösung Ihnen am meisten zusagt. Tauschen Sie sich dann darüber aus, ob eine andere Vorgehensweise dazu beitragen könnte, Ihre Beziehung besser voranzubringen. Danken Sie Ihrem Mann bzw. Ihrer Frau dafür, dass er oder sie mit Ihnen und Ihrer Vorgehensweise im Leben Geduld hat.

Wenn Sie sich trauen, schneiden Sie ein Thema in Ihrer Beziehung an, bei dem Sie eine Lösung brauchen, und benutzen Sie eine der oben genannten Methoden, um eine Antwort zu finden. Wählen Sie beim ersten Mal eine einfache Angelegenheit. Eine Lösung für die Themen Weltfrieden oder die Staatsverschuldung oder ein Vorschlag für einen Anstieg des Dow-Jones-Index kann noch einen Tag warten.

♡▽♡▽♡▽♡▽♡▽♡▽♡▽♡▽♡▽♡▽♡▽♡▽♡▽♡▽♡▽♡

KAPITEL 6
INTIMITÄT

»Die Frucht des Geistes ist ... Treue ...«

Steve und Tricia brauchten unbedingt etwas Zeit zu zweit. Durch die beruflichen Anforderungen, ihre beiden lebhaften Kinder und ihr beträchtliches Engagement in der städtischen Gemeinde lief ihr Leben auf Hochtouren. Sie liebten einander innig, waren jedoch durch ihren Alltag so gefordert, dass ihre intime Beziehung allmählich verblasste. Steve war klar, dass er etwas unternehmen musste.

Er rief seine Schwester an und fragte, ob sie sich um die Kinder kümmern könnte, weil er etwas Zeit zu zweit mit Tricia verbringen wollte. Seine unverheiratete Schwester war einverstanden, denn sie liebte es, Zeit mit ihrer Nichte und ihrem Neffen zu verbringen. Sie vereinbarten einen Sonntagnachmittag. Allerdings hatte Steves Schwester einen Termin um sechs, sodass sie nur bis fünf Uhr auf die Kinder aufpassen konnte.

Steve und Tricia besuchten gemeinsam den Gottesdienst und aßen anschließend gemütlich zu Mittag. Beim Plaudern bemerkte Steve, dass es seiner Frau schwerfiel, sich emotional wieder für die Beziehung zu öffnen. Da wusste er, dass sie an diesem Nachmittag miteinander reden mussten, wenn sie die Intimität ihrer Beziehung zurückgewinnen wollten. Er kannte einen nahe gelegenen See, von dem er wusste, dass Tricia gerne dort war. Sie hielten unterwegs an, kauften einen Laib Brot und fuhren an den See. Als sie sich dem Ufer näherten, fanden sich sofort einige Enten ein. Sie nahmen beide ein Stück Brot und fingen an, die Enten zu füttern. Sie plauderten und fütterten die Enten. Sie schlenderten am See entlang und fütterten die Enten. Sie setzten sich ans Ufer und fütterten die Enten. Sie waren so in das Geschehen vertieft, dass sie die Zeit darüber vergaßen. Steve genoss den Nachmittag sehr, weil Tricia viel lachte und mit ihm flirtete. Tricia genoss den Nachmittag sehr, weil sie wieder spürte, wie viel sie Steve bedeutete. Irgendwann fiel Steves Blick auf seine Uhr, und er stellte fest, dass es schon fünf war.

»Wir müssen gehen, Tricia! Meine Schwester hat eine Verabredung um sechs Uhr, und ich habe ihr gesagt, wir wären um fünf zurück.«

Eilig fuhren sie nach Hause und lösten Steves hochgeschätzte Schwester ab. Tricia ging sofort zu den Kindern, während Steve sich die Zeit nahm, seiner Schwester zu danken.

»Wie ist es denn gelaufen?«, fragte sie mit neugieriger Miene.

»Prima. Vielen Dank, dass du uns geholfen hast. Wir haben viel Zeit damit verbracht, die Enten zu füttern.«

Ihr neugieriger Blick ging in ein verschmitztes Lächeln über, als sie erwiderte: »Die Enten füttern, he?« Sie zwinkerte Steve zu und berührte sanft seinen Arm. Dann schnappte sie ihre Sachen und verschwand durch die Tür.

Steve ging zu Tricia und berichtete: »Meine Schwester glaubt, dass wir heute Nachmittag miteinander geschlafen haben. Und sie denkt, wir nennen es ›die Enten füttern‹.«

Sie mussten herzlich lachen. Beide sahen darin einen perfekten Ausklang für einen sehr guten Tag. Und sie fanden es nur angemessen, diesen Tag damit zu beenden, »die Enten zu füttern«.

Wie man es sicher weiß

Wie lassen Sie Ihren Mann oder Ihre Frau wissen, dass Sie sich sexuelle Intimität wünschen? Seit uralten Zeiten sind Ehepaare ineinander verliebt und sehnen sich danach, dieser Liebe in einer romantischen sexuellen Beziehung Ausdruck zu geben. Diese Kommunikation ist, gelinde gesagt, ein ziemlicher Eiertanz, und es fällt jedem von uns schwer, auszusprechen, dass jetzt ein guter Zeitpunkt wäre.

Pam und ich sprachen bei einem Seminar über unsere Metapher, dass Männer wie Waffeln und Frauen wie Spaghetti sind.

Pam sagte zu den Zuhörern: »Männer ziehen sich gerne in ihre Lieblingskästchen zurück, um auszuruhen und aufzutanken. Diese Lieblingskästchen – und da hat Gott wirklich an uns Frauen gedacht – sehen tatsächlich aus wie Kästchen. Egal ob Fernseher, Computerbildschirm, Kühlschrank, Fußballfeld – alles rechteckige Kästchen. Natürlich auch das Bett. Und dieses Sex-Kästchen sucht ein Mann tatsächlich am liebsten auf, wenn er gestresst ist. Es gleicht dem freien Rechteck in der Mitte einer Bingo-Karte, und er kann dieses Rechteck von jedem anderen Kästchen seiner Waffel aus ansteuern.«

Die Zuhörer brachen in Gelächter aus, als ihnen aufging, wie recht Pam damit hatte. Wann immer wir bei diesem Seminar anschließend das Wort »Sex« erwähnten, riefen einige Zuhörer: »Bingo!« In der Nachmittagspause fand eines der Ehepaare eine Plakette mit der Aufschrift: »Born to Bingo«. Diese Plakette hängt jetzt als heitere Erinnerung in unserem Büro.

Kürzlich waren wir Gastreferenten auf einem Kreuzfahrtschiff, und das Animationsteam trug T-Shirts mit dem Slogan »Heute schon Bingo gespielt?«. Die mussten wir unbedingt haben! Die Frage »Hast du Lust auf eine Runde Bingo?« hat in unserer Beziehung eine ganz neue Bedeutung erhalten.

Feuer auf dem Sofa!

Wir hielten ein Seminar im Süden der USA, und die Teilnehmer dort waren ein wenig schüchtern, als es darum ging, über Sex zu sprechen. Bei einem Eisbrecherspiel sollten die Ehemänner und die Ehefrauen Fragen beantworten, und dem Paar mit den meisten Übereinstimmungen winkte ein Preis. Eine der Fragen lautete: »Was würde Ihr(e) Partner(in) als Lieblingsverabredung angeben?«

Alle Frauen sagten ungefähr das Gleiche: »In einem Restaurant essen gehen und früh nach Hause zurückkehren.«

Als die Männer zurückkamen, antwortete einer der Ehemänner: »Im Restaurant essen, vielleicht einen Kinofilm anschauen, aber auf jeden Fall früh nach Hause gehen, und da gibt's dann ein Feuer im Kamin und ein Feuer auf dem Sofa!«

So erfuhren wir, dass man im Süden nicht »Sex hat«, sondern früh nach Hause geht und ein »Feuer auf dem Sofa« veranstaltet.

Wir haben unterschiedliche Redewendungen oder Anspielungen, um zu sagen: »Baby, ich will *dich*!« Oder umgekehrt – wenn wir nicht in der Stimmung sind – geben wir Signale, die ziemlich klar zu verstehen sind.

Was ist die richtige Kombination?

Diese Idee, dass man bestimmte Formulierungen braucht, um dem Partner bzw. der Partnerin sexuelles Interesse zu signalisieren, ist so alt wie die Liebe selbst. Offenbar sind Männer und Frauen nicht auf derselben Wellenlänge, wenn es um die Frage geht, wann, wo oder wie oft sie sich »glühend heiße Monogamie« wünschen.

Mit einem Glas Wasser in der einen Hand und zwei Aspirin in der anderen weckt ein Mann nachts seine Frau auf.
Sie fragt: »Wozu die Tabletten?«

»Für deine Kopfschmerzen«, sagt er.
»Aber ich habe gar keine Kopfschmerzen.«
Er lächelt nur: »Jetzt hab' ich dich!«

Männer und Frauen hören einfach nicht dieselbe Botschaft im Bereich der Sexualität.

Die Frau sagt: »Was für eine Unordnung! Komm, wir beide räumen
jetzt auf. Deine Klamotten liegen auf dem Teppich; und wenn wir
nicht sofort die Waschmaschine in Gang setzen, musst du morgen
ohne Kleider zur Arbeit.«
Der Ehemann hört: »Bla, bla, bla! Komm bla, bla, bla wir beide
bla, bla, bla auf dem Teppich bla, bla, bla jetzt gleich bla, bla, bla
ohne Kleider bla, bla, bla.«

Den Code knacken, um innige Vertrautheit zu finden

Sexuelle Liebe ist eine besonders faszinierende und vielschichtige Form der menschlichen Interaktion. Sie ist ein großartiges Fitnesstraining, bedeutet aber viel mehr als ein körperliches Training. Sie eignet sich großartig dazu, eine innige Beziehung zu dem geliebten Menschen herzustellen, aber sie ist mehr als nur Kommunikation. Aus ihr gehen Kinder hervor, die in ihrem Leben all das widerspiegeln werden, was Ihnen wichtig ist, aber Sexualität ist mehr als bloße Fortpflanzung. Sex führt zu einer innigen Verbindung zwischen zwei Individuen – körperlich, emotional, geistlich und aufregend.

♡♡♡♡♡♡♡♡♡♡♡♡♡
Sexuelle Liebe ist eine besonders
faszinierende und vielschichtige
Form der menschlichen Interaktion.
♡♡♡♡♡♡♡♡♡♡♡♡♡

Eine befriedigende sexuelle Beziehung umfasst jeden Bereich Ihres Seins. Man kann nicht einfach sagen: »Na, willst du heute Abend Sex?«, und dann erwarten, dass die Dinge gut laufen. Wenn man zu beiläufig an sexuelle Kontakte herangeht, bezieht man den Partner zwar körperlich ein, lässt aber die emotionale und geistliche Seite außer Acht.

Wenn Sie sich ganz auf die Herzensverbindung konzentrieren, beziehen Sie die emotionale und geistliche Komponente ein, vernachlässigen aber die körperlichen und die erregenden Aspekte. Mehr als jede andere Aktivität der Welt ist Sex eine Erfahrung, die alle oben genannten Elemente einschließt.

Besonders kostbare Gegenstände werden in einem Tresor aufbewahrt. Wenn Sie die Zahlenkombination des Tresors kennen, haben Sie jederzeit Zugang zu diesen Schätzen. Kennen Sie die Kombination nicht, bleiben Sie ausgeschlossen und können sich höchstens vorstellen, was sich hinter der Tresortür befinden könnte. Dinge, die für Sie einen gewissen Wert haben, werden Sie durch ein einfaches Schloss sichern. Wenn Ihnen aber etwas besonders wertvoll ist, werden Sie in einen soliden und komplizierteren Schließmechanismus investieren.

Der hohe Wert Ihrer Liebe

Aus Gottes Sicht ist sexuelle Liebe außerordentlich wertvoll. Sie ist es aus drei Gründen. Erstens ist sie *zutiefst persönlich*. Wenn Sie sich auf eine sexuelle Begegnung einlassen, machen Sie sich völlig verletzbar. Sie entblößen voreinander Ihren Körper, und Sie legen voreinander auch Ihre Seele bloß. Es ist nicht möglich, sexuell mit

♡♤♡♤♡♤♡♤♡♤♡♤♡
Aus Gottes Sicht ist sexuelle
Liebe außerordentlich wertvoll.
♡♤♡♤♡♤♡♤♡♤♡♤♡

Ihrem Partner oder Ihrer Partnerin zu verkehren, ohne dabei Ihren Verstand, Ihren Körper und Ihre Emotionen zu entfachen.

Bei der geschlechtlichen Vereinigung wird zum Beispiel im Körper der Frau das Hormon Oxytocin freigesetzt, durch das sie sich in ihren Partner »verliebt« fühlt.[14] Dies führt zu einer Intensivierung der Beziehung. Immer wieder wird sie von der sexuellen Erfahrung träumen, sie bewerten und die dabei empfundenen Emotionen neu durchleben. Wenn das emotionale Klima der Beziehung ihren neu gefundenen Liebesempfindungen entspricht, wird sie sich auf einer tieferen Ebene darauf einlassen und sich binden. Steht das emotionale Klima nicht damit im Einklang, wird sie negativ reagieren, was Störungen in der Interaktion nach sich ziehen wird.

Zweitens ist sexuelle Liebe so wertvoll, weil sie *Vertrauen fördert*. Nur vor einem Menschen, dem man vertraut, zeigt man sich nackt. Sexuelle Energie wendet man nur für einen Menschen auf, dem man vertraut. Befriedigende sexuelle Erfahrungen schenkt man nur einem Menschen, dem man vertraut. Vertrauen ist tatsächlich der Schlüssel, der es einer Frau ermöglicht, zum Orgasmus zu kommen.

Vertrauen ist auch der Schlüssel zu einem dauerhaft erfüllenden Sexualleben. Nach einer Weile hat man so ziemlich alles ausprobiert, was man sexuell miteinander versuchen möchte. Ob das Feuer weiterlodert, nachdem die Experimente ausgeschöpft sind, hängt von Ihrer Bereitschaft ab, in den verschiedenen Lebensphasen miteinander über Ihre sexuelle Liebe zu sprechen. Sex ist mit 35 Jahren anders als mit 25, mit 40 Jahren anders als mit 30 und mit 60 Jahren anders als mit 40.

Wenn Sie über Ihr Intimleben sprechen, auch darüber, wie es sich mit der Entwicklung Ihres Körpers und Ihrer Lebenssituation verändert, wird Ihre intime Beziehung Ihr ganzes Leben lang innig vertraut und erfüllend bleiben.

Vertrauen ist übrigens auch der Schlüssel zu einer erfolgreichen Beziehung zu Jesus, weil »es unmöglich ist, ohne Glauben Gott zu gefallen« (Hebräer 11,6), und weil die Menschen, die den Herrn fürchten, ihm vertrauen (Psalm 115,11). Indem Sie in Ihrer Ehe das Potenzial Ihrer sexuellen Liebe entfalten, erweitern Sie Ihre Fähigkeit, zu vertrauen, und damit auch Ihre Fähigkeit, der Führung Gottes in Ihrem Leben zu folgen. Und ein tiefes Gottvertrauen wiederum gibt Ihnen die Fähigkeit, Ihrem Partner oder Ihrer Partnerin zu vertrauen, was sich in mehr Leidenschaft im Schlafzimmer niederschlagen wird.

Drittens ist Sex wertvoll, weil er *geheimnisvoll* ist. Sex ist nicht nur eine körperliche Erfahrung, sondern weit mehr als das. Es findet ein Austausch von Körperflüssigkeiten statt, aber es ist nicht nur ein biologischer Prozess. Sex löst heftige Gefühle in Ihnen aus, aber er ist mehr als ein emotionales Erlebnis.

Dann gibt es das unergründliche Geheimnis, warum Gott uns in diesem Bereich so verschieden gemacht hat. Ich (Bill) staune nach drei Jahrzehnten unserer Liebe immer noch über unsere Unterschiede. Es gibt mir Rätsel auf, dass ich so rasch für Sex stimuliert werde, während Pam erst bereit ist, nachdem ich ihr eine ganze Weile mein Interesse gezeigt habe. Es fasziniert mich, dass sie nach der Einstimmung so ausdauernd interessiert sein kann. Manchmal geht das bis zu einem Punkt, der kaum durchzuhalten ist. Dann amüsiert mich, wie rasch ich anschließend einschlafe, während sie noch mehrere Stunden lang voller Energie ist. Ich weiß, dass Gott das so eingerichtet hat, damit wir zu einer größeren Vielfalt in den Ausdrucksweisen unserer Liebe kommen, aber unsere Sexualität wird immer ein Geheimnis bleiben.

Impuls und Interaktion

Eine ausführliche Erörterung über die Unterschiede in der Sexualität von Männern und Frauen finden Sie in unserem Buch *Red-Hot Monogamy*[15] (Übersetzung des Titels ungefähr: Glühend heiße Monogamie). Vereinfacht kann man sagen, dass Männer durch einen *Impuls* für Sex bereit werden, Frauen dagegen durch *Interaktion*.

Jede der folgenden Aktivitäten ist für den Mann ein *Impuls*, der ihn sexuell bereit macht, seine Frau zu lieben:

- ♥ Sie geht an ihm vorbei.
- ♥ Sie geht unter die Dusche.
- ♥ Sie kommt aus der Dusche heraus.
- ♥ Sie zwinkert ihm zu.
- ♥ Sie schaut ihn liebevoll an.
- ♥ Sie zieht sich aus.
- ♥ Sie zieht sich an.
- ♥ Sie beugt sich vor, sodass er einen Blick auf ihre Brüste erhascht.
- ♥ Sie lehnt sich vor und schaut sich nach ihm um.
- ♥ Sie flüstert ihm eine sexuelle Anspielung zu.
- ♥ Sie schlägt vor, miteinander auszugehen.
- ♥ Sie schlägt vor, zu Hause zu bleiben.

Sie merken schon, Gott hat jeden Mann so veranlagt, dass er sich durch unzählige einfache Reize augenblicklich von seiner Frau angezogen fühlt.

Jede der folgenden Aktivitäten entspricht dem Bedürfnis der Frau nach *Interaktion* und leitet einen Prozess ein, der ihre Bereitschaft zur sexuellen Interaktion mit ihrem Mann weckt:

- ♥ ihr aufmerksam zuhören
- ♥ ihre Meinungen als wichtig erachten

- ♥ ihr im Haushalt helfen
- ♥ ihr einen Gefallen tun
- ♥ ihre Frau umarmen, einfach, weil Sie sich freuen, sie zu sehen (besonders, wenn die Umarmung ein wenig länger ist als gewöhnlich)
- ♥ gemeinsam Zeit mit etwas verbringen, das Spaß macht
- ♥ ein Projekt abschließen, das ihr wichtig ist
- ♥ ihren Stresslevel senken
- ♥ sie zum Lachen bringen
- ♥ ihr eine Zeit der Entspannung ohne die Kinder ermöglichen
- ♥ sie ausgiebig und ohne Eile massieren
- ♥ ihren Körper in einem geduldigen Vorspiel zärtlich streicheln
- ♥ mit den Kindern spielen und es genießen
- ♥ einen Urlaub gemeinsam planen
- ♥ ihr ohne besonderen Anlass Komplimente machen
- ♥ sagen: »Es tut mir leid«, wenn Sie etwas falsch gemacht haben
- ♥ jemandem Nein sagen, damit Sie Zeit mit ihr verbringen können
- ♥ vor Freunden mit ihr prahlen

Die Liste kann noch unendlich erweitert werden, aber der Grundtenor ist, dass Ihre Frau es liebt, zu merken, dass sie Ihnen wichtig ist, und wenn Sie ihr das durch die Tat vermitteln, wird sie sich zu Ihnen hingezogen fühlen.

Weil sexuelle Liebe so wertvoll ist, hat Gott sie hinter einem »Kombinationsschloss« verborgen. Ehepaare, die diesen Zugangscode kontinuierlich anwenden, erleben Sex als große Bereicherung ihres Lebens. Sie lachen darüber, freuen sich darauf und erröten, wenn sie überlegen, was andere Leute denken würden, wenn sie wüssten, wie schön es zwischen ihnen ist. Ehepaare dagegen, die den Tresor aufzubrechen versuchen, stellen fest, dass Sex ein echtes Auf und Ab sein kann. Sie ertragen einander, ignorieren einander und missverstehen sich gegenseitig. Sie hoffen, dass andere Leute nie erfahren werden, wie es wirklich zwischen ihnen aussieht.

Die »Zahlenkombination« für ein erfolgreiches Sexualleben findet sich in Epheser

♡△♡△♡△♡△♡△♡△♡△♡
Weil sexuelle Liebe so wertvoll ist, hat Gott sie hinter einem Kombinationsschloss verborgen. Die Kombination, die das Interesse einer Frau aufschließt, ist Liebe. Bei einem Mann ist die Kombination, die sein Interesse weckt, Respekt.
♡△♡△♡△♡△♡△♡△♡△♡

5,33: Dort steht, dass »jeder Ehemann seine Frau so lieben soll, wie er sich selbst liebt, und dass die Ehefrau ihren Mann achten und respektieren soll«. Die Kombination, die das Interesse einer Frau aufschließt, ist Liebe. Bei einem Mann ist die Kombination, die sein Interesse weckt, Respekt. Wie diese Kombination in der Anwendung aussieht, sehen wir im Hohelied in der Art und Weise, wie Salomo und Sulamith zusammen das Potenzial ihrer gegenseitigen Liebe erschließen.

Entschlüsselungs-Impuls
Männer, geht die Liste der Impulse durch und überlegt, welcher euch am schnellsten auf Touren bringt, und sagt das eurer Frau.

Frauen, geht die Liste der Interaktionen durch, und sagt eurem Mann, welche Interaktion mit ihm euch am meisten gefällt und in Stimmung bringt.

Die Kombination der Liebe

Ihre Frau ist so beschaffen, dass sie reagieren wird, wenn es Ihnen gelingt, ihr Herz zu erreichen. Anders ausgedrückt: *Wenn Sie ihr Herz lieben, wird sie Ihnen ihren Körper geben.*

Salomo gab uns Männern ein Beispiel, wie wir unsere Frau so lieben können, dass es ihr sexuelles Interesse an uns weckt.

Geben Sie ihr Bestätigung. Gehen Sie über ein paar nette Bemerkungen hinaus, und lassen Sie Ihre Frau durch Ihre Worte wirklich spüren, dass sie Ihnen wichtig ist. Eine Frau hat die Gewohnheit, sich ständig selbst zu beurteilen. Sie betrachtet sich im Spiegel und folgert: »Ich bin nicht hübsch genug, nicht klug genug, nicht fähig genug, nicht sexy genug, nicht alt genug, nicht jung genug«, und so weiter. Sie hat nicht die Absicht, sich ständig selbst zu beobachten und negativ zu beurteilen, aber sie weiß nicht, wie sie dieses Verhalten abstellen kann. Vielleicht hat sie heute einen guten Tag, aber der Gedanke an ihre Unzulänglichkeiten kann schon morgen beim geringsten Anlass wieder an die Oberfläche treten. Ein Gedanke, ein Blick oder ein Rückschlag kann dazu führen, dass ihre Unsicherheiten erneut aufbrechen und ihre Gedanken durcheinanderwirbeln.

Sie können ihr helfen, indem Sie ihr bei jeder Gelegenheit, die sich bietet, neu bestätigen, wie viel sie Ihnen bedeutet. Da wir Männer Problemlöser sind, möchten wir dieses Szenario bei unserer Frau auf eine Formel reduzieren. Wir möchten es in ihrem Leben ein für alle Mal lösen, damit sie nie wieder damit zu tun hat. Das wäre etwa so, als würde Ihre Frau zu Ihnen sagen: »Schatz, lass uns

> ♡△♡△♡△♡△♡△♡△♡△♡
>
> Gehen Sie über ein paar nette Bemerkungen hinaus, und lassen Sie Ihre Frau durch Ihre Worte wirklich spüren, dass sie Ihnen wichtig ist.
>
> ♡△♡△♡△♡△♡△♡△♡△♡

heute eine Nacht mit echt großartigem Sex haben, der deine sexuellen Bedürfnisse ein für alle Mal stillt.«

Im Hohelied 1,6 lesen wir, dass Sulamith diese Unsicherheit empfand, denn sie sagt:

> *Starrt mich nicht an, weil meine Haut so dunkel ist. Die Sonne hat mich dunkel gebräunt. Die Söhne meiner Mutter ärgerten sich über mich und ließen mich die Weinberge hüten. Doch meinen eigenen Weinberg konnte ich nicht hüten.*

Sie war in einer Familie von Ackerbauern aufgewachsen und hatte oft draußen gearbeitet. Deshalb hatte sie einen gebräunten Teint in einer Gesellschaft, die eine helle Haut bevorzugte, die stets gepflegt worden war. Sie ist besorgt, dass ihr Mann sie im Vergleich zu den anderen Frauen unattraktiv finden könnte. Er antwortet mit bestätigenden Worten:

> *Wie schön du bist, meine Freundin, wie schön! (Hohelied 1,15).*

Man sieht geradezu, wie ihm die Knie weich werden, als er über die Schönheit seiner geliebten Sulamith nachdenkt. Er wurde es nie leid, auf ihr Bedürfnis einzugehen und ihr zu bestätigen, wie schön sie war und wie sehr er sie schätzte. Die Folge war ein herausragendes Liebesleben.

Seien Sie von ihr fasziniert. Begnügen Sie sich nicht damit, Ihre Frau nur zu bemerken, sondern bleiben Sie neugierig darauf, wie sie wirklich denkt, fühlt und handelt. Ihre Frau braucht Zeit, um sexuell zu reagieren, und erwärmt sich erst allmählich für Ihre Liebe. Sex ist ein alles vereinnahmendes Geschehen in ihrem Leben, und sie muss sich dieser Erfahrung hingeben, um sie wirklich genießen zu können. Sie war noch nie so schnell bereit wie Sie und wird es auch nie sein. Deshalb muss das Vorspiel genauso zu Ihrem Liebesleben gehören wie die sexuelle Vereinigung. Für Ihre Frau ist das alles miteinander verbunden.

Einmal, als wir beide sehr beschäftigt waren, rannte Bill eilig ins Haus, um sich seine Aktentasche zu schnappen, die er vergessen hatte. Als er an mir vorüberhuschte, legte er kurz seinen Arm um meine Taille und sagte: »Ich wünschte, ich wäre finanziell unabhängig und könnte einfach zu Hause bleiben und dich den ganzen Tag lang lieben!« Er gab mir einen Kuss, und schon war er wieder zur Tür hinaus. Erst drei Tage später hatten wir einen gemeinsamen freien Tag. Wenn wir eine hektische Zeit hinter uns haben, dauert es normalerweise eine ganze Weile, bis wir emotional wieder so zueinandergefunden haben, dass wir für Sex bereit sind. Aber an diesem Morgen wachte ich verliebt auf! Bill sagte: »Pam, versteh mich nicht falsch, das gefällt mir natürlich. Und ich weiß ja, wenn wir nach einer hektischen Zeit einen gemeinsamen Tag haben, brauchst du normalerweise eine gewisse Zeit zum Warmwerden – aber heute ...«

»Weißt du, Bill, vor vier Tagen hast du mir gesagt, du wärst gern finanziell unabhängig, um den ganzen Tag zu Hause bleiben und mich lieben zu können. Du hast vor vier Tagen mit dem Vorspiel begonnen, also war ich heute schon bereit, als dein Körper sich meldete!«

Wie faszinierend!

Ihre Frau wird es sehr schätzen, wenn Sie ihr mit Faszination begegnen. Da ihr Körper ganz anders reagiert als Ihrer, können Sie ihr entweder mit Ungeduld oder mit Faszination begegnen. Ihre Frau hat viel mehr Möglichkeiten, sexuell zu reagieren als Sie. Bei einer sexuellen Erfahrung mit Ihnen kann sie einen einzelnen Orgasmus oder multiple Orgasmen (oder, wenn wir es auszusprechen wagen, keinen Orgasmus) haben. Sie kann minutenlang oder stundenlang sexuelle Stimulation genießen. Sie kann ihr sexuelles Interesse einen ganzen Abend hindurch aufrechterhalten.

Das kann für Sie als Mann demütigend sein, weil Ihre sexuelle Erregung ziemlich schnell ansteigt und wieder abflacht und Sie niemals dieselbe Höhe und Dauer der sexuellen Stimulation erfahren können wie sie. Sie werden nie aus eigener Erfahrung nachvollziehen können, wie es für Ihre Frau ist, aber Sie können Ihr Leben lang neugierig bleiben. Und Ihre Bereitschaft, Möglichkeiten zu erforschen und auszuprobieren, die Ihrer Frau angenehm sind, wird Ihnen beiden helfen, gemeinsam eine ganz neue Welt zu entdecken.

Im Hohelied 2,16 sagt Sulamith zu ihrem Liebhaber:

Mein Geliebter gehört mir und ich gehöre ihm, ihm, der unter den Lilien weidet.

Der sexuelle Sprachcode dieses Paares schöpfte aus gärtnerischen Begriffen. Sie war auf dem Land aufgewachsen und liebte offenbar die Natur. Deshalb benutzten beide solche Metaphern, wenn sie von ihrem Liebesleben sprachen. Wenn sie sagt, dass er »unter den Lilien weidet«, macht sie ihm damit ein Kompliment für die Zeit, die er sich nimmt, um ihren Körper zu erkunden. Offensichtlich genoss sie seine geduldigen Erkundungszüge, denn im nächsten Vers ermuntert sie ihn, die ganze Nacht so weiterzumachen!

Werben Sie um Ihre Frau!
Tun Sie etwas dafür, in ihrem Leben eine bedeutende Rolle zu spielen. Jede gemeinsame Aktivität fördert ihr sexuelles Interesse an

♡♤♡♤♡♤♡♤♡♤♡♤♡
Jede gemeinsame Aktivität fördert ihr sexuelles Interesse an Ihnen.
♡♤♡♤♡♤♡♤♡♤♡♤♡

Ihnen. Wenn Sie sich Zeit nehmen, Ihrer Frau zuzuhören, wächst ihr Interesse. Wenn Sie mit ihr spazieren gehen und für Ihre Familie beten, wächst ihr Interesse. Wenn Sie mit den Kindern spielen, findet Ihre Frau Sie attraktiver. Erst diese Woche sagte eine Ehefrau zu uns: »Ich wünschte, er würde begreifen, dass es mich antörnt, wenn er mir im Haushalt hilft.« Tatsächlich haben Frauen folgende Dinge genannt, die ihr sexuelles Interesse wecken.

♥ Wenn er sich zu unserer sechsjährigen Tochter auf den Boden setzt und mit ihr Barbie spielt.
♥ Wenn er mit Farbe bekleckert ist, nachdem er den ganzen Tag unser Badezimmer gestrichen hat.
♥ Wenn er vor dem Herd steht und ich mit einem Drink danebensitze und ihm beim Kochen zuschaue.
♥ Wenn er den Staubsauger zur Hand nimmt.

Ihre Frau sehnt sich nach der Bestätigung, dass sie Ihnen wichtig ist. Das ist der Schalter, der ihr sexuelles Verlangen in Gang setzt. Sie mögen dagegen ankämpfen oder es akzeptieren, aber ändern können Sie es nicht. Eine Frau, die glaubt, dass ihr Mann ihr bester Freund sein will, wird ihn als interessanten Liebhaber empfinden.

Im Hohelied 7,10-13 lädt Sulamith Salomo ein, aufs Land hinauszugehen, um sich an der Blütenpracht und am Wachsen der Weinberge zu erfreuen. Die beiden wollen sozusagen einen Ausflug unternehmen. Sie werden zusammen aufbrechen, gemeinsam spazieren gehen, miteinander reden und zusammen Entdeckungen machen. In Su-

♡△♡△♡△♡△♡△♡△♡
Wenn Sie sich ein großartiges Sexualleben mit Ihrer Frau wünschen, dann sollten Sie es sich zur Ambition machen, ein großartiger Freund für sie zu sein.
♡△♡△♡△♡△♡△♡△♡

lamiths Herzen bedeutet dies, ihr Leben mit dem ihres Geliebten zu verknüpfen. Ihr ist bewusst, welche Anziehungskraft dieses einfache Miteinander auf ihr Herz ausübt, deshalb spricht sie von den Gefühlen, die sie für ihren Geliebten angesammelt hat. Wenn Sie sich ein großartiges Sexualleben mit Ihrer Frau wünschen, dann sollten Sie alles daransetzen, ein großartiger Freund für sie zu sein.

Respekt als Kombination

Ihr Mann seinerseits ist so veranlagt, dass er auf Ihre Schönheit und auf Ihr sexuelles Selbstbewusstsein reagiert. Glauben Sie aber nicht, Sie müssten die schönste Frau der Gegend sein oder im Bett ganz wild werden (obwohl Sie das dürfen, wenn Sie es wollen). Alles, was Sie tun müssen, ist: Akzeptieren Sie, dass Ihr Mann Sie geheiratet hat, weil er Sie attraktiv fand, und seien Sie bereit, in Ihrem Liebesleben zu reifen. Ihr Mann ist physisch auf ständige sexuelle Aktivität ausgerichtet. Ihm ist ständig bewusst, welche Ansprüche sein Körper an ihn stellt. Er liebt seinen Sexualtrieb und ist zugleich darüber frustriert. Die Folge ist: *Wenn Sie seinen Körper lieben, wird er Ihnen sein Herz schenken.*

Sulamith gibt uns Frauen ein Beispiel, wie wir unsere Ehemänner so lieben können, dass sie gern mit uns zusammen sein wollen.

Seien Sie abenteuerlich mit ihm. Bleiben Sie nicht bei der Bereitschaft stehen, Sex mit ihm zu haben, sondern experimentieren Sie gemeinsam mit Ihren Vorlieben. Männer lieben die aktive Seite beim Sex. Es ist nicht so, dass sie die emotionale und geistliche Komponente nicht zu schätzen wüssten, denn manchmal sehnen sie sich nach einer Verbundenheit mit ihrer Frau, die ihnen Sicherheit vermittelt. Es ist nur so, dass das Testosteron in jeder Zelle seines Körpers ihn dazu anregt, energisch und aus dem Bauch heraus an das Leben heranzugehen.

Wir Männer wissen meistens, dass wir unsere Wünsche zügeln müssen, weil die aggressive Energie sonst unser Leben beherrscht. Gleichzeitig hoffen wir insgeheim, dass unsere Frau ein Verlangen nach sexueller Aktivität entwickelt. Wir wünschen uns, dass Sex dadurch zu einem Abenteuer werden kann, das einfach nur Spaß macht. Wir sind keine Befürworter einer Sexualität, die auch nur im Geringsten gefährlich sein könnte, aber wir glauben, dass Gott den Menschen mit Kreativität und einer großen Kapazität zur sexuellen Intimität begabt hat. Deshalb ist es ein gesundes Verhalten, wenn Ehepaare mit den Möglichkeiten ihrer sexuellen Liebe experimentieren und gemeinsam entscheiden, was sie ausprobieren oder unterlassen wollen.

♡◇♡◇♡◇♡◇♡◇♡◇♡◇

Wir Männer hoffen insgeheim, dass unsere Frau ein Verlangen nach sexueller Aktivität entwickeln wird. Wir wünschen uns, dass Sex dadurch zu einem Abenteuer werden kann, das einfach nur Spaß macht.

♡◇♡◇♡◇♡◇♡◇♡◇♡◇

Das Hohelied beginnt tatsächlich damit, dass Sulamith sich von Salomo wünscht, sie zu lieben.

Ach, dass er mich küsse mit den Küssen seines Mundes, denn deine Liebe ist köstlicher als Wein. Der Duft deiner Salben ist betörend, dein Name ist wie feinstes Öl. Darum lieben dich die Mädchen! Nimm mich mit zu dir; komm, lass uns eilen! Der König hat mich in sein Zimmer geführt (Hohelied 1,2-4).

Dann gibt sie ihrer abenteuerlichen Seite Ausdruck:

Wie schön bist auch du, mein Geliebter, wie bezaubernd. Unser Lager ist mitten im Grünen (1,16).

Ein Bett im Grünen könnte sich auf ein Lager beziehen, wie man es in Weinbergen oder in den Wüstenoasen fand, wo Menschen sich ausruhen konnten. Sulamith spricht von Sex im Freien – das geht weit darüber hinaus, beim Sex das Licht anzulassen!

Sie lädt weiter zum Abenteuer ein, indem sie sagt:

Komm, mein Geliebter, wir wollen aufs Feld hinausgehen und die Nacht zwischen wilden Blumen verbringen. Lass uns früh am Morgen hinaus in die Weinberge gehen. Lass uns nachsehen, ob die Weinstöcke bereits treiben, die Knospen sich öffnen und die Granatapfelbäume blühen. Dort will ich dir meine Liebe schenken! Die Liebesäpfel verströmen ihren Duft und köstliche Früchte liegen vor unserer Tür, neue wie alte: Ich habe sie für dich aufbewahrt, mein Geliebter (Hohelied 7,12-14).

Sie lädt ihn zur Erfahrung einer Intimität ein, die zugleich »alt« – das, was beiden vertraut ist – und »neu« ist – Dinge, die sie bereit ist, auszuprobieren.

In *Die 10 besten Entscheidungen, die ein Ehepaar treffen kann*[16] erörtern wir, was aus Gottes Sicht im Schlafzimmer okay ist. Gott gibt uns viel Freiheit hinter verschlossenen Türen. Man kann zu einer intimen Aktivität Ja sagen, wenn man:

♥ sich einander hingibt – alles, was geschieht, beruht auf beidseitiger Zustimmung; keiner sollte sich gezwungen fühlen.
Seid nicht selbstsüchtig; strebt nicht danach, einen guten Eindruck auf andere zu machen, sondern seid bescheiden und achtet die anderen höher als euch selbst. Denkt nicht nur an eure eigenen Angelegenheiten, sondern interessiert euch auch für die anderen und für das, was sie tun. Geht so miteinander um, wie Christus es euch vorgelebt hat (Philipper 2,3-5).

♥ es liebevoll tut. Und auch nichts ausprobiert, was Ihrer Gesundheit, Ihrem Leben oder Ihrem Ruf schaden würde.

(Eine Gefängniszelle bedeutet das Aus für jede Stimmung!)

Das Wichtigste aber ist die Liebe. Sie ist das Band, das uns alle in vollkommener Einheit verbindet (Kolosser 3,14).

♥ die Privatsphäre wahrt – es geht nur Sie beide etwas an.

Haltet die Ehe in Ehren und bleibt einander treu! Gott wird Menschen, die unzüchtig leben und die Ehe brechen, ganz sicher richten (Hebräer 13,4).

Sorgen Sie für ein gutes Schloss und eine gute Einstellung, und Sie werden bestimmt eine gute Zeit für Sie beide ernten.

Seien Sie an ihm interessiert. Der Körper Ihres Mannes ist ganz anders als Ihr eigener. Er ist stark, und jede Zelle in ihm ist darauf ausgerichtet, auf die Anreize des Lebens zu reagieren. Er sieht Herausforderungen und möchte sich darin bewähren. Er hat nicht die Absicht, Sie als eine Herausforderung zu behandeln, die er bestehen muss, aber sein Körper drängt ihn. Alle paar Tage sammeln sich Spermien an und drängen auf Freisetzung.

Ständig führt er Zwiegespräche in Gedanken. *Wow! Sie ist so schön. Ich frage mich, ob sie sich genauso nach mir sehnt, wie ich mich jetzt gerade nach ihr sehne. – Bill, es ist Zeit für das Abendessen, und die ganze Familie wartet. – Ich weiß, aber es würde gar nicht lange dauern, und dann wäre ich beim Essen viel umgänglicher. Ich weiß ja, dass jetzt nicht der richtige Zeitpunkt ist, aber ich hoffe, heute Abend kommt der richtige Moment. Wenn ich es mir recht überlege, hoffe ich, dass auch morgen Abend der richtige Moment kommt. – Komm runter, Bill. Du musst heute noch Rechnungen bezahlen. Außerdem hast du versprochen, deinem Sohn bei den Hausaufgaben zu helfen. – Wieso kann er seine Hausaufgaben nicht allein machen? Ich wünschte wirklich, Pam hätte das schon mit ihm erledigt. Dann könnten wir früh*

zu Bett gehen. Ich frage mich, wie lange es wohl dauern wird. – Nein,
nein! Nun hilf ihm einfach. Er ist schließlich dein Sohn.

Das ist der seltsamste Aspekt im Leben eines Mannes. Kein anderes Thema und keine andere Aktivität nimmt seine Gedanken so
sehr in Anspruch wie Sex. Die meisten Männer, die ich (Bill) kenne, würden das gern abstellen. Wir sind frustriert, dass wir keinen
Schalter betätigen können, um diesen Drang in unseren Lenden ruhig zu stellen. Er ist unbequem, unvernünftig, beanspruchend und
kindisch. Wir können diesen inneren Drang im Detail beschreiben,
aber wir haben nicht herausgefunden, wie wir ihn herunterfahren
können. Wir können ihn so weit beherrschen, dass er nicht unseren
Alltag bestimmt, aber wir können ihn nicht loswerden. Alle paar
Tage baut er sich wieder auf und nagt an uns, bis wir ihm nachgeben. Deshalb spielt die Frage »Wie oft können wir Sex haben?« für
uns Männer eine so große Rolle.

Wir möchten unsere Frau nicht mit diesem inneren Kampf belasten und versuchen deshalb, sie nicht unter Druck zu setzen. Das
ändert aber nichts an unserer Situation. Wenn eine Frau sich selbst
sagt: *Das ist der Mann, den ich liebe, und Gott hat ihn mit einem Sexualtrieb geschaffen, der drängender ist, als ich es wirklich verstehen
kann, aber ich will neugierig darauf bleiben, wie es für ihn ist. Ich werde mein Bestes geben, um dies zu unserer gemeinsamen Sache zu machen, statt ihn damit alleinzulassen,* wird ihr Mann sich ständig zu
ihr hingezogen fühlen.

Im Hohelied 5,2 sehen wir Salomo in einem dieser leicht verzweifelten Momente. Er sehnt sich nach seiner Frau, und sein sexueller Drang ist stark, als er an ihre Tür klopft und bittet:

Öffne mir, meine Schwester, meine Freundin, meine Taube, meine
Vollkommene, denn mein Haar ist durchnässt vom Tau, meine Locken
sind feucht von den Tropfen der Nacht.

Er rattert Komplimente herunter, nennt unsinnige Gründe, warum sie nachgeben sollte, und fleht sie an, Interesse zu zeigen. Uns Männern ist klar, dass ihr Frauen nicht jedes Mal nachgeben könnt, wenn wir körperlich mit euch vereint sein wollen, aber es gefällt einem Mann natürlich sehr, wenn seine Frau Verständnis dafür hat, dass sein sexueller Drang Aufmerksamkeit fordert.

Sulamith akzeptiert die Tatsache, dass das sexuelle Verlangen manchmal einen verzweifelten Ton annehmen kann. Im Hohelied 3 lesen wir, dass sie auf die Straße läuft, um nach ihrem Mann zu suchen, weil sie nicht länger warten kann.

Kaum war ich an ihnen vorübergegangen, fand ich ihn, den meine Seele liebt. Ich hielt ihn fest und ließ ihn nicht mehr los, bis ich ihn ins Haus meiner Mutter brachte, in die Kammer derjenigen, die mich geboren hatte (Vers 4).

In Kapitel 2 spricht sie mit einiger Kreativität von ihrem heftigen Verlangen:

Stärkt mich mit Traubenkuchen und labt mich mit Äpfeln – denn ich bin krank vor Liebe! (Vers 5).

Sie sehnt sich nach Intimität mit ihrem Mann, so, wie man nach Nahrung hungert. Mit diesem bildhaften Vergleich können wir Männer ganz bestimmt etwas anfangen!

Als Ehemänner erwarten wir nicht von unserer Frau, ständig genauso verrückt nach uns zu sein. Trotzdem gefällt es uns natürlich, wenn wir ein gewisses Verlangen bei ihr spüren.

Seien Sie stolz auf ihn. Männer sind erfolgsorientiert. Damit meinen wir, dass sie gern das tun, wovon sie wissen, dass sie sich darauf verstehen. Sie verbringen viel Zeit bei der Arbeit, wenn sie merken, dass sie darin gut sind. Sie nehmen sich Zeit für ein Musikinstrument, wenn sie feststellen, dass sie ein Talent dafür haben. Sie werben zärtlich um ihre Frau, wenn sie entdecken, dass sie romantisch sein können. Umgekehrt meiden sie alles, worin sie sich für schlecht halten.

Die Folge ist, dass ein Mann sich zu den Personen hingezogen fühlt, die stolz auf ihn sind. Als Ehefrau kennen Sie die Unzulänglichkeiten, die störenden Angewohnheiten und die Schwächen Ihres Mannes. Es ist eine Herausforderung, ihn in seinen Stärken zu ermutigen, ohne dabei Bemerkungen über seine Schwächen zu machen. Sobald Sie es zulassen, geschieht es nur zu leicht, dass Sie sich mehr auf seine Schwächen konzentrieren als auf seine Stärken, weil seine Macken so störend sind. Eine bewusste Entscheidung ist nötig, damit Sie sich auf seine Stärken konzentrieren können und Wege finden, ihm zu sagen: »Ich bin stolz auf dich.«

Im Hohelied 3,9-11 macht Sulamith Salomo öffentlich Komplimente für seine Bauprojekte, für die Geschicklichkeit, mit der er seinen Thron aufrichtete, und für seine Führungsqualitäten. Sie hätte leicht sagen können, dass er es übertrieben und zu viel Geld ausgegeben hatte. Doch sie baut ihn auf, betont seine Stärken und vertraut darauf, dass Gott an seinen Schwächen arbeitet.

Sie macht ihm auch hinter verschlossenen Türen Komplimente. In Kapitel 5 lesen wir, wie sie ihre Lobeshymnen fortsetzt:

Mein Geliebter ist voller Kraft und strahlend schön, unter Zehntausenden ist ihm keiner gleich (Vers 10).

Dann rühmt sie ihn von Kopf bis Fuß. Zweimal sagt sie im Hohelied:

Sein linker Arm liegt unter meinem Kopf und sein rechter umfängt mich (2,6; 8,3).

Damit verbalisiert sie mitten im Liebesakt, welche seiner Berührungen sie mag. Das ist für einen Mann das höchste Kompliment. Bauen Sie ihn im Schlafzimmer auf, dann wird er beruflich Führungsqualitäten entwickeln.

Abgesehen von Nacktheit, gibt es kaum etwas, das einen Mann so stimuliert wie aufrichtige Komplimente. Genau darum geht es beim Flirten eigentlich. Wenn Sie mit Ihrer Körpersprache, dem Tonfall Ihrer Stimme und Ihren Worten ausdrücken: »Du bist ein Prachtexemplar von Mann. Ich bin so froh, mit dir zusammen zu sein, und ich bedaure all die anderen Frauen, denen deine Liebe vorenthalten bleibt«, sind Sie für ihn unwiderstehlich!

Midlife-Wahnsinn

In der Lebensmitte können die Rollen wechseln. Sie wünscht sich Sex vielleicht öfter als er. Er hat vielleicht das Bedürfnis, sich zu beweisen, und wenn sein Penis nicht mitspielt, kämpft er gegen das Gefühl, versagt zu haben. Und wer möchte sich schon so fühlen? Die weite Verbreitung von Potenzmitteln wie Viagra oder Levitra lässt ahnen, wie viele Männer unter diesem Problem leiden. (Und wenn Männer darunter leiden, tun ihre Frauen es auch.) Eine Gefahr bei diesem Szenario entsteht, wenn eine Frau sich zwar nach ihrem Mann sehnt, aber nicht weiß, wie sie seinem Bedürfnis begegnen soll. In dieser Lebensphase brauchen Ehepaare mehr sexuelle und kommunikative Fähigkeiten, weil mit zunehmendem Alter immer mehr Themen und Fragen gemeinsam erörtert werden müssen.

Überall in der Gesellschaft sehen wir Anzeichen dafür, dass Romantik und sexuelle Erfüllung prägende Bedürfnisse im Leben von Menschen sind. Frauen in den mittleren Jahren haben Affären und verlassen ihre Familie, weil sie einen Menschen gefunden haben, der geduldig auf ihre emotionalen Bedürfnisse eingeht. Ob es sich dabei um persönliche Begegnungen oder um Online-Beziehungen handelt: Solche Erfahrungen üben auf viele Frauen eine sehr starke Anziehungskraft aus. Männer driften vehement in riskante Verhaltensweisen ab wie Affären, Pornografie und Cybersex. Der Grund ist, dass sie einen Menschen suchen, der ihre Sexualität akzeptiert. In solchen Fällen begnügen Menschen sich mit einem sexuellen Ersatz, statt das Echte zu suchen.

In unserem Buch *Red Hot Monogamie* zeigen wir, wie Ehepaare ihr Sexualleben zu einer hohen Priorität machen können. Das Buch skizziert einen achtwöchigen Plan zur Vertiefung der sexuellen Beziehung, darunter auch einige »handliche Hausaufgaben« (das Wortspiel ist beabsichtigt). Es sind Hausaufgaben, die Sie gern erfüllen werden! Es handelt sich um mehr als zweihundert heiße Ideen zum Ausprobieren. Das Entscheidende ist, Sexualpartner zu werden, denen es so wichtig ist, einander zu gefallen, dass sie die Mauern der Angst abbauen, die sie daran hindern, ihre Liebe zueinander zum Ausdruck zu bringen.

Die Freiheit der Treue

Der Schlüssel zu sexueller Erfüllung in allen Phasen des Lebens ist Treue. Sie ist das Band, das unsere Beziehung mit gegenseitigem Vertrauen verbindet, weil sie die anderen Optionen ausklammert. Wenn Sie Ihrem Partner bzw. Ihrer Partnerin Treue versprechen, müssen Sie das gemeinsam verwirklichen, weil niemand sonst hier auch nur ansatzweise mitreden könnte.

Zu viele von uns haben ein passives Verständnis von Treue. Wir sagen uns: *Ich bin treu. Ich denke, ich muss einfach nur abwarten und hoffen, dass es gut läuft. Ich hoffe, dass die sexuelle Beziehung mit meinem Partner / meiner Partnerin gut wird. Wenn nicht, werde ich mich den Rest meines Lebens langweilen.*

Das ist keine Treue, sondern Resignation. Treue sagt: *Ich werde mein Bestes für diese Beziehung tun. Ich hoffe, das gilt auch für meinen Partner / meine Partnerin, aber ich werde jedenfalls der beste Partner, Liebhaber, Versorger und Freund für ihn/sie sein, der ich überhaupt sein kann. Ich werde neugierig auf seine/ihre Bedürfnisse bleiben. Außerdem bin ich entschlossen, als Mensch immer weiter zu wachsen, sodass ich von Jahr zu Jahr ein besserer Partner / eine bessere Partnerin sein werde. Ich denke nicht, dass er/sie mir widerstehen kann, wenn ich von Jahr zu Jahr besser werde.*

Das ist die Absicht, die in 1. Korinther 7,4-6 gemeint ist.

Die Ehefrau gibt ihrem Mann das Recht über ihren Körper, und ebenso gibt der Ehemann seiner Frau das Recht über seinen Körper. Keiner soll sich dem anderen verweigern, es sei denn, beide Ehepartner beschließen übereinstimmend, sich für eine begrenzte Zeit sexuell zu enthalten, um sich noch intensiver dem Gebet widmen zu können. Danach kommt wieder zusammen, damit euch der Satan nicht in Versuchung führt, weil ihr euch nicht beherrschen könnt. Das ist aber nur eine Empfehlung von mir, kein Gebot.

Jeder von uns hat seinem Partner oder seiner Partnerin gegenüber sexuell eine »eheliche Pflicht« zu erfüllen. Dies bedeutet, dass wir seine bzw. ihre Bedürfnisse so genau kennenlernen sollen, dass wir sie regelmäßig erfüllen können. Jeder von uns hat das Vorrecht auf den Körper des Partners. Wenn ein Mann und eine Frau heiraten, sagen sie zueinander: »Mein

♡△♡△♡△♡△♡△♡△♡△♡
Mein Körper gehört nicht mehr
mir allein, sondern auch dir.
♡△♡△♡△♡△♡△♡△♡△♡

Körper gehört nicht mehr mir allein, sondern auch dir. Ich gebe ihn dir, damit du ein befriedigendes Sexualleben erfahren kannst.«

Sulamith drückt das so aus:

Ich gehöre meinem Geliebten; und ich bin es, nach der er sich sehnt (Hohelied 7,11).

Ein letzter Punkt ist, dass unsere sexuelle Interaktion uns hilft, Versuchungen zu vermeiden. Im Bereich der sexuellen Versuchungen macht Satan Überstunden. Das tut er schon seit Jahrhunderten, und er hat ausgeklügelte Strategien, uns abzulenken. Doch wenn Ihr Partner bzw. Ihre Partnerin zu Hause zufrieden ist und Sie beide ständig in Ihrer Fähigkeit wachsen, einander Ihre Liebe zu zeigen, ist es unwahrscheinlich, dass Versuchungen attraktiv genug werden, Sie von etwas so Gutem abzubringen.

Salomos Frau drückt die Priorität der Treue sehr schön aus:

Leg mich wie einen Siegelring an dein Herz, wie einen Siegelring um deinen Arm. Denn stark wie der Tod ist die Liebe und ihre Leidenschaft so unentrinnbar wie das Totenreich. Ihre Glut lodert wie Feuer; sie ist eine Flamme des Herrn. Große Wassermassen können die Liebe nicht auslöschen, Ströme sie nicht überfluten. Und wenn einer seinen ganzen Besitz hergäbe, um sich die Liebe zu erkaufen, so würde man nur über ihn spotten (Hohelied 8,6-7).

Wenn Sie sich eine Liebe wünschen, die stärker ist als der Tod und so leidenschaftlich, dass große Wassermassen sie nicht auslöschen können, dann legen Sie Ihren Mann bzw. Ihre Frau wie ein Siegel an Ihr Herz. Stellen Sie sich gemeinsam an das Fußende Ihres Bettes, legen Sie einander die Hand aufs Herz, und beten Sie füreinander: »Gott, ich lege meine Frau / meinen Mann wie ein Siegel an mein Herz. Bitte sende deine Liebe in unsere Herzen und in unser Zuhause. Amen.«

Hinweise sammeln

Treue fördern
Jeder von Ihnen kreuzt diejenigen Entscheidungen zur Treue an, die er oder sie bereits getroffen hat:

- ♥ Ich werde mit keinem anderen Menschen außer meinem Partner / meiner Partnerin Sex haben.
- ♥ Ich werde mit keiner anderen Person des anderen Geschlechts Verabredungen haben, die in irgendeiner Form verfänglich sind (allein in einem romantischen Restaurant essen gehen etc.)
- ♥ Ich werde mein Sexualleben schützen, indem ich sexuelle Ersatzreize wie Pornografie und anzügliche Filme oder Fernsehsendungen meide.
- ♥ Ich werde nicht durch E-Mails, Simsen, Facebook usw. den Kontakt zu einer »alten Flamme« auffrischen.
- ♥ Ich werde mich um meinen Partner / meine Partnerin bemühen, indem ich jeden Tag etwas Nettes für ihn oder sie tue.
- ♥ Ich werde die romantische Beziehung zu ihm/ihr pflegen, indem ich das ausspreche, was ihn/sie aufbaut.
- ♥ Ich werde ihn/sie liebkosen, indem ich ermutigende zärtliche Berührungen wähle, ohne ihn/sie dabei zu einer sexuellen Antwort zu drängen.
- ♥ Ich werde meinem Partner / meiner Partnerin sagen, wann ich ein Verlangen nach ihm/ihr spüre.
- ♥ Ich werde Zeit, Energie und Geld aufwenden, um die romantische Beziehung zu ihm/ihr zu pflegen.
- ♥ Ich werde nach Wegen suchen, die sexuellen Wünsche und Bedürfnisse meines Partners / meiner Partnerin zu erfüllen.

♥ Ich werde für ihn/sie die beste Freundin / der beste Freund sein.

♥ Ich werde mich bemühen, den Stress meines Mannes / meiner Frau zu verringern.

♥ Ich werden mich bemühen, meinen Partner / meine Partnerin dabei zu unterstützen, sein/ihr von Gott geschenktes Potenzial zu verwirklichen.

Vereinbaren Sie einen Zeitpunkt, um Ihrem Mann bzw. Ihrer Frau zu sagen, welche Verhaltensweisen Ihnen helfen, ihm/ihr zu vertrauen. Machen Sie einander Komplimente über die Maßnahmen, zu denen Sie sich bereits entschieden haben. Wenn Sie in dieser Liste etwas nicht angekreuzt haben, das Ihnen helfen würde, sich hinter der Schlafzimmertür freier zu fühlen, dann teilen Sie einander mit, was es ist und wie es Ihnen helfen würde.

Den Zugangscode zu Ihrer Liebe finden

Dinner & Dialog – einander mit dem Herzen näherkommen

Auf einen Nenner kommen

Es gibt mehrere Möglichkeiten, eine Treue zu entwickeln, die Ihr sexuelles Liebesleben beflügeln wird:

1. Vereinbaren Sie ein Kennwort, das ausdrückt: »Ich bin echt in Stimmung, mit dir zusammen zu sein.« Um festzustellen, welche Schlüsselwörter es in Ihrer Beziehung gibt, helfen Ihnen vielleicht diese Beispiele aus dem Leben anderer Ehepaare:

♥ Sandy ist schüchtern, und es fällt ihr schwer, überhaupt das Wort *Sex* auszusprechen, ganz zu schweigen davon, Robert zu sagen, dass sie gern Sex mit ihm hätte. Dabei liebt sie ihn sehr und genießt ihre sexuellen Begegnungen. Irgendwann hat sie beschlossen, mit ihrem Lippenstift eine Zahl auf den Spiegel zu schreiben, um ihre Stimmung auszudrücken. Eine »10« auf dem Spiegel bedeutet, dass Robert zum Mittagessen nach Hause kommen sollte, während er bei einer »1« nach der Arbeit genauso gut Golf spielen könnte.

♥ Früher fragten wir einander: »Wie wär's mit einem Nickerchen?« Da wir inzwischen über vierzig sind, bedeutet »Wie wär's mit einem Nickerchen?« für uns wirklich »Wie wär's mit einem Nickerchen?«. Deshalb war »Bingo« eine treffende Ergänzung unseres Vokabulars.

♥ Ricky bemerkte, dass Briana oft ein rotes T-Shirt trug, wenn sie sexuell an ihm interessiert war. In diesem Jahr kaufte er ihr zum Valentinstag ein rotes Tanktop. Zu seinem Geburtstag beschloss Briana, seine Geste zu erwidern. Tage mit roten Shirts sind in ihrem Haus gewöhnlich gute Tage!

2. Ehefrauen – wählen Sie ein Element aus der Liste der Respekt-Kombinationen, und praktizieren Sie es in dieser Woche. Sie können etwas Abenteuerliches mit Ihrem Mann ausprobieren, wozu Sie bisher zu verlegen waren. Sie können sich besonders für ihn interessieren und ihm Fragen darüber stellen, wie sein Körper reagiert. Sie können ihm zeigen, dass Sie stolz auf ihn sind, indem Sie ihm Komplimente über etwas machen, das er gut kann.

3. Ehemänner – wählen Sie ein Element aus der Liste der Liebes-Kombinationen, und praktizieren Sie es in dieser Woche. Sie können ihr durch Worte zeigen, wie wichtig sie Ihnen ist. Sie können sich den ganzen Abend Zeit für das Vorspiel nehmen –

ihr den Rücken streicheln, ihre Lieblingsmusik laufen lassen, sie am ganzen Körper küssen, Ihre Fantasie gebrauchen. Sie können eine freundschaftliche Aktivität vorschlagen oder Ihre Mithilfe bei etwas anbieten, das Sie normalerweise nicht tun.

4. Gehen Sie für einen Tag zusammen weg, um gemeinsam zu überlegen, was Sie in diesem Jahr in Ihrer sexuellen Beziehung tun möchten. Sprechen Sie über Ihre Vorlieben und über kreative Ideen. Schaffen Sie eine positive Atmosphäre der Annahme und Sicherheit. Es geht darum, Möglichkeiten zu sondieren, statt Erwartungen zu stellen. Vereinbaren Sie vorher, dass Sie nur das tun werden, womit Sie beide einverstanden sind, und dass Sie einander nicht verurteilen, wenn einer von Ihnen Nein zu etwas sagt, das ihm oder ihr unangenehm ist. Solche Gespräche gehören zu den innigsten Erfahrungen, die Sie machen können. Meiden Sie deshalb jede Eile, und setzen Sie einander nicht unter Druck, es perfekt hinzukriegen. Tauschen Sie sich einfach aus.

5. Beten Sie gemeinsam, bevor und nachdem Sie eine sexuelle Erfahrung ausprobieren.

♡▽♡▽♡▽♡▽♡▽♡▽♡▽♡▽♡▽♡▽♡▽♡▽♡▽♡▽♡▽♡▽♡▽♡

KAPITEL 7
ALARMSIGNALE GEBEN

»Die Frucht des Geistes ist ... Freude ...«

Überall in unserer Umgebung sehen wir Anzeichen dafür, dass das Leben eine Herausforderung ist. Wir müssen wachsam sein, um die Fallstricke zu erkennen, die es im Leben von jedem Einzelnen gibt. Es gibt zum Beispiel immer mehr Anzeichen dafür, dass wir alle unter Schlafmangel leiden und dauerhaft erschöpft sind. Eine Studie kommt zu dem Ergebnis, dass sich die durchschnittliche Schlafdauer im vergangenen Jahrhundert um zwei Stunden verkürzt hat.[17] Sieben von zehn Amerikanern leiden unter Schlafentzug.[18] Die *National Sleep Foundation* erklärt: »Bevor Thomas Edison die Glühbirne erfand, betrug die Anzahl der nächtlichen Schlafstunden durchschnittlich 10. Heute kommen Amerikaner auf einen Durchschnitt von 6,9 Stunden an Wochentagen und 7,5 Stunden am Wochenende.«[19]

Unser Pastor erklärte einmal in seiner Sonntagspredigt: »Was die Welt in Gang hält, sind müde Menschen und starker Kaffee.« Einige lachten, während andere resigniert seufzten. Auch daran zeigt sich, dass Menschen nach der Energie suchen, die sie brauchen, um ihre Arbeit zu bewältigen und für ihre Familie da zu sein. Sie wissen selbst, dass Sie kaffeesüchtig sind, wenn Sie

♥ Kaffeebohnen zwischen den Zählen mahlen.
♥ Ihrem Auto ohne Kabel Starthilfe geben können.

- ♥ finden, dass Instant-Kaffee zu lange dauert.
- ♥ zur Arbeit joggen und gestern ankommen.
- ♥ persönlich für über 1 Prozent des Bruttosozialprodukts von Brasilien aufkommen.[20]

Sie hören in Ihrem eigenen Leben die Alarmglocken läuten, wenn alles nicht so richtig läuft und Ihnen die Lebensfreude abhandengekommen ist. Diese Warnsignale nehmen Sie wahr, wenn ein Teil Ihres Lebens aus dem Gleichgewicht geraten ist oder ein sensibler Bereich Ihres Lebens verletzt wurde. Ihre Fähigkeit, solche Alarmsignale zu hören, ist ein Schlüssel für eine sichere und erfolgreiche Ehe.

Alarmsignal 1: Verringerte Motivation

Sie wurden nach einem genialen Bauplan erschaffen. Auch wenn Sie viel mit allen anderen Menschen gemeinsam haben, sind Sie doch einzigartig: Sie haben ein einzigartiges Aussehen, eine einzigartige DNA, einen einzigartigen Fingerabdruck und eine einzigartige Stimme. Genauso ist auch Ihre Ehe einzigartig, obwohl sie vieles mit anderen Ehen gemeinsam hat. Zu den faszinierendsten Bereichen dieser Einzigartigkeit gehört die Kombination von Motivationsstilen in Ihrer Beziehung.

Es begann schon mit den ersten Flirts. Sie fühlten sich zueinander hingezogen und fanden einander faszinierend, obwohl Ihnen die Gründe dafür vermutlich ein Rätsel waren. Das ist eine der am häufigsten gestellten Fragen, und sie wird in vielen Versionen gestellt. »Woher weiß ich, wann ich den richtigen Partner getroffen habe?« »Woran hast du erkannt, dass er der Richtige war?« »Warum hast du gerade sie geheiratet?« »Was hatte sie an sich, das anders war als bei den anderen Frauen?«

Die Antwort auf solche Fragen lässt sich nicht vollständig entschlüsseln, aber Ihre Art und Weise, das Leben zu gestalten, gehört zu den charakteristischen Eigenschaften, die Sie beide zusammengebracht haben. Sie haben Ihre ganz eigene Art, an das Leben heranzugehen, aber Sie spüren insgeheim, dass Ihr Ansatz unvollständig ist. Sie vertrauen auf die Art und Weise, wie Sie die Dinge in Ihrem Leben koordinieren, aber Sie sehnen sich nach den Aspekten des Lebens, die Ihnen von Natur aus fehlen. Aus diesem Grund fühlen Sie sich von den Menschen angezogen, die in ihrer Art das haben, was Ihnen fehlt.

Deshalb haben Sie höchstwahrscheinlich eine Person geheiratet, die eine andere Lebensmotivation – oder nennen wir es einen anderen Motivationsstil – hat als Sie. Das führt zu einer interessanten Dynamik.

Wenn eine Entscheidung ansteht, gehen beide Partner mit der eigenen Lebensmotivation an diese Entscheidung heran. Wenn Ihr eigener Stil übergangen oder ignoriert wird, schrillt eine Alarmglocke. Vielleicht sind Sie verärgert oder frustriert oder ganz einfach müde, aber die Alarmglocke schrillt.

Nehmen wir uns einige Seiten Zeit, zu beschreiben, was wir unter einem Motivationsstil verstehen. Es gibt vier Grundmuster: den Entscheider, den Inspirierer, den Friedenswahrer und den Finanzstrategen. Wie Sie sehen werden, veranschaulichen wir diese Stile durch die Art und Weise, wie diese vier Personengruppen mit Geld umgehen. Das tun wir aus zwei Gründen. Erstens ist Geld eine höchst emotionale Angelegenheit, die bei Ehepaaren zu vielen Problemen führt. Ihre Fähigkeit, finanziell zu kooperieren, gehört zu den wesentlichen Stabilitätsfaktoren, die es Ihnen ermöglichen, eine hohe Motivation aufrechtzuerhalten. Zweitens werden wir im nächsten Kapitel einen Finanzplan vorstellen, der Ihren Motivationsstil einbezieht. Wir möchten Sie ermutigen, zuerst darüber nachzudenken, wie sich Ihr Stil auf Ihre finanziellen Entscheidungen auswirkt, bevor wir Sie einladen, Ihren Finanzplan zu erarbeiten.

Der Entscheider

Wenn Sie ein Entscheider sind, schöpfen Sie Ihre Motivation daraus, dass Sie die Entscheidungen kontrollieren, die sich auf Ihr Leben auswirken. Vielleicht müssen Sie nicht alles unter Kontrolle haben, obwohl viele Menschen Ihnen einen Hang zur Kontrolle unterstellen. Sie wollen jedenfalls bei den Entscheidungen mitreden, die Sie persönlich betreffen. Das fing schon in jungen Jahren an. Sie wurden dazu geboren, für etwas verantwortlich zu sein, aber Sie waren noch zu jung, um die Leitung zu übernehmen. Etwas in Ihnen drängte Sie, zu allem und jedem eine Meinung zu haben, und Sie fühlten sich frei, Ihre Meinung auch auszusprechen. Die Dinge des Lebens waren Ihnen immer ziemlich klar, und Sie haben immer geglaubt, dass Ihre Sicht des Lebens der beste Standpunkt ist. Wenn andere nicht derselben Meinung sind, irritiert es Sie, weil Sie sicher sind, dass Ihre Auffassung die richtige ist. Wenn andere Ihnen einfach folgen würden, dann würden sie sehen, dass Ihnen die Sache von Anfang an klar war.

Einige würden Sie vielleicht als Kontrollfreak bezeichnen, aber aller Wahrscheinlichkeit nach sind Sie einfach nur entschlossener als andere. Um sicherzustellen, dass Sie die Linie zwischen »Verantwortung übernehmen« und »Kontrolle brauchen« nicht überschritten haben, fragen Sie sich:

Ihr Männer, trifft das auf euch zu?

Ralph: »Klopf, klopf.«
Sally: »Wer da?«

Ralph: »Der Kontrollfreak. Und jetzt musst du sagen: ›Was denn für ein Kontrollfreak?‹«

Tja, mein Lieber, du könntest ein Kontrollfreak sein.
Ihr Frauen, trifft das auf euch zu?

Sie wollen leidenschaftlichen Sex mit Ihrem Mann auf dem Boden haben – damit die Bettdecke nicht zerknüllt wird.

Oder Sie würden zu gern mit Ihrem Schatz eine mitternächtliche Schlittenfahrt im Mondlicht unternehmen – allerdings nur, wenn Sie lenken dürfen!

Ja, meine Gute, du könntest ein Kontrollfreak sein.

Unbequeme Selbstsicherheit

Ihre natürliche Selbstsicherheit kann anderen unangenehm sein, aber sie ist eine effektive Voraussetzung, besonders in finanziellen Dingen. Bedeutende Neuerungen und Durchbrüche in der Medizin, Wissenschaft, Wirtschaft und den Medien kamen zustande, weil jemand, der in finanziellen Dingen bewandert war, zu einer Idee Ja gesagt hat und den Traum Wirklichkeit werden ließ.

Ihr forsches und handfestes Vorgehen kann missverstanden werden, aber Sie sollten nicht aufhören, Ihre natürliche Veranlagung zum Guten zu nutzen. Sie sind einfach von Natur aus zuversichtlich, und es macht Ihnen nichts aus, Entscheidungen zu treffen und vertretbare Risiken einzugehen.

In Geldfragen gehen Sie ganz natürlich davon aus, dass Sie für die finanziellen Entscheidungen in Ihrer Familie zuständig sein sollten. Vielleicht möchten Sie nicht die alltäglichen Details Ihres Budgets verwalten, aber Sie wollen diejenigen Entscheidungen treffen, die die finanzielle Richtung Ihrer Familie bestimmen. Die finanzbezogene Gabe, die Sie in Ihre Ehe einbringen, ist Ihre Weitsicht. Sie sehen die Zukunft deutlich vor sich liegen, und es ist Ihnen klar, welchen Weg sie einschlagen sollten. Durch diese Klarheit können Sie finanzielle Entscheidungen mit Zuversicht und Autorität treffen. Ihr Partner oder Ihre Partnerin findet dies attraktiv, wenn die Dinge gut laufen.

Wie alle Begabungen hat auch diese Gabe eine dunkle Seite. Ihre Entscheidungszuversicht ist so hoch, dass Sie oft Entscheidungen treffen, ohne sich mit den Personen abzusprechen, die von dieser Entscheidung betroffen sind. Ihr Partner oder Ihre Partnerin findet regelmäßig erst im Nachhinein heraus, dass Sie eine finanzielle Verpflichtung eingegangen sind. Sie bedauern, dass er oder sie diese Überraschung nur schwer verdauen konnte, aber Sie sind dennoch überzeugt, dass Ihre Entscheidung richtig war. Meistens gehen Sie davon aus, dass die Zeit eventuelle Missverständnisse beseitigen wird, weil Ihr Partner oder Ihre Partnerin schließlich zu derselben Einsicht gelangen wird wie Sie und bestätigen wird, dass Ihre Entscheidung die beste war.

Sie bringen viel Dynamik in Ihre Ehe. Sie erkennen Chancen und sind bereit, hart zu arbeiten, um etwas zu bewegen. Sie haben ein natürliches Talent, Entscheidungen zu treffen und echte Risiken zu erkennen. Außerdem haben Sie die Kapazität, sich in diesem Bereich so weit zu entwickeln, dass Sie Ihren Einfluss mit ungewöhnlichem Geschick ausweiten können.

Unruhen beenden

Gleichzeitig können Sie in Ihrer Ehe einige Unruhen auslösen, weil Sie eine Zusammenarbeit bei Entscheidungsfragen eher ablehnen. Es frustriert Sie, Entscheidungen zuerst mit Ihrem Partner oder Ihrer Partnerin zu besprechen, weil das die Dinge verlangsamt. Da Ihnen die Entscheidung so klar ist, macht es Sie nervös, Ihrem Mann /

Ihrer Frau die Idee zu erklären, ihm/ihr Zeit zum Nachdenken zu geben und dann zu einer Einigung zu kommen. Ihnen wäre es lieber, die Entscheidung allein zu treffen, sich später um die Konsequenzen zu kümmern und weiter voranzugehen.

Der andere Grund, der Unruhe in Ihre Ehe bringt, kann ein Mangel an Zurückhaltung sein. Sobald Sie überzeugt sind, dass etwas getan werden sollte, stehen Sie in den Startlöchern. Sie wollen zügig handeln und ignorieren deshalb die Standpunkte anderer, während Sie durch eigenmächtig getroffene finanzielle Verpflichtungen das Familienbudget verplanen.

Ihre natürliche Zuversicht und klare Vision ist ein attraktiver Wesenszug in den Augen Ihres Partners bzw. Ihrer Partnerin, solange Sie die nötige Zurückhaltung üben. Doch wenn Sie nicht aufpassen, wird dieselbe Eigenschaft in Ihrer Familie Groll aufbauen. Die Mitglieder Ihrer Familie werden sich ausgehebelt oder in eine Ecke gedrängt fühlen. Wer sich Ihrer Entscheidung entgegenstellt, wird für Sie zum »roten Tuch«. Sie haben zum Beispiel spontan beschlossen, drei Teens zu sponsern, damit sie an einer Sommerfreizeit teilnehmen können. Es ist ein nobles Anliegen, aber Ihre Familie hat jetzt weniger Spielraum im Budget, was Ihre Frau bzw. Ihren Mann nervös macht. Jetzt die Spende wieder abzusagen, würde sie/ihn aber in den Augen des Jugendpastors oder Ihrer eigenen Kinder, die von Ihrer Entscheidung wissen, als Geizkragen erscheinen lassen. Also findet sie/er sich mit Ihrer Entscheidung ab, fühlt sich aber benutzt, an den Rand gedrängt oder herabgesetzt. Wenn solche Gefühle sich häufig wiederholen, wird das nicht gerade zu einer »glühend heißen Monogamie« in Ihrer Ehe führen!

Entscheidungsautorität ist wichtig in Unternehmen, in der Politik und in städtischen Institutionen, weil es unmöglich ist, in größeren Personengruppen eine hundertprozentige Übereinstimmung zu erreichen. Doch im persönlichen Leben möchte niemand bei Entscheidungen übergangen werden. Ein solches Vorgehen beeinträchtigt die Vertrautheit, weil es bei den Betroffenen die Angst auslöst, im Stich gelassen oder zurückgewiesen zu werden. Diese Angst führt dann zu Sorge. Diese Sorge wird die Beziehung stillschweigend zersetzen.

♡△♡△♡△♡△♡△♡△♡
Entscheidungsautorität ist wichtig in Unternehmen, in der Politik und in städtischen Institutionen, weil es unmöglich ist, in größeren Personengruppen eine hundertprozentige Übereinstimmung zu erreichen. Doch im persönlichen Leben möchte niemand bei Entscheidungen übergangen werden.
♡△♡△♡△♡△♡△♡△♡

Wer sich Sorgen macht, verliert den inneren Frieden und reagiert deshalb leicht gereizt. Er kann den gegenwärtigen Moment nicht genießen, weil er sich über die Zukunft Gedanken macht, und die Zukunft fühlt sich bedrohlich ungewiss an. Man sollte meinen, dass finanzielle Stabilität (einfach mehr Geld verdienen) genügen würde, um dieser Angst zu begegnen. Das könnte zwar helfen, aber wenn die Angst tief genug sitzt (was oft der Fall ist, wenn man in Armut aufgewachsen ist oder einen schweren finanziellen Rückschlag erlebt hat), dann genügt nicht einmal ein größeres Sparguthaben, um die Sorge zu beruhigen. Wir müssen die Sorge an der Wurzel packen und durch Gottes Frieden ersetzen.

Frieden beruht auf der Schlussfolgerung, dass Gott mein Leben in den Blick genommen hat und treu für mich sorgen wird. Wenn zu diesem Frieden hinzukommt, dass beide Partner auf die finanzielle Veranlagung Ihres Gegenübers achten, wird sie das

♡△♡△♡△♡△♡△♡△♡
Frieden beruht auf der Schlussfolgerung, dass Gott mein Leben in den Blick genommen hat und treu für mich sorgen wird.
♡△♡△♡△♡△♡△♡△♡

emotional miteinander verbinden und eine tragbare finanzielle Zukunft schaffen. Eine Zukunft, bei der beide voller Energie ihre gemeinsamen Ziele verfolgen können.

Energiequellen
Entscheider schöpfen Energie aus

- ♥ schnellen finanziellen Entscheidungen.
- ♥ Gelegenheiten, ihren persönlichen Einfluss zu erweitern.
- ♥ dem ersten und letzten Wort bei Finanzentscheidungen.
- ♥ einer kooperativen finanziellen Umgebung (ich treffe die Entscheidung, und du kooperierst).
- ♥ finanziellen Verpflichtungen, die nicht infrage gestellt werden.
- ♥ der Verfügbarkeit genauer Informationen, die eine schnelle, effektive Entscheidung ermöglichen.

Entscheider werden frustriert durch

- ♥ finanzielle Entscheidungen, die nur langsam zustande kommen.
- ♥ lange Diskussionen über Finanzen.
- ♥ ein enges Budget.
- ♥ die Angst, Geld auszugeben.
- ♥ niedrige finanzielle Zielsetzungen.
- ♥ Kritik an den finanziellen Entscheidungen, die sie getroffen haben.

Der Inspirierer
Wenn Sie gerne Menschen inspirieren, schöpfen Sie Ihre Motivation daraus, anderen zu helfen, glücklicher zu werden. Es macht

Ihnen Freude, etwas zu veranstalten, was Menschen zum Lachen bringt oder sentimental zu Tränen rührt oder ihnen einfach Spaß macht. Sie machen gern Geschenke, wenn es andere zum Lächeln bringt. Sie schicken gern ermutigende E-Mails, besonders, wenn diese beantwortet werden.

Sie blühen auf, wenn andere Ihnen Aufmerksamkeit schenken, weil es Ihnen bestätigt, dass Sie ihr Leben berührt haben.

♡△♡△♡△♡△♡△♡△♡△♡
Wenn Sie gerne Menschen inspirieren, schöpfen Sie Ihre Motivation daraus, anderen zu helfen, glücklicher zu werden.
♡△♡△♡△♡△♡△♡△♡△♡

Sie wurden mit einer unbeschwerten Einstellung geboren und haben es immer genossen, vor anderen Menschen zu stehen. Vielleicht war das Gefühl, auf einer Bühne zu stehen, in einer frühen Lebensphase zuerst überwältigend, weil es Ihnen so wichtig war. Aber mit zunehmendem Alter haben Sie sich an das Rampenlicht gewöhnt, und Sie können sich darin problemlos bewegen. Sie wissen, wie Sie Aufmerksamkeit gewinnen, ohne stolz zu werden. Sie können im Mittelpunkt stehen, ohne selbstbezogen zu werden. Je mehr Aufmerksamkeit Sie bekommen, desto zuversichtlicher sind Sie, dass Sie im Leben anderer wirklich etwas bewirken.

Deshalb geben Sie Geld aus, um Menschen glücklicher zu machen. Ihnen ist es wichtig, genug Spielraum im Budget zu haben, um gesellige Treffen zu veranstalten, ermutigende Geschenke zu kaufen und für andere etwas zu tun, das ihnen ein Lächeln entlockt. Sie wollen die nüchternen Zahlen Ihres Budgets nicht ignorieren, aber wenn Ihr finanzieller Spielraum keine Aktivitäten zulässt, die andere zum Lächeln bringen, haben Sie die finanzielle Seite des Lebens bald satt. Und wenn diese Frustration sich einstellt, neigen Sie dazu, das Budget zu ignorieren und Geld auszugeben, um die Inspiration zurückzugewinnen. Sie tun gut daran, nicht zu unterschätzen, wie Frustration sich auf Ihre finanziellen Entscheidungen auswirkt.

Spaß veranstalten

Vermutlich gehen Sie in Ihrer Freizeit vernünftig mit Geld um, solange Ihr Budget genügend Raum dafür lässt. Wenn aber nicht, werden Sie wahrscheinlich trotzdem Geld ausgeben und hoffen, dass die Dinge sich klären werden. Ehrlich gesagt, mögen Sie eigentlich keine Budgets. Die sind langweilig und mühsam und fühlen sich an wie Fesseln um Ihre Kreativität. Sie sind froh, mit einer Person verheiratet zu sein, die das Geld gut verwalten kann, weil es für Sie eine Last wäre, das Scheckbuch zu führen, die Kosten im Blick zu behalten und Ausgaben zu planen. Sie finden das Leben faszinierend und legen großen Wert darauf, spontan reagieren zu können und interessante Gelegenheiten zu nutzen, die sich gerade ergeben.

Ihr Mann bzw. Ihre Frau ist wahrscheinlich sehr gern mit Ihnen zusammen und andererseits immer wieder irritiert über Ihr Verhalten. Mit Ihnen kommt mehr Spaß ins Leben, als er oder sie es sich je hätte vorstellen können, aber Sie sorgen auch für finanzielle Überraschungen, die er oder sie niemals zugelassen hätte.

Ich (Bill) weiß das aus eigener Erfahrung. Ich bin von meiner Veranlagung her ein Friedenswahrer und verwalte das Geld gern so, dass möglichst wenig Stress entsteht. Dieser Wesenszug sorgt für große Stabilität, kann aber niemanden inspirieren. Pam hat mein Leben mit dringend nötiger Kreativität bereichert. Durch Pams Gespür für wertvolle Lebenserfahrungen kann ich auf viel mehr schöne Erinnerungen zurückblicken, als es mir aus eigenem Antrieb je möglich gewesen wäre. Andererseits werde ich immer wieder durch finanzielle Verpflichtungen überrascht, die sie eingegangen ist. Aus meiner Sicht sollten wir solche Entscheidungen vorher miteinander absprechen. Von ihrem Standpunkt aus zögert sie nicht, wenn sie eine günstige Gelegenheit erkennt, weil sie sieht, wie unser Leben dadurch bereichert wird. Im Rückblick muss ich zugeben, dass sie meistens recht hatte, aber das ändert nichts an der Tatsache, dass es mich oft irritiert hat.

Ich liebe Spontaneität

Es stimmt, dass ich (Pam) Spontaneität liebe, und ich habe einige Fragen gefunden, die mir helfen, meine Großzügigkeit nüchtern zu beurteilen:

- ♥ Wenn ich dies bereitstelle, raube ich anderen dadurch die Möglichkeit, auf Gottes Versorgung zu vertrauen? Sich auf Gott zu verlassen, ist eine sehr erfrischende Erfahrung, und ich fände es schlimm, feststellen zu müssen, dass ich andere durch mein spontanes Geschenk um diese Chance gebracht habe.
- ♥ Gibt es eine Möglichkeit, ohne Geld dieselbe Freude zu machen?
- ♥ Habe ich wirklich das nötige Geld dazu – nicht aus meiner Sicht, sondern aus Bills Sicht?

Inspirierer schöpfen Energie aus

- ♥ finanziellen Entscheidungen, die Freude machen.
- ♥ Gelegenheiten, ihren gesellschaftlichen Einfluss zu erhöhen.
- ♥ Spontaneität bei finanziellen Entscheidungen.
- ♥ der Freiheit, geliebten Menschen etwas zu geben.

Inspirierer werden frustriert durch

- ♥ Inflexibilität bei finanziellen Entscheidungen.
- ♥ lange Diskussionen über Finanzen.

- ♥ emotionalen Widerstand gegen Geldausgaben.
- ♥ langfristige finanzielle Ziele.
- ♥ ein Budget ohne Spielraum für spontane Ausgaben, wenn sich eine gute Gelegenheit bietet.

Der Friedenswahrer

Einige von Ihnen haben die erstaunliche Fähigkeit, entspannt und unbeschwert zu leben. Es gibt nicht viele Dinge, die Sie unter Stress setzen. Es fällt Ihnen nicht schwer, sich zu entspannen, und es gelingt Ihnen ausgezeichnet, sich nicht zu viele Pflichten aufzubürden. Eigentlich können Sie viel besser entscheiden, was Sie nicht tun, als zu entscheiden, was Sie tun.

Wenn Sie ein Friedenswahrer sind, ist Ihnen klar, wofür sie *kein Geld* ausgeben sollten, aber es fehlt Ihnen oft an Ideen, wofür Sie Geld *ausgeben* sollten. Deshalb ist Ihnen ein einfacher Ansatz im Leben lieber. Sie sind mit regelmäßigen Arbeitsstunden und einem festen Gehalt zufrieden. Sie können sich gut auf eine vorhersagbare Routine einstellen, bei der Sie jeden Tag zur gleichen Zeit zur Arbeit gehen, jeden Monat zur gleichen Zeit dieselben Rechnungen bezahlen und jedes finanzielle Risiko in Ihrem Erwachsenenleben vermeiden. Ein solches Leben bevorzugen Sie, weil es den Stress gering hält.

♡︎︎♤︎♡︎♤︎♡︎♤︎♡︎♤︎♡︎♤︎♡︎♤︎♡︎
> Wenn Sie ein Friedenswahrer sind, ist Ihnen klar, wofür sie kein Geld ausgeben sollten, aber es fehlt Ihnen oft an Ideen, wofür Sie Geld ausgeben sollten.

♡︎︎♤︎♡︎♤︎♡︎♤︎♡︎♤︎♡︎♤︎♡︎♤︎♡︎

Ihr Partner oder Ihre Partnerin hat sich vermutlich in Sie verliebt, weil Sie eine so unbeschwerte Einstellung haben. Ihr stressfreies Vorgehen und Ihre genügsamen Erwartungen hatten einen beruhigenden Einfluss auf ihn oder sie. In Ihrer Gegenwart erschien alles irgendwie leichter. Dies machte Ihren Mann bzw. Ihre Frau noch zuversichtlicher, sodass er/sie anfing, nach neuen Möglichkeiten Ausschau zu halten. Solche neuen Gelegenheiten kosten Geld und bringen natürlich finanzielle Verpflichtungen mit sich. Je mehr Sie dadurch finanziell gebunden sind, desto weniger gefällt es Ihnen. Sie hätten lieber ein einfaches, leichtes System der Finanzverwaltung, das Sie einmal erstellen und dann für den Rest Ihres Lebens verwenden. Sie wissen natürlich, dass diese Vorstellung unrealistisch ist, aber es wäre genau das, was Sie sich wünschen würden.

Nicht unwillig werden

Die Folge ist, dass Sie wahrscheinlich dazu übergegangen sind, die Festlegung Ihrer finanziellen Ziele Ihrem extrovertierteren Partner zu überlassen, und dann immer unwilliger gegen ihn/sie geworden sind. Sie haben den Eindruck, dass seine/ihre finanziellen Schritte weder Hand noch Fuß haben. Zuerst hielten Sie Ihren Mann nur für forsch und energisch. Inzwischen glauben Sie, dass er die Kontrolle verloren hat. Zuerst dachten Sie nur, Ihre Frau sei mutig und glaubensstark, aber inzwischen werden Sie den Eindruck nicht los, dass sie sich von jeder Laune leiten lässt. Aus Ihrer Sicht kann das alles nur auf ein finanzielles Desaster hinauslaufen, aber Ihnen fehlt die Energie, das Ganze zur Sprache zu bringen. Also hoffen Sie im Stillen, dass Gott eingreifen und Ihr Konto vor den offenbar emotionalen Entscheidungen Ihres Mannes bzw. Ihrer Frau schützen wird.

Wer mit einem Friedenswahrer verheiratet ist, muss darauf achten, dessen unbeschwerte Haltung nicht auszunutzen. In seiner sanftmütigen Art wird er Ihnen die Freiheit lassen, nach Belieben Geld auszugeben, aber sein ruhiges, friedliches Verhalten kann nicht in jedem Fall als Zustimmung oder Duldung verstanden werden. Er/sie könnte völlig einverstanden sein oder im Stillen mit Ihnen streiten. Wenn er/sie anderer Meinung ist, wird er/sie entweder passiv reagieren oder unwillig werden.

Beides wird Sie auf die Palme bringen, weil Sie die Tatkraft lieben. Ein passives Verhalten bedeutet aus Ihrer Sicht Gleichgültigkeit. Den Groll Ihres Mannes bzw. Ihrer Frau sehen Sie wahrscheinlich nie kommen, bis bei ihm/ihr eines Tages die Sicherung durchbrennt oder er bzw. sie einfach die Taschen packt, verschwindet und Ihnen eine Notiz hinterlässt: »Ich habe es einfach nicht mehr ausgehalten.« Ein Friedenswahrer wird nicht ausdrücklich verlangen, bei finanziellen Fragen einbezogen zu werden, deshalb sollten Sie selbst darauf achten, Ihren diplomatischen Partner bzw. Ihre diplomatische Partnerin in Ihre finanziellen Entscheidungen einzubeziehen.

Friedenswahrer schöpfen Energie aus

- ♥ einer finanziellen Umgebung, in der sie sich respektiert fühlen und den anderen respektieren können (jeder Partner ist in gleicher Weise beteiligt).
- ♥ einfachen finanziellen Entscheidungen.
- ♥ Möglichkeiten, die das Leben einfacher machen.
- ♥ der Vorhersagbarkeit finanzieller Entscheidungen.
- ♥ finanziellen Verpflichtungen, die im Budget noch einen Spielraum lassen.
- ♥ vorhersehbaren Einkommensverhältnissen.

Friedenswahrer werden frustriert durch

- ♥ finanzielle Entscheidungen, die nicht sorgfältig durchdacht wurden.
- ♥ willkürliche Diskussionen über Finanzen.
- ♥ mangelnde Zurückhaltung bei Ausgaben.

- ♥ finanzielle Ziele, die ignoriert werden.
- ♥ Kritik an ihrer Vorsicht.
- ♥ eine berufliche Tätigkeit, die unregelmäßig oder auf Provisionsbasis vergütet wird.

Der Finanzstratege

Der letzte Motivationsstil beruht auf einer Vorliebe, die Dinge richtig zu machen. Einige von Ihnen glauben, dass es eine richtige und eine falsche Art gibt, etwas zu tun. Sie kommen am besten klar, wenn das Leben in geordneten Bahnen verläuft. Wenn es nach Ihnen geht, ist Ihr Schreibtisch in Ordnung, Ihre Wohnung in Schuss, Ihr Schrank aufgeräumt, und Ihre Finanzen sind geregelt. Sie lieben Budgets, Buchungssysteme und Bilanzen. Sie stimmen von ganzem Herzen zu, wenn ein Finanzberater sagt: »Sie müssen ein Familienbudget erstellen und sich daran halten. Sie sollten einen Monat lang über Ihre Ausgaben Buch führen. Sammeln Sie alle Quittungen, und schreiben Sie jede Ausgabe auf. So bekommen Sie einen genauen Überblick, wohin Ihr Geld fließt.«

Die finanzielle Gabe, die Sie in Ihre Ehe einbringen, ist Ihre Fähigkeit, die Einzelheiten Ihres Finanzplans zu organisieren und zu verwalten. Es macht Ihnen Spaß, das Budget zu erstellen und finanzielle Anschaffungen zu planen. Für Sie ist das Budget König. Wenn Sie ein Finanzstratege sind, haben Sie das Budget entworfen, um einen Plan zu haben, und Sie erwarten von sich und Ihrem Mann bzw. Ihrer Frau, sich haargenau an

♡♤♡♤♡♤♡♤♡♤♡♤♡♤♡

Wenn Sie ein Finanzstratege sind, haben Sie das Budget entworfen, um einen Plan zu haben, und Sie erwarten von sich und Ihrem Mann bzw. Ihrer Frau, sich haargenau an diesen Plan zu halten.

♡♤♡♤♡♤♡♤♡♤♡♤♡♤♡

diesen Plan zu halten. Sie sind von jedem Detail dieses Plans überzeugt, und Sie haben ein gutes Gefühl im Leben, wenn dieser Plan
gewürdigt und befolgt wird.

Können wir nicht einfach zusammenarbeiten?

Wird der Plan aber ignoriert, sind Sie verunsichert. Sie sind frustriert, dass die ganze Mühe, die Sie für die Budgetplanung auf-
gewendet haben, missachtet wird. Da Ihr Partner/Ihre Partnerin
sich mit dem Budget nicht so viel Mühe macht wie Sie, überprüfen
Sie das Vorgehen ständig. An manchen Tagen meinen Sie selbst,
dass Sie sich zu viele Gedanken machen, und versuchen, die Dinge etwas lockerer zu sehen. An anderen Tagen sind Sie über Ihren
Mann/Ihre Frau verärgert, weil Sie das Gefühl haben, das Budget
sei nur noch eine Farce. Sie fragen sich: »Warum haben wir uns so
viel Zeit genommen, ein Budget zu erstellen, wenn wir unser Geld
jetzt einfach zum Fenster hinauswerfen?« »Warum hat mein Mann
versprochen, sich an diesen Plan zu halten, wenn er es gar nicht
vorhatte?« »Warum hat meine Frau mich angelogen, als sie sagte,
sie würde mit mir zusammen daran arbeiten?«

Als das gut organisierte Mitglied in der Familie sind Sie vermutlich dafür zuständig, sich um die Rechnungen zu kümmern und Ihre
finanziellen Verpflichtungen zu erfüllen. Das haben Sie gern übernommen, weil Sie spürten, dass Ihre Talente anerkannt wurden,
aber inzwischen sind Sie einfach nur noch frustriert. Sie müssen
dafür sorgen, dass das Budget in Ordnung ist, aber die Person, mit
der Sie dieses Budget erstellt haben, hält sich nicht an die Regeln.
Ständig werden Sie von Ausgaben überrascht, die getätigt wurden,
und Sie fühlen sich machtlos, etwas dagegen zu unternehmen. Sie
haben alles Mögliche versucht: reden, sich beschweren, diskutieren und bitten. Aber nichts hat sich dadurch geändert. Frustriert
machen Sie sich wieder daran, sich um die Dinge zu kümmern,

aber Sie sind unzufrieden und enttäuscht. Sie können nur hoffen, dass Sie nicht eines Tages resignieren und dann alles den Bach runtergeht, was Sie und Ihr Partner bzw. Ihre Partnerin gemeinsam aufzubauen versuchen.

Finanzstrategen schöpfen Energie aus

♥ durchdachten Finanzentscheidungen.
♥ Gelegenheiten, die sie für geeignet halten.
♥ überschaubaren Finanzentscheidungen.
♥ finanziellen Verpflichtungen, die sich im Rahmen des Budgets bewegen.

Finanzstrategen werden frustriert durch

♥ finanzielle Entscheidungen, die impulsiv geändert werden.
♥ beiläufige Diskussionen über Finanzen.
♥ mangelnde Zurückhaltung beim Geldausgeben.
♥ finanzielle Ziele, die ignoriert werden.
♥ Kritik an ihrer Genauigkeit.

Entschlüsselungs-Impuls

Vervollständigen Sie beide diese Aussagen:
Ehefrau: *Ich denke, mein finanzieller Motivationsstil ist …*
Ehemann: *Ich denke, die Stärke dieses Stils und ein Vorteil, den er für unsere Beziehung bedeutet, ist …*
Ehemann: *Ich denke, mein Motivationsstil ist …*
Ehefrau: *Ich denke, die Stärke dieses Stils und ein Vorteil, den er für unsere Beziehung bedeutet, ist …*
Bleiben Sie für den Augenblick bei den positiven Seiten. Um die Problemlösung wird es später gehen. Nutzen Sie diese Zeit, um

Ihrem Partner/Ihrer Partnerin Komplimente für die Art und Weise
zu machen, wie er/sie an die finanzielle Seite Ihrer Beziehung heran-
geht, und ihn/sie darin zu ermutigen.

Alarmsignal 2: Giftige Entscheidungen

Keiner von uns hat ein perfektes Leben gehabt. Einige von Ihnen, die dieses Buch lesen, hatten ein relativ einfaches Leben und haben unterwegs nur wenige Beulen abbekommen. Manche haben in ihrer Kindheit schreckliche Dinge erlebt, und sie ringen auch noch als Erwachsene darum, diese Einflüsse zu überwinden. Die meisten von Ihnen bewegen sich irgendwo dazwischen. Sie hatten Ihre Kämpfe, und Sie haben gelernt, so weit damit fertigzuwerden, dass Sie bei der Arbeit und in Ihren Freundschaften gut zurechtkommen.

Irgendwann in unserer Entwicklung neigen wir alle dazu, bestimmte Schutzmaßnahmen zu ergreifen, damit unser Herz nicht erneut gebrochen wird. Es kann ganz einfach so sein, dass wir Menschen meiden, die uns nerven, oder dass wir so beschäftigt bleiben, dass wir keine Zeit mehr haben, unser Leben durch herausfordernde Beziehungen komplizierter zu machen. Es ist nicht nötig, diese einfachen Vorsichtsmaßnahmen lang und breit zu analysieren. Aber es kann sehr gut sein, dass Sie irgendwann die eine oder andere »vergiftende« Entscheidung getroffen haben, die nun zu Brüchen in der Vertrautheit Ihrer Beziehung führt. Die Folge sind giftige Reaktionen, die ein schrilles Alarmsignal sind. Es zeigt Ihnen, dass Veränderung, Wachstum und Zusammenarbeit dringend nötig sind.

Solche Entscheidungen, die das Miteinander förmlich vergiften, müssen durch Entscheidungen ersetzt werden, die Verletzbarkeit, Produktivität und Rechenschaft fördern. Betrachten Sie im Folgenden einige Beispiele von Personen, die durch ihre giftigen Entscheidungen von den Menschen isoliert wurden, die sie am meisten liebten.

Ich lasse mich nicht kontrollieren

Steve – Steve wuchs mit einer Mutter auf, die alles kontrollierte. Ständig sagte sie ihm, was er wann und wie zu tun hatte und wie es aussehen sollte, wenn es gut genug war. Diese Kontrolle ging weit über die normalen Anweisungen hinaus, die Eltern ihren Kindern erteilen müssen, und setzte sich auch noch im frühen Erwachsenenalter fort. Wenn Steve nicht auf ihre Forderungen einging, machte sie ihn durch emotionale Ausbrüche gefügig. Sie schrie und kreischte, stürmte durchs Haus, beschimpfte ihn und drohte, ihn öffentlich bloßzustellen. Unmittelbar vor seinem zwanzigsten Geburtstag traf Steve die bewusste Entscheidung: »Niemand wird mich je wieder kontrollieren.«

Das war mehr als eine beiläufige Bemerkung als Reaktion auf einen harten Tag. Es war eine Entscheidung, die er tief in seinem Herzen traf und die seine weitere Entwicklung beeinflusste. Mit Mitte zwanzig verliebte er sich und heiratete eine nette junge Frau. Wenn man Steve heute fragen würde: »Lieben Sie Ihre Frau?«, würde er sofort und mit allem Nachdruck sagen: »Ja!«

Doch wenn es in ihrer Beziehung zu Konflikten kommt, hat er sofort das Gefühl, dass sie ihn kontrollieren will. Er explodiert und beschimpft sie mit abwertenden Ausdrücken. Ständig wirft er ihr Schimpfwörter an den Kopf, die er bei keinem anderen Menschen in den Mund nehmen würde. Sie hat ihn inständig gebeten, damit aufzuhören, weil sie ihn sehr liebt. Und sie haben immer wieder Beratung in Anspruch genommen, um Steves Verhalten zu ändern, aber alles blieb vergebens. Steve hat ehrlich versucht, sich zu ändern, doch sobald er den Eindruck bekommt, dass seine Frau ihn zu kontrollieren versucht, wird er von Angst überwältigt. Bevor er überhaupt einen klaren Gedanken fassen kann, fängt er schon an, über sie herzuziehen. Seine Frau ist sehr frustriert und weiß einfach nicht mehr, wie sie mit dem Mann, den sie liebt, wieder in Beziehung treten kann.

Es dauerte Jahre, bis die Sache endlich ans Licht kam, aber eines Tages platzte Steve heraus, dass er als junger Mann beschlossen hatte, dass kein Mensch ihn je wieder kontrollieren würde. Wenn Sie wüssten, was er mit seiner Mutter so alles erlebt hat, würden Sie diese Entscheidung vielleicht sogar für notwendig halten, aber sie macht es jedem anderen Menschen unmöglich, irgendeinen echten Einfluss auf sein Leben zu haben. Für Steve war der wunderbare Einfluss einer liebevollen Ehefrau ein Ding der Unmöglichkeit, weil er sich für immer dagegen verschlossen hatte. Jahrelang hatte er Angst vor der Person, die er am meisten auf der Welt liebt.

Steve muss nun eine Entscheidung treffen, ob er an der vermeintlichen Sicherheit festhalten will, die ihn emotional von anderen Menschen isoliert, oder ob er seiner Frau einen nennenswerten Einfluss zugestehen will. Davor hat er Angst, weil er nicht gelernt hat, auf eine sichere Art und Weise verletzbar zu sein. Für ihn fühlt es sich an, als würde er ihr und allen anderen Menschen in seinem Leben die Kontrolle überlassen, sobald er die Deckung auch nur ein kleines bisschen fallen lässt. Das stimmt natürlich nicht, aber er hat so lange auf seine Isolation vertraut, dass er sich nicht vorstellen kann, anders zu leben. Für ihn fühlt es sich wie der größte Vertrauensschritt an, den er je gewagt hat. Es fühlt sich leichtsinnig und gefährlich an, aber er weiß, dass er seine Frau verlieren wird, wenn er es nicht tut.

Ich lasse mich nicht verletzen

Jenny – Jennys Leben stellte sie von Anfang an vor große Herausforderungen. Ihre Mutter hatte mit Anfang zwanzig mehrere Sexualpartner und ist bis heute nicht sicher, wer Jennys Vater ist. In ihren entscheidenden Entwicklungsjahren waren verschiedene Partner ihrer Mutter bei ihr zu Hause. Einige waren freundlich und umgänglich, aber viele zeigten ein verbal und physisch einschüchterndes Verhalten. Auf der Highschool war Jenny weitgehend auf sich allein gestellt. Sie blieb die meiste Zeit ohne Aufsicht und ging jeder gemeinschaftlichen Aktivität nach, die ihr gefiel. Dem Beispiel ihrer Mutter folgend, hatte sie viele Sexualpartner. Ihr Urteilsvermögen ließ zu wünschen übrig, und als sie neunzehn war, vergewaltigten drei Männer sie bei einer Party, die an einem abgelegenen Ort stattfand.

Der Schmerz in ihrem Leben zwang Jenny, gewisse Schlussfolgerungen über sich selbst und ihren weiteren Lebensweg zu ziehen. Ihre Entscheidung lautete: »Ich werde jeden auf Distanz halten, damit ich nicht wieder verletzt werde.« Über einen langen Zeitraum hinweg half diese Entscheidung ihr, im Alltag zurechtzukommen. Sie lernte einen ausgeglichenen Mann mit festen Überzeugungen kennen, den sie später heiratete. Er war bereit, alle wichtigen Entscheidungen für die Familie zu treffen, sorgte für ein festes Einkommen, und sein Verhalten war berechenbar. Sie brachte zwei liebenswerte Kinder zur Welt und ging in einer relativ eintönigen Existenz ihren Aufgaben nach. Jenny glaubte, ihre emotionalen Bedürfnisse auf Dauer unter Verschluss halten zu können, und widmete sich ganz ihrer Familie.

Das ging so lange gut, bis ihr jüngstes Kind in die Schule kam. Sie hatte nun mehr freie Zeit als gewohnt und fand deshalb immer wieder die Gelegenheit, über ihr Leben nachzudenken. Sie besaß eine starke emotionale Veranlagung, die allerdings unterentwickelt geblieben war, weil sie diese so lange unterdrückt hatte. Jetzt begannen ihre Emotionen sich zu regen, und ließen sich nicht länger unterdrücken.

Da sie dieser Herausforderung nicht gewachsen waren, merkte sie, dass ihr Herz sich in einem Nebel romantischer Liebeleien verlor. Sie glaubte, diese Romanzen verbergen und kontrollieren zu können, aber bei einer Affäre wurde die Anziehungskraft zu stark. Wieder hatte sie nicht die innere Kraft, dieser Anziehung zu widerstehen, und zog deshalb den Schluss, dass es Liebe sein musste. Schließlich verließ sie ihren Mann nach 17 Ehejahren, begnügte sich mit regelmäßigen Besuchszeiten für ihre Kinder und hofft nun verzweifelt, dass ihre neue Beziehung gelingen wird. Ihr neuer Ehemann zweifelt, ob er ihren sehr starken emotionalen Bedürfnissen begegnen kann, aber sie glaubt, dass es ihm gelingen wird, und deshalb bemüht er sich weiter.

Ich will keine Konflikte haben

Richard – Richards Vater war ein strenger, impulsiver Geschäftsmann. Er stellte hohe Erwartungen an seinen Sohn und kritisierte alles, was er tat. Seine Mutter war nicht weniger streng und fordernd. Sie schenkte ihm kaum Zuneigung. Oft stritten die Eltern sich vor Richard und seinem Bruder, ohne ihre Konflikte zu lösen. Mit der Zeit ignorierten sie einander immer mehr und gingen getrennte Wege in ihrer Beziehung, ihren Finanzen und auch ihrer Freizeit.

Richard versuchte es mit einigen Verabredungen, bevor er einundzwanzig wurde, aber keine dieser Beziehungen entwickelte sich gut. Es irritierte ihn, wenn die jungen Frauen in ihrer Beziehung ein Problem ansprachen. Er verstand weder die Probleme, noch wusste er, wie man sie lösen konnte. In dieser Phase stieß er im Internet auf pornografische Seiten und merkte, dass dies etwas in ihm auslöste, das er als geheimnisvoll und befriedigend empfand.

Als er Sandy kennenlernte, glaubte er, eine Frau gefunden zu haben, mit der er leben konnte. Sie stellte bemerkenswert wenige Ansprüche und schien erstaunlich umgänglich zu sein. Er folgerte, dass er wahrscheinlich keine Konflikte mit ihr haben würde oder dass es zumindest nur selten zu Auseinandersetzungen kommen würde. Er machte Sandy einen Heiratsantrag, und sie sagte Ja.

In den ersten Ehejahren ging alles gut. Richard stellte erfreut fest, dass sein Interesse an Pornografie nachließ. Natürlich ließ er Sandy nichts von alledem wissen, weil er hoffte, dass sein Problem jetzt der Vergangenheit angehörte.

Mit der Zeit fing Sandy an, Themen anzuschneiden, über die sie miteinander sprechen sollten. Sie machte sich Sorgen, dass Richard nicht genug Zeit mit den Kindern verbrachte. Sie machte sich Gedanken darüber, dass Richard keine Freunde hatte. Sie fand, dass er in seinem Beruf hinter seinen Möglichkeiten zurückblieb und sich eigentlich verbessern könnte. Und sie fühlte sich nicht mehr so wertgeschätzt wie in der ersten Zeit ihrer Ehe.

Richard dagegen fühlte sich zunehmend überfordert und zog sich emotional von ihr zurück. Er erinnert sich noch an den Tag, an dem er beschloss: »Es ist leichter, sich einfach Pornografie anzuschauen, als zu versuchen, all diese Konflikte mit Sandy zu lösen.« Von diesem Tag an verbrachte er immer mehr Zeit allein am Computer und immer weniger Zeit mit Sandy. Wegen der Kinder hielten beide an ihrer Beziehung fest, aber keiner von beiden machte sich noch große Hoffnungen für ihre Ehe, sobald die Kinder erwachsen sein würden. Wenn Richard und Sandy ihre Beziehung erneuern und eine gemeinsame Zukunft vorbereiten wollen, muss Richard die Entscheidung treffen, dass die Herausforderung, eine echte Beziehung zu entwickeln, besser ist als seine Flucht in die Pornografie.

Ich kann ihn erziehen

Gena – Genas Eltern waren sehr ineinander verliebt und erwiesen sich als fähige Eltern. Sie wurde in ihrer Entwicklung ermutigt und fühlte sich in der elterlichen Liebe geborgen. Sie zog den Schluss, dass eine Ehe leicht sei und dass sie eine ebenso gute Ehe haben könne wie die ihrer Eltern, wenn sie ihrem Mann beibringt, so wie ihr Vater zu sein.

Als sie Peter kennenlernte, stand er kurz vor seinem Masterabschluss an der Universität und war bei seinen Kommilitonen sehr beliebt. Er konnte gute Gespräche führen und fand Gena ziemlich attraktiv. Es dauerte nicht lange, bis sie heirateten und in ein gemeinsames Leben starteten. Von Anfang an äußerte Gena klare Vorstellungen, wie Peter seine Kleider aufräumen, seine Zeit einteilen oder am Tisch sitzen sollte, was er tun sollte, wenn er von der Arbeit nach Hause kam, und so weiter. Ihre Vorschläge waren sinnvoll und entsprangen aus guter Absicht, aber sie hörten einfach nicht auf. In vielen Bereichen, in denen sie feste Vorstellungen hatte, ging es eigentlich um Vorlieben, nicht um Notwendigkeiten. Zuerst fühlte Peter sich durch ihre Aufmerksamkeit geschmeichelt, aber mit der Zeit wurden die ständigen Ansprüche lästig. Schließlich fand er einen Ausweg aus der Situation, indem er sich durch viele Überstunden von zu Hause fernhielt.

Wenn Gena die Art von Ehe erleben möchte, die sie sich vorgestellt hat, muss sie die Entscheidung treffen, Peters Ansichten stärker zu beachten, und sich bewusst Zeit nehmen, über das nachzudenken, was er sich für die Beziehung wünscht. Sie ist ziemlich überzeugt, dass sie die Dinge richtig sieht, deshalb wird sie bewusst daran arbeiten müssen, seinen Standpunkt genauso zu würdigen wie ihren eigenen.

Hier sind einige weitere Festlegungen, die für eine Beziehung giftig sind:

- ♥ »Ich werde nie wieder in eine peinliche Situation geraten.«
- ♥ »Ich werde um jeden Preis glücklich sein.«
- ♥ »Meine berufliche Karriere ist mir wichtiger als meine Beziehung.«
- ♥ »Ich denke, ich habe die falsche Person geheiratet.«
- ♥ »Ich werde nie so sein wie mein Vater/meine Mutter.«
- ♥ »Das kann ich ihm/ihr nie vergeben.«

Solche toxischen oder »vergiftenden« Entscheidungen haben das Potenzial, den emotionalen Ton einer Ehe zu verderben und eine Distanz zwischen zwei Ehepartnern zu schaffen, die sonst in ihrer Liebe aufblühen könnten.

Die Strategie

Vergiftende Entscheidungen beeinträchtigen unsere Fähigkeit, befriedigende und erfüllende Beziehungen aufzubauen. Eine Strategie, wie man diese Auswirkungen wieder rückgängig macht, lässt sich leicht erörtern, aber nicht so leicht in die Tat umsetzen. Diese Entscheidungen haben Sie emotional, sozial und geistlich tief beeinflusst und Ihnen geholfen, mit den schwierigen Umständen fertigzuwerden, die in dieser Phase alle wichtigen Personen in Ihrem Leben betrafen.

Es wäre unrealistisch, zu behaupten, dass man sie einfach hinter sich lassen kann. Das würde nur noch mehr Druck hervorrufen und Ihre Beziehung scheitern lassen. Aber es gibt einige Schritte, die Ihnen helfen können, nach und nach aus der Tyrannei dieser toxischen Festlegungen herauszukommen:

Erster Schritt: Identifizieren Sie die Entscheidung, die Ihre Beziehung vergiftet. Wenn Ihnen etwas nicht bewusst ist, können Sie es nicht ersetzen. Sie können die Wahrheit nicht auf einen Bereich Ihres Lebens anwenden, in dem Sie einer Täuschung unterliegen. Zerstörerische Verhaltensweisen ans Licht zu bringen, ist der erste Schritt zur Heilung. Betrachten Sie noch einmal die oben aufgezählten Beispiele vergiftender Festlegungen, und fragen Sie sich: »Habe ich eine dieser Entscheidungen getroffen?« Gibt es andere vergiftende Entscheidungen, die Ihnen beim Lesen dieses Kapitels bewusst geworden sind?

Zweiter Schritt: Wählen Sie in Ihren Gedanken eine Reaktion, die anders ist als diejenige, die das Problem verursachte. Vielleicht müssen Sie zuerst ein kleines Brainstorming machen, um drei oder vier mögliche Verhaltensalternativen zu finden, aus denen Sie eine passende Reaktion auswählen können, die Sie umsetzen möchten. Auch das ist leichter gesagt als getan. Natürlich wollen Sie anders handeln, weil Sie es satthaben, die Menschen zu verletzen, die Sie lieben. Sie sind die Frustration leid, die auf Ihrem Leben lastet, weil es Ihnen nicht gelingt, Ihren Partner und Ihre Kinder so zu behandeln, wie Sie es eigentlich wollen. Intellektuell eine neue Art des Handelns zu finden, bedeutet noch keine Veränderung, weil starke emotionale Kräfte Sie drängen, weiter so zu handeln, wie Sie es immer getan haben. Aber Sie können nicht zum nächsten Schritt weitergehen, solange Sie sich nicht für ein geeignetes anderes Verhalten entschieden haben.

Dritter Schritt: Beten Sie dreißig Tage lang für das neue Verhalten, das Sie gewählt haben. Bitten Sie Gott, Sie darauf aufmerksam zu machen, wann Sie sich in einer Situation anders verhalten sollten, als Sie es gewohnt sind. Bitten Sie Gott um die Kraft, anders reagieren zu können. Es geht um eine einschneidende Veränderung, für die Sie jede Hilfe brauchen. Sie brauchen die Unterstützung Ihres

Ehepartners, die Ermutigung Ihrer Freunde und vor allem die geistliche Stärke, die nur Gott Ihnen geben kann.

Vierter Schritt: Üben Sie das beabsichtigte neue Verhalten ein. Jedes Mal, wenn Sie das Ersatzverhalten bewusst anwenden, wächst Ihre emotionale Entschlossenheit, die Dinge anders zu machen als bisher. Sie waren so lange an die toxische Festlegung gewöhnt, dass Sie innerlich darauf programmiert sind, dieses Verhalten fortzusetzen. Es ist in Ihrer Alltagroutine so tief verankert, dass es inzwischen automatisch abläuft. Sie brauchen überhaupt nichts zu tun, um es auszulösen, sondern das Verhalten springt beim entsprechenden Impuls sofort an. In einem einzigen Augenblick katapultiert es Sie vom Frieden zum Stress, und Sie explodieren gegenüber den Menschen, die Sie lieben, bevor Ihnen überhaupt bewusst wurde, dass es ein Problem gab. Viel zu viele Tage verbringen Sie damit, sich schlecht zu fühlen und sich für Ihr Verhalten zu entschuldigen. Bei der nächsten Situation wiederholen Sie dann aber exakt dieselbe zerstörerische Reaktion. Der einzige Weg, das neue Verhalten zur Gewohnheit zu machen, besteht darin, es einzuüben. Unsere Jungs haben einen Merksatz aus ihrem Sporttraining, der die Sache trifft: »If you can do the drill, you can do the skill.« (Wenn du den Drill schaffst, beherrschst du die Fertigkeit.) Am Anfang werden Sie sich ganz sicher nicht sehr geschickt anstellen, aber je mehr Sie die neue Fertigkeit bewusst einüben, desto natürlicher werden Sie sie anwenden.

Es ist Zeit, zu üben

Ihre gewohnten Reaktionen abzulegen, erfordert Zeit und Übung. Es ist klug, sich Ihre neue Reaktion vorzustellen, bevor die alten Verhaltensmuster das nächste Mal ausgelöst werden. Sportler stellen sich ihren Erfolg vor dem Wettkampf vor, um sich ganz darauf zu konzentrieren. Soldaten entwickeln ein gedankliches Bild von ihrem Auftrag, bevor sie das Kriegsgebiet betreten, damit sie nicht zum Spielball ihrer Ängste und menschlichen Instinkte werden. Geschäftsleute stellen sich das Verhandlungsergebnis vor, bevor sie in die Sitzung gehen, um positiv in die Verhandlungen einzusteigen. Bei der persönlichen Entwicklung ist es genauso. Ein Erfolg, den wir uns im Voraus vorstellen, wird eher Wirklichkeit werden.

Probieren Sie Ihr neues Verhalten gezielt aus, sobald Ihnen bewusst wird, dass eine Situation die alten Verhaltensmuster ausgelöst hat. Machen Sie sich keine Sorgen, unbeholfen zu wirken. Vielleicht sollten Sie sich selbst sagen: »Ich war gerade im Begriff, etwas Dummes zu sagen. Deshalb halte ich jetzt lieber den Mund und zähle erst einmal bis zwanzig. Dann werde ich versuchen, das auszudrücken, was ich wirklich sagen will.« Vielleicht müssen Sie auch zu dem geliebten Menschen sagen: »Ich weiß nicht, wie ich jetzt reagieren soll. Wenn ich meinem ersten Impuls folge, werde ich bestimmt wieder das Falsche tun. Was würdest du tun, wenn du jetzt an meiner Stelle wärst?«

Nehmen wir Gena als Beispiel. Ihre Selbstsicherheit führt dazu, dass sie zu fast allem eine eigene Meinung hat. Ihr Hang zur Rechthaberei lässt sie in unschlüssigen Situationen ungeduldig werden. Es macht sie wahnsinnig, wenn eine Sache sehr lange ungeklärt bleibt oder wenn jemand zögert, eine Entscheidung zu treffen. Die Folge ist, dass sie in ihrem Leben rasch entscheidet, bevor andere ihre Sicht darlegen können. Und sie trifft Entscheidungen für andere, wenn diese zögern, eine Schlussfolgerung zu ziehen, die ihr völlig klar erscheint. Dieser Fall trifft fast immer zu, da sie die meisten Situationen in ihrem Leben für eindeutig hält.

Erster Schritt: Gena sollte sich klarmachen, dass ihre Ungeduld mit anderen Menschen Gift für ihre Beziehungen ist. Andere werden in ihrer Gegenwart passiv, weil sie davon ausgehen, dass Gena ohnehin alle Entscheidungen treffen wird. Dann entwickeln sie innerlich einen Groll gegen Gena, weil sie nicht mehr das Gefühl haben, gleichberechtigte Partner bei der jeweiligen Aufgabe zu sein.

Zweiter Schritt: Gena sollte sich für eine andere Vorgehensweise entscheiden. Sie weiß, dass sie sich nicht unschlüssig verhalten kann, weil das allem widersprechen würde, was sie über ihre Veranlagung weiß. Sie hat eine natürliche Begabung, zu leiten und klare Entscheidungen zu treffen. Aber sie kann anders an Entscheidungssituationen herangehen. Gena kommt zu dem Schluss, dass es ein guter Ansatz wäre, sich zu fragen: »Ist das meine Verantwortung?« Bisher hat ihr Instinkt ihr gesagt, dass Dinge in ihrer Verantwortung liegen, aber nun sagt sie sich, dass das wahrscheinlich nicht stimmt. Diese Einsicht mag anderen simpel erscheinen, aber für Gena ist es ein enormer Schritt. Sie beschließt, in ihren eigenen Verantwortungsbereichen weiter entschlossen voranzugehen, aber sich aus allen anderen Bereichen des Lebens herauszuhalten. Doch alles in ihr sträubt sich gegen diese Entscheidung.

Dritter Schritt: Gena sollte diese Entscheidung im Gebet vor Gott bringen. Sie könnte Gott zum Beispiel um die Weisheit bitten, klar zu erkennen, welche Bereiche tatsächlich in ihrer Verantwortung liegen. Und sie könnte um dieselbe Klarheit bitten, Bereiche zu erkennen, die sie anderen überlassen sollte.

Vierter Schritt: Gena sollte sich aktiv fragen: »Ist das meine Verantwortung? Wenn ja, treffe ich die Entscheidung. Wenn nicht, lasse ich es sein.« Sie kann dies vor einem Spiegel oder beim Spazierengehen oder im persönlichen Gebet einüben. Auch bei ihren alltäglichen Aufgaben kann sie diesen Ansatz üben. Die nächste Bewährungsprobe wird kommen, wenn jemand in einem Bereich, für den Gena nicht verantwortlich ist, Mühe hat, eine Entscheidung zu treffen. Sie weiß, dass alles in ihr darauf drängen wird, aktiv zu werden; aber sie weiß auch, dass sie nicht nachgeben sollte.

Entschlüsselungs-Impuls: Ihre Strategie

*Nehmen Sie sich einige Minuten Zeit, Ihre Strategie zu entwickeln,
wie Sie eine vergiftende Entscheidung, die Sie in Ihrem Leben getroffen
haben, rückgängig machen können.*

Erster Schritt:

Jeder von Ihnen beiden ergänzt folgende Aussagen:
*Ich fühle mich besonders hilflos in unserem gemeinsamen Leben, wenn
(nennen Sie ein Beispiel)*

_____

_____

*Und wenn ich das Gefühl habe, etwas nicht beeinflussen zu können,
werde ich wahrscheinlich (nennen Sie Ihre Verhaltensweise)*

_____

_____

*Diese Verhaltensweise hatte eine vergiftende Wirkung, als ich (nennen
Sie einen Moment, als Sie den Eindruck hatten, emotional nicht gut
reagiert zu haben)*

_____

_____

*Es tut mir leid, dass ich mich so verhalten habe, und ich bitte dich um
Verzeihung.*

*(Beispiel: Ich fühle mich besonders hilflos in unserem gemeinsamen Leben, wenn **wir nicht genug Geld für alltägliche Dinge haben.** Und wenn ich das Gefühl habe, etwas nicht beeinflussen zu können, werde ich wahrscheinlich **anfangen, Überstunden zu machen und bei allen Ausgaben zu sparen.** Diese Verhaltensweise hatte eine vergiftende Wirkung, als ich **mich abwertend über deinen Beitrag zu unserem Familieneinkommen geäußert habe.** Es tut mir leid, dass ich mich so verhalten habe, und ich bitte dich um Verzeihung.)*

Zweiter Schritt:
Überlegen Sie sich, welche anderen Verhaltensweisen Sie wählen könnten, statt weiter so zu reagieren wie bisher:

1. Idee

_____

_____

2. Idee

_____

_____

3. Idee

_____

_____

Dritter Schritt:

Beten Sie 30 Tage lang für Ihre neue Verhaltensstrategie.

Datum, wann ich mit dem Gebet beginne:

_____

Datum, wann ich vom Gebet zur Praxis übergehe:

_____

Vierter Schritt:

Wählen Sie eine der Ideen, und schreiben Sie zwei oder drei Möglichkeiten auf, dieses neue Verhalten anzuwenden und einzuüben.

Anwendungsplan 1:

_____

_____

_____

_____

Anwendungsplan 2:

_____

_____

_____

Anwendungsplan 3:

_____

_____

_____

Wenn in Ihrer Beziehung die Alarmglocke ertönt, ist es höchste Zeit, zusammenzurücken und aktiv zu werden.

♡△♡△♡△♡△♡△♡△♡△♡△♡△♡△♡△♡△♡△♡△♡

Den Zugangscode zu Ihrer Liebe finden

Dinner & Dialog – einander mit dem Herzen näherkommen

Bestimmen Sie einen Tag in dieser Woche, an dem jeder von Ihnen sich entscheidet, eine Festlegung oder Verhaltensweise der Vergangenheit aufzugeben. Sagen Sie Ihrem Partner, welche neue Verhaltensweise Sie einüben wollen, die für Ihre Beziehung gesünder ist. Während Sie einander zuhören, vermeiden Sie Bemerkungen wie:

♥ »Das habe ich dir ja gesagt.«
♥ »Ist aber auch höchste Zeit!«
♥ »Ist das alles, was dir einfällt?«

Sagen Sie stattdessen: »Danke, dass du das gesagt hast. Danke, dass du an unserer Beziehung arbeitest, damit sie für uns beide besser wird.«

♡△♡△♡△♡△♡△♡△♡△♡△♡△♡△♡△♡△♡△♡△♡△♡

KAPITEL 8
GOLDENE ZIELE

»Die Frucht des Geistes ist ... Güte ...«

Endlich hatten wir ein Navi. In unserer Jugend war ein *Global Positioning System (GPS)* ausschließlich dem Militär, der Luftfahrt und den Schiffskapitänen vorbehalten. Der Wunsch nach einem Navigationssystem, das einem die genaue Position mitteilt, war nur etwas für höchst anspruchsvolle und betuchte Leute. Wir fanden es spannend, etwas darüber zu lesen, aber es klang zu sehr nach James Bond, um sich vorzustellen, dass so etwas eines Tages zu unserem Alltag gehören könnte.

Schließlich hörten wir, dass man Haustieren einen GPS-Chip einpflanzen konnte, sodass man seinen Fifi, falls er verloren gehen sollte, wieder auffinden kann, um ihm eine Standpauke zu halten: »Was hast du dir dabei gedacht? Wie kannst du von Leuten weglaufen, die dich lieben und dich jeden Tag füttern?«

Schließlich kauften wir ein Auto, das mit einem GPS-basierten Sicherheitssystem ausgestattet werden konnte. Falls irgendjemand das Auto stehlen sollte, konnten wir eine Nummer anwählen, um das System zu aktivieren. Per Satellit konnte man den Wagen finden und die Polizei direkt zu dem Dieb führen.

Und nun besitzen wir ein GPS, das mit uns reist und uns überall hilft, unser Ziel zu finden. Es gibt drei Gründe, weshalb wir unser Navi lieben: 1.) Es hat eine größere Übersicht über die Dinge als wir. Von seiner Position im Weltall aus kann der Satellit feststellen, wo wir gewesen sind, wohin wir gerade gehen und was die beste Strecke zu unserem Ziel ist. 2.) Unterwegs liefert es uns ganz konkrete Anweisungen. Unser Navi sagt uns nicht bloß, *wann* wir abbiegen sollen, und geht dann davon aus, dass wir hoffentlich selbst wissen, ob rechts oder links. Sondern es sagt uns exakt, in welche Richtung wir an welcher Stelle abbiegen sollen. 3.) Es hilft uns, wieder auf den richtigen Weg zurückzufinden, wenn wir uns verirrt haben. Falls wir einmal falsch abbiegen oder falls wir das System eine Weile ignorieren, wird es die Route neu berechnen und uns auf einer neuen Strecke zu demselben Ziel bringen.

Auf Ihrem gemeinsamen Lebensweg müssen Sie Ihr eigenes »GPS«-System entwickeln, das Sie auf Erfolg versprechenden Pfaden durch Ihre Ehe navigiert.

Die Mission

Ihr Leben wird Sie ein kleines Vermögen kosten. Ihre Wohnung kostet Geld, Ihre Kinder kosten Geld, Ihre Fehler kosten Geld, und Ihre Autos kosten Geld. Um die nie endenden Ausgaben bestreiten zu können, müssen Sie sich darum bemühen, Ihren Lebensunterhalt zu verdienen. Auf diesem Hintergrund werden berufliche Fragen bei jedem Ehepaar zu verschiedenen Zeiten immer wieder eine zentrale Rolle spielen. Die Fähigkeit, an dieser Stelle die für beide Partner optimale Vorgehensweise zu finden, gibt einem Ehepaar den nötigen Freiraum für eine Beziehung, die von Liebe getragen ist. Rivalisieren die Partner jedoch in Bezug auf ihre berufliche Laufbahn, wird das ihre Liebe zerstören und ihre Herzen gegeneinander verschließen.

♡♤♡♤♡♤♡♤♡♤♡♤♡♤♡
Ihr Leben wird Sie ein kleines Vermögen kosten.
♡♤♡♤♡♤♡♤♡♤♡♤♡♤♡

Der Erfolg einer Ehe ist deshalb an die Fähigkeit geknüpft, Fragen wie die folgende zu beantworten: »Welche berufliche Karriere ist für mich am besten? Welche Karriere ist für meinen Partner bzw. meine Partnerin am besten? Wie können wir unsere beruflichen Verpflichtungen so koordinieren, dass sich unsere familiären Ziele verwirklichen lassen? Welche Aufteilung zwischen Arbeitszeit und gemeinsamen Zeiten wird uns die besten Möglichkeiten geben, für die Menschen zu sorgen, die wir lieben?«

Für eine bestimmte Arbeit geschaffen

Jeder von uns wurde für eine bestimmte Arbeit begabt. In Kapitel 3 sprachen wir über die Tatsache, dass Sie und jedes Mitglied Ihrer Familie eine einzigartige Begabung bekommen haben, die Sie effektiv und einflussreich nutzen können. Diese Talente haben Sie unter anderem deshalb erhalten, damit Sie sich eine berufliche Position erarbeiten können, in der Sie für Ihre Familie sorgen können. Ihre Tätigkeit sollte wichtig genug sein, damit Sie das Bewusstsein einer Lebenserfüllung haben, wenn Sie einmal nicht mehr für Ihre Familie sorgen müssen.

Ich (Bill) erinnere mich noch lebhaft, wie verlockend die Aussicht auf eine berufliche Karriere für mich als junger Erwachsener war. Pam und ich heirateten, als wir zwanzig Jahre alt waren. Sofort verstärkte sich in mir das Bewusstsein meiner Verantwortung. Ich weiß noch, welche Gedanken mir in dieser frisch vermählten Phase durch den Kopf gingen:

- ♥ Ich liebe diese Frau, wie ich nie zuvor einen Menschen geliebt habe.
- ♥ Ich möchte, dass sie stolz auf mich ist.
- ♥ Wir haben Rechnungen zu bezahlen.

♥ Ich muss herausfinden, wie ich etwas tun kann, was ich liebe, und dabei genug Geld verdiene, um für uns beide zu sorgen.

Aus diesem Wunsch heraus begann ich ein Bachelorstudium und dann ein Masterstudium in Theologie. Ich war zu dem Ergebnis gekommen, dass ich mir eine Aufgabe in einem geistlichen Dienst wünschte. Eine anfängliche Zuversicht entstand in mir, und ich ging mit Begeisterung und Eifer meinem Ziel entgegen. Ich ging die erste berufliche Verpflichtung ein und hatte ein gutes Gefühl bei dem, was ich tat.

Dann bekamen Pam und ich Kinder. Völlig neue Gedanken stellten sich ein:

♥ Ich liebe diese Kinder mehr, als ich es mir je vorgestellt habe.
♥ Ich bin bereit, alles zu tun, was nötig ist, um für die Kleinen
   zu sorgen.
♥ Diese Jungs haben wirklich einen gewaltigen Appetit!
♥ Wie schaffen sie es bloß, alles kaputt zu machen, was sie
   in die Finger kriegen?
♥ Ich liebe meine Arbeit, aber irgendwie muss ich dabei
   mehr Geld verdienen.

Eine neue Gangart

Ich schaltete einen Gang höher und arbeitete hart. Ich arbeitete als Pastor, zeichnete nebenbei Baupläne, um unsere finanziellen Anforderungen zu erfüllen, und träumte von der Zukunft. Ich war wirklich überzeugt, dass wir ein harmonisches Leben führten und dass ich Gottes Plan für unser Leben gefunden hatte.

Dann wurde unser dritter und letzter Sohn geboren, worauf sich einiges änderte. Die ersten Vorboten machten sich nur leise bemerkbar, aber ungefähr um die Zeit, als unser jüngster Sohn zwei wurde, meldete sich Pams Wunsch nach einer beruflichen Karriere mit aller Kraft zurück. Ihr beruflicher Erfolg war mir wichtig, aber ich wollte nicht, dass mein eigener beruflicher Erfolg dadurch eingeschränkt würde. Zum ersten Mal in meinem Leben bekam ich das Gefühl, mit Pam zu rivalisieren. Ich war davon ausgegangen, dass wir Hand in Hand arbeiteten. Meine Ziele waren ihre Ziele. Mein Erfolg war ihr Erfolg. Ich hatte immer gewusst, dass sie eines Tages ihre eigenen Ziele verfolgen würde, aber mir war nicht klar gewesen, dass dies meine Möglichkeiten einschränken würde, mich ganz auf meine berufliche Laufbahn zu konzentrieren.

Völlig andere und überraschende Gedanken gingen mir nun durch den Sinn:

- ♥ Ich liebe diese Frau immer noch mehr als jeden anderen Menschen.
- ♥ Sie ist unglaublich talentiert.
- ♥ Ich kann nicht glauben, dass ich jetzt mit ihr um Zeiten und Gelegenheiten wetteifere.
- ♥ Ich denke, dass sie mehr Energie hat als ich. Werde ich auf der Erfolgsspur bleiben können, wenn sie ihrer eigenen Karriere mit so viel Elan nachgeht?
- ♥ Was ist mit unseren Kindern, wenn wir jetzt beide genauso beschäftigt sind, wie ich es immer war?
- ♥ Ich hoffe, Pam wird nicht so kontrollierend sein, wie meine Mutter es war.

Im Rückblick war Pams beruflicher Weg nicht annähernd so bedrohlich für meine Karriere, wie ich es mir vorgestellt hatte, aber damals fühlte es sich so an. Ich diskutierte in dieser Zeit viel mit Pam, weil ich dachte, ich müsste ihre Verpflichtungen in einem ausgewogenen Rahmen halten. Ich sagte mir damals sogar: *Ich muss dafür sorgen, dass sie mindestens einmal im Jahr eine Auszeit nimmt, damit ihre Aktivitäten nicht unser Leben bestimmen.*

Wenn ich heute zurückschaue, weiß ich, dass ich überreagiert habe. Pam und ich haben einen Dienst als Autoren und Referenten aufgebaut, den wir beide genießen. Im Marketing und im Knüpfen von Kontakten ist Pam viel besser, als ich es je sein könnte. Sie ist auch viel positiver, wenn es darum geht, zu glauben, dass andere Menschen unsere Vorträge hören wollen. Und sie hat ein besonderes Talent, ein Leben als Selbstständiger zu managen.

Wir wussten, dass wir eine Strategie entwickeln mussten, wenn wir oberhalb der Linie bleiben wollten, wo Erfolg und Sicherheit gewahrt bleiben. Wir hatten beide den Wunsch, sowohl unsere berufliche Karriere als auch unsere Liebe zu fördern, ohne miteinander in Wettstreit zu geraten.

Schritt 1 zur Produktivität: Ziele setzen

Es ist gut, wenn ein Mensch im Einklang mit Gottes Schöpfungsabsicht für sein Leben handelt, und es ist gut, so produktiv wie nur möglich zu sein. Als der Apostel Paulus an seine Freunde in der Stadt Philippi schrieb, nannte er ihnen den Schwerpunkt und die Intensität seiner Zielsetzung:

Ich arbeite auf den Tag hin, an dem ich endlich alles sein werde, wozu Christus Jesus mich errettet und wofür er mich bestimmt hat ... Indem ich die Vergangenheit vergesse und auf das schaue, was vor mir liegt, versuche ich, das Rennen bis zum Ende durchzuhalten und den Preis zu gewinnen, für den Gott uns durch Christus Jesus bestimmt hat (Philipper 3,12-14).

Paulus wartete nicht passiv ab, sondern arbeitete mit ganzer Kraft auf sein Ziel hin. Er wartete nicht, dass etwas geschah, sondern setzte seine ganze Kraft ein.

Ein effektives Ziel lässt sich daran erkennen, dass es **KRAFT** hat.

- ♥ Es ist **k**onkret.
- ♥ Es stellt sich die Frage nach der richtigen **R**eihenfolge: »Was kommt als Nächstes?«
- ♥ Es ist **a**npassungsfähig.
- ♥ Es beruht auf Ihren eigenen **F**ähigkeiten.
- ♥ Es entspricht dem eigenen **T**empo.

Konkret. Effektive Ziele sind konkret. »Wir möchten einander dieses Jahr näherkommen« ist ein gutes Anliegen, aber als Ziel ist es zu schwammig formuliert. Es ist schwierig, zu wissen, wann man einander so nahegekommen ist, wie man es hoffte. Besser ist es, ein Ziel konkret zu formulieren, wie zum Beispiel: »Wir werden dieses Jahr an einem Tag pro Woche etwas gemeinsam unternehmen.« Oder: »Wir werden beide zehn Dinge aufschreiben, über die wir gern miteinander reden würden, die aber nichts mit Arbeit oder finanziellen Verpflichtungen zu tun haben.«

♡△♡△♡△♡△♡△♡△♡

Vielleicht können Sie den Plan Ihres Lebens nicht in Worte fassen, oder Sie können Ihre Bestimmung im Leben nicht erkennen, aber Sie können feststellen, was Sie als Nächstes tun sollten.

♡△♡△♡△♡△♡△♡△♡

Reihenfolge. Effektive Ziele beantworten die Frage: »Was kommt als Nächstes?« Da Ziele dazu dienen, uns in Bewegung zu halten, sollen sie uns vor allem helfen, zu erkennen, was in unserem Leben als Nächstes geschehen sollte. Vielleicht können Sie den Plan Ihres Lebens nicht in Worte fassen, oder Sie können Ihre Bestimmung im Leben nicht erkennen, aber Sie können feststellen, was Sie als Nächstes tun sollten.

Anpassungsfähig. Effektive Ziele sind flexibel. Es liegt in Ihrem Interesse, dass Ihr Leben gelingt, aber niemand kennt die Zukunft. Sich Ziele zu stecken, bedeutet nicht, im Voraus genau zu wissen, wie die Dinge ausgehen werden. Ziele sind dazu da, uns in Bewegung zu halten, damit Gott uns nach seinem Plan für unser Leben leiten kann. Sie müssen nicht genau wissen, wie weit Sie kommen werden. Sie müssen nur eine Richtung wählen und Gott sagen, dass Sie seiner Führung folgen werden, wenn er Ihnen eine neue Richtung zeigt. Wir glauben, dass genau das in Sprüche 16,9 gemeint ist:

Ein Mensch kann seinen Weg planen, seine Schritte aber lenkt der Herr.

Unsere Sache ist es, unseren Weg zu planen. Gottes Sache ist es, unsere Schritte zu lenken.

Fähigkeiten. Effektive Ziele berücksichtigen Ihr besonderes Begabungsprofil. Jedes Ziel, das auf dem beruht, was Sie aufgrund Ihrer Talente am besten können, werden Sie relativ mühelos erreichen, und es wird größere Auswirkungen haben als die anderen Aufgaben, die Sie erfüllen.

Tempo. Effektive Ziele lassen sich in Ihrem persönlichen Tempo verwirklichen. Zielsetzungen, die Sie dazu treiben, Ihr eigenes Tempo zu überschreiten, führen zu Ermüdungserscheinungen. Zielsetzungen, die Sie veranlassen, hinter Ihrem Tempo zurückzubleiben, sind ebenso ermüdend. Wenn Sie dagegen Ziele finden, bei denen Sie in Ihrem eigenen Tempo vorangehen können, werden Sie merken, dass die Arbeit befriedigend wirkt und Ihnen neuen Schwung verleiht.

♡△▽△▽△▽△▽△▽△▽△▽△▽△▽△▽△▽△▽△▽△▽♡

Hinweise sammeln

Beantworten Sie beide die folgenden Fragen, und tauschen Sie sich miteinander über Ihre Antworten aus:

♥ Welchen Schritt möchte ich in meiner beruflichen Karriere in diesem Jahr tun?

♥ Inwiefern entspricht dieser Schritt meinem besonderen Begabungsprofil? (Handelt es sich um etwas, wozu Gott mich durch die Kombination meiner Fähigkeiten, meiner Talente und meiner Leidenschaft berufen hat?)

♥ Inwiefern entspricht dieser Schritt meinem Tempo? (Wird er unser Leben beschleunigen? Wenn ja, für wie lange? Wird er unser Leben verlangsamen? Wenn ja, für wie lange?)

♥ Wie wird sich dieser Schritt auf unsere Ehe und auf unsere Familie auswirken? (Werde ich mehr oder weniger Zeit für meine Ehe, meine Kinder und andere Familienmitglieder haben?)

♥ Welchen Schritt möchte ich in meiner beruflichen Karriere innerhalb der nächsten fünf Jahre tun?

♥ Inwiefern entspricht dieser Schritt meinem besonderen Begabungsprofil?

♥ Inwiefern entspricht dieser Schritt meinem Tempo?

♥ Wie wird sich dieser Schritt auf unsere Ehe und auf unsere Familie auswirken?

Schritt 2 zur Produktivität:
Anhand von Prioritäten auswerten

Jede Aktivität und jede Verpflichtung in Ihrem Leben lässt sich nach ihrer Priorität beurteilen. Manche Dinge haben die Priorität »A« und sind damit ein »Muss«. Andere Dinge haben die Priorität »B«; das heißt, sie sind zwar wichtig, weil sie Ihr Leben positiv beeinflussen, aber sie sind weniger entscheidend für Sie und müssen nicht unbedingt erreicht werden. Wahrscheinlich gibt es in Ihrem Leben auch einige Dinge mit der Priorität »C«, die Sie zwar gern verwirklichen würden, die aber nicht notwendig sind oder zeitlich nicht dringend sofort umgesetzt werden müssen.

Ein Problem entsteht, wenn Sie nicht genug Zeit haben oder nicht über genügend finanzielle Mittel verfügen, um alle Ziele zu erreichen. Wenn Sie Ihre Prioritäten nicht klar im Blick behalten, fühlen sich alle Aufgaben gleichermaßen wichtig an. Das ist so lange unproblematisch, wie Sie nur vier oder fünf Prioritäten zu erfüllen haben. Doch dann wären Sie nicht verheiratet, hätten ganz sicher keine Kinder, und sie wären völlig von anderen Menschen isoliert.

Wenn Sie alle Ihre Prioritäten gleichsetzen, wird das zu einer von zwei Reaktionen führen: Sie werden entweder lethargisch oder übereifrig. Sie werden vermutlich zu dem Ergebnis kommen, dass es unmöglich ist, alles Nötige so zu tun, wie Sie es für angemessen halten. Diese Perspektive wird Sie entmutigen und inaktiv werden lassen, oder Sie stürzen sich auf Ihre Aufgaben und versuchen verzweifelt, alles perfekt hinzukriegen. Da dies jedoch unmöglich ist, werden Sie Ihre ganze Umgebung mit Ihren Erwartungen verrückt machen, weil Sie alle zur Mithilfe bewegen wollen, um das Unmögliche doch zu erreichen.

Das Problem liegt nicht darin, dass Sie alles für wichtig halten, sondern darin, dass Sie alles für gleich wichtig halten. Prioritäten haben den Sinn, es Ihnen zu ermöglichen, mit Ihren Kräften gut zu wirtschaften. Eine Priorität A verdient das Beste, was Sie zu geben haben. Sie sollten bereit sein, für solche Ziele an Ihre Grenzen zu gehen, hart zu arbeiten und andere Dinge dafür zu opfern. Auch für eine Priorität B sollten Sie sich wirklich Mühe geben, aber es sind nicht annähernd so große Anstrengungen nötig wie bei einer Priorität A. Bei einer Priorität C sollten Sie das einsetzen, was Sie noch erübrigen können. Solche Aktivitäten müssen nicht auf hohem Niveau laufen, und vielleicht müssen sie auch gar nicht stattfinden. Es steht Ihnen frei, zu entscheiden, welches Ergebnis für Sie »gerade noch akzeptabel« ist, und dann Ihren Aufwand entsprechend gering zu halten.

Wenn Sie Ihre Anstrengungen konsequent an Ihren Prioritäten ausrichten, werden Sie die innere Befriedigung erfahren, zu wissen, dass die wirklich wichtigen Dinge in Ihrem Leben funktionieren.

♡︎♤♡︎♤♡︎♤♡︎♤♡︎♤♡︎♤♡︎♤♡︎
Eine Priorität A verdient das Beste, was Sie zu geben haben.
♡︎♤♡︎♤♡︎♤♡︎♤♡︎♤♡︎♤♡︎♤♡︎

♡△▽△▽△▽△▽△▽△▽△▽△▽△▽△▽△▽△▽△♡

Hinweise sammeln

Kreuzen Sie bei den für Sie zutreffenden Aussagen bezüglich Ihrer beruflichen Karriere die entsprechende Priorität an. Jeder von Ihnen sollte dabei eine andere Farbe verwenden.

A B C Ich möchte eine volle Stelle bei einer Firma haben.

A B C Ich möchte von zu Hause aus für eine Firma arbeiten.

A B C Ich möchte halbtags arbeiten.

A B C Ich möchte feste Arbeitszeiten haben.

A B C Ich möchte meine eigene Firma haben.

A B C Ich möchte ein festes Einkommen haben.

A B C Ich möchte frei sein, finanzielle Entscheidungen ohne große Absprachen mit anderen zu treffen.

A B C Ich möchte eine Betriebsrente haben.

A B C Ich möchte hart an meiner beruflichen Karriere arbeiten, solange unsere Kinder klein sind.

A B C Ich möchte hart an meiner beruflichen Karriere arbeiten, wenn unsere Kinder Teenager sind.

A B C Ich möchte hart an meiner beruflichen Karriere arbeiten, wenn unsere Kinder aus dem Haus sind.

A B C Ich möchte früh in Rente gehen.

A B C Ich möchte nie in Rente gehen. (Vielleicht wechsle ich in eine andere Tätigkeit oder reduziere meine Arbeitsstunden, aber ich möchte weiterarbeiten.)

Schritt 3 zur Produktivität:
Ihre beruflichen Karrieren aufeinander abstimmen

Erinnern Sie sich noch an die Gespräche in der ersten Zeit Ihrer Ehe, als Sie fragten: »Was möchtest du heute zu Abend essen, Schatz?«?

»Ich weiß nicht. Was steht denn zur Wahl?«

»Mal sehen. Wir können einen Thunfischauflauf essen. Wir können uns Hotdogs und Bohnen schmecken lassen. Oder wir können die übrig gebliebenen Spaghetti verspeisen. Worauf hast du Appetit?«

Viele Paare betrachten die erste Phase ihrer Ehe als die denkwürdigste und wichtigste, aber auch kärgste Zeit ihres gemeinsamen Lebens. Wir erinnern uns an die mageren Tage und müssen darüber lachen, mit welcher Kreativität wir aus unseren wenigen Kröten das meiste herausholten. Aber keiner von uns möchte ein Leben lang mit finanziellen Engpässen leben.

♡△♡△♡△♡△♡△♡△♡

Viele Paare betrachten die erste Phase ihrer Ehe als die denkwürdigste und wichtigste, aber auch kärgste Zeit ihres gemeinsamen Lebens.

♡△♡△♡△♡△♡△♡△♡

Jeder von Ihnen wurde dazu geschaffen, produktiv zu sein. Es begann mit Adam und Eva, als »Gott, der Herr, ... den Menschen in den Garten Eden [brachte]. Er sollte ihn bebauen und bewahren« (1.Mose 2,15). Das erste Liebespaar hatte die Aufgabe, den Garten zu bebauen, damit er ertragreicher wurde und nicht durch Wildwuchs oder Unkraut verdarb. Das erforderte sowohl Kreativität als auch die Fähigkeit, Problemlösungen zu finden, und genau dazu wurden sie erschaffen.

Der Bericht über den Turmbau zu Babel liefert uns ein aufschlussreiches Beispiel über das bemerkenswerte Talent, das Gott im Menschen angelegt hat. Der Kontext ist gewiss negativ. Tatsache ist aber, dass der Mensch unglaublich kreativ, fähig und innovativ ist. Gott konnte das Projekt nicht zulassen, aber selbst er bestätigte die außerordentliche Geschicklichkeit, die in Männern und Frauen angelegt ist. »Der Herr aber kam aus dem Himmel herab, um sich die Stadt und den Turm anzusehen, den sie erbauten. ›Sieh, was sie begonnen haben zu bauen. Weil sie dieselbe Sprache sprechen und ein Volk sind, wird ihnen nichts unmöglich sein, was sie sich vornehmen! Kommt, wir steigen hinab und geben ihnen verschiedene Sprachen. Dann werden sie sich nicht mehr verständigen können‹« (1. Mose 11,5-6).

Sie und Ihr Partner bzw. Ihre Partnerin sind beide begabt. Sie haben einen Beitrag zu leisten, und dieser Beitrag verlangt sein Recht mitten in den Herausforderungen des Alltags. Sie haben einander entdeckt, weil Sie im anderen etwas bemerkt haben, das attraktiv war. Irgendwie kamen Sie zu dem Schluss, dass Sie ein gemeinsames Leben aufbauen könnten. Wie Sie inzwischen festgestellt haben, lässt sich das leichter erträumen als verwirklichen. Eine der großen Herausforderungen, mit denen Sie konfrontiert sind, ist die Aufgabe, Ihre Aktivitäten so zu koordinieren, dass jeder von Ihnen seinen Beitrag im Leben leisten kann und Ihre Beziehung dabei aufblüht.

Ich (Pam) bin betroffen über die vielen Frauen, die gute, gefestigte Ehemänner verlassen, obwohl diese treu

♡△♡△♡△♡△♡△♡△♡
Eine der großen Herausforderungen, mit denen Sie konfrontiert sind, ist die Aufgabe, Ihre Aktivitäten so zu koordinieren, dass jeder von Ihnen seinen Beitrag im Leben leisten kann und Ihre Beziehung dabei aufblüht.
♡△♡△♡△♡△♡△♡△♡

für ihre Familien sorgen, engagierte Väter sind und ihre Frau lieben. Diese Männer sind oft nicht in dem Sinne romantisch, wie es in Liebesromanen geschildert wird, mit Blumen, Pralinen und amourösen Abenteuern. Manchmal drücken Männer romantische Gefühle anders aus. Sie bauen ein Haus und sorgen dafür, dass das Küchenfenster zum Garten zeigt, damit Sie die Kinder spielen sehen können. Sie kaufen Ihnen zu Weihnachten neue Winterreifen, um Ihre Sicherheit auf der Straße zu erhöhen.

Während wir einerseits diese Männer ermutigen möchten, ihre romantischen »Muskeln« zu trainieren, möchten wir andererseits an diese Frauen appellieren, ihren guten Ehemann nicht zu verlassen, um sich den Armen eines Mannes anzuvertrauen, der sie mit schmeichelhaften Reden umwirbt. Wenn er Sie mit seinen Schmeicheleien bezirzt, kann er einige Jahre später auch eine andere Frau mit seinen Worten umgarnen, sobald er das Interesse an Ihnen verloren hat.

Der Schlüssel, um in der Ehe mit einem »guten, gefestigten Ehemann« die Liebe zu erschließen, liegt in der Kenntnis der Wegzeichen auf der Landkarte seines Herzens. Die folgenden Symbole könnten genau der Art und Weise entsprechen, wie er romantische Gefühle auszudrücken versucht:

♥ Das Haus anstreichen bedeutet: »Ich bin stolz, dein Ehemann zu sein, und ich möchte, dass du stolz darauf sein kannst, in dem Heim zu leben, das ich dir bieten kann.«

♥ Den Rasen mähen bedeutet: »Ich möchte, dass du am Samstag Zeit für unsere Familie haben kannst. Deshalb kümmere ich mich um den Garten.«

♥ Überstunden machen bedeutet: »Ich finde, du bist eine großartige Frau, und ich möchte für dich und unsere Kinder das Beste, was das Leben zu bieten hat.«

Sowohl der Mann als auch die Frau sollte auf ihrem beruflichen Weg eines sorgfältig beachten: Wenn man zu Geld kommt, wird man leicht unabhängig und läuft Gefahr, sich aus dem Staub zu machen, wenn die Dinge schwierig werden. Der Journalist Michael Noer schrieb in der Zeitschrift *Forbes,* dass Karrierefrauen, die über 30 000 Dollar im Jahr verdienen, sich häufiger von ihren Männern scheiden lassen.[21] Und die Tatsache, dass siebzig Prozent aller Scheidungen von Frauen eingereicht werden, sollte uns innehalten und fragen lassen: »Warum haben so viele Frauen den Wunsch, auszusteigen?«[22]

Eine kanadische Untersuchung ergab einen ähnlichen Trend: Bei Frauen in Nordamerika ist die Wahrscheinlichkeit, dass sie eine Scheidungsklage einreichen, doppelt so hoch wie bei Männern. Janis Magnusson, eine Scheidungsanwältin aus Calgary, sagt, dass sie oft auf Frauen trifft, die unrealistische Erwartungen an ihre Ehe und an ihren Partner stellen. »Frauen erwarten einen Märchenprinzen, während Männer nur eine Frau, Sex, Essen und einen Job wollen.«[23] Fairerweise sei gesagt, dass manche Frauen zum Scheidungsanwalt gehen, weil der aktuelle Konflikt nur der letzte in einer langen Liste von Problemen ist, die der Mann einfach nicht angeht. Im Blick auf diese Statistiken sollten wir Frauen, wenn wir uns ärgern, innehalten und uns die Frage stellen: »Bin ich unrealistisch? Könnte irgendein Mann das Bedürfnis stillen, das ich gerade spüre, oder kann nur Gott mir diese Erfüllung geben?«

Ihre beruflichen Aktivitäten mit Gebet aufwiegen

Ein GPS-System muss mit einem Satelliten verbunden werden, bevor es Ihren Standort lokalisieren oder eine effektive Route für Sie berechnen kann. Genauso müssen Sie mit dem einen verbunden sein, der Ihr Leben aus der Vogelperspektive überblickt. Er kennt den Ausgang schon von Anfang an, und er weiß, wie die Ereignisse Ihres Lebens zusammenwirken werden. Er kennt Ihre Begabungen und versteht Ihre Wünsche, weil er Sie geschaffen hat und Ihr Herz lesen kann. Außerdem sorgt er dafür, »dass für die, die Gott lieben und nach seinem Willen zu ihm gehören, alles zum Guten führt« (Römer 8,28). Und er hat versprochen, uns große Weisheit zu geben: »Ich will dir den Weg zeigen, den du gehen sollst. Ich will dir raten und dich behüten« (Psalm 32,8).

Es ist belegt, dass Ehepaare, die regelmäßig gemeinsam beten, eine stabilere Ehe führen und mehr Zufriedenheit empfinden als diejenigen, die nicht miteinander beten. Ein wesentlicher Grund ist, dass es weniger Konflikte, auch gerade in beruflichen Fragen, gibt, wenn beide Partner denselben Gott um Weisheit bitten.

Gott drückt sich nicht unklar aus und spielt keine Psychospiele. Er wird nicht den einen Partner in die eine und den anderen Partner in eine entgegengesetzte Richtung führen. Sie werden eine übernatürliche Einheit bei Ihren Aktivitäten erfahren und dadurch motiviert werden, sich einerseits stärker zu engagieren und andererseits Ihrem Partner bzw. Ihrer Partnerin den Vortritt zu lassen, wenn seine/ihre Karriere im Mittelpunkt steht.

Wenn Sie merken, dass Sie zu rivalisieren beginnen, dann fangen Sie an, für Ihren Mann / Ihre Frau zu beten. Bitten Sie Gott, seine/ihre Leistungen, Möglichkeiten und zukünftigen Erfolge zu maximieren. Bitten Sie Ihren Mann / Ihre Frau, auch für Sie zu beten. Nachdem Sie eine Zeit lang (einige Wochen oder ein paar Monate) füreinander gebetet haben, orientieren Sie sich neu, und prüfen Sie, ob Gott vielleicht einen besser abgestimmten Plan für Sie beide hat. Suchen Sie nach einem Weg, den Sie gemeinsam gehen können, oder zumindest nach einer gemeinsamen Richtung. Nur so können Sie das Ziel erreichen, eine glückliche und befriedigende Ehe zu führen, während Sie unterschiedlichen Berufstätigkeiten nachgehen.

Die Intensität nach Ihrem Interesse bemessen

Das Interesse an einer beruflichen Karriere reicht von einem bloßen Pflichtgefühl bis zum Bewusstsein einer Lebensberufung. Einige von Ihnen arbeiten, weil Sie es müssen, während andere ihrem Beruf aus reiner Freude an der Leistung nachgehen. Manchmal ist das Satellitensignal auf Ihrem GPS-System stark, manchmal ist es kaum wahrnehmbar.

In ähnlicher Weise hat jeder Mensch ein berufliches »Signal«. Bei manchen ist es stark, bei anderen dagegen relativ schwach ausgeprägt. Das bedeutet nicht, dass Menschen mit einem starken beruflichen Interesse den anderen überlegen wären. Das Leben ist mehr als bloßes berufliches Engagement. Kinder müssen erzogen werden, und sie verlangen ein enormes Engagement. Städtische Gemeinden brauchen aktive Bürger, die einen Beitrag dazu leisten, damit alles gut läuft. Christliche Gemeinden brauchen ehrenamtliche Mitarbeiter, die sich mit ihrer Zeit und ihren Talenten dafür einsetzen, eine Atmosphäre des Wachstums und der Gnade zu schaffen.

Wahrscheinlich hat einer von Ihnen beiden ein stärkeres berufliches Signal als der andere. Sie wurden mit dieser starken beruflichen Prägung geschaffen, weil es zu Ihren Aufgaben gehört, sich für finanzielle Produktivität einzusetzen und Ihr Arbeitsumfeld zu beeinflussen. Sie haben in der Arbeitswelt einen wichtigen Beitrag zu leisten. Das könnte zum Beispiel eine Innovation in Ihrem Fachgebiet oder ein positiver Einfluss auf das Arbeitsleben anderer berufstätiger Menschen sein. Damit Sie diesen Einflussbereich erkennen, wurde Ihnen ein starker Wunsch zu arbeiten, und die nötige Begabung für die Anforderungen einer beruflichen Karriere mitgegeben. Für Ihre Ehe wird es das Beste sein, wenn Sie sich stark auf Ihre Karriere konzentrieren können. Wenn Sie das Signal in Ihrem Herzen abschwächen müssen, werden Sie ruhelos und reizbar werden. Wahrscheinlich werden Sie zu viel Druck auf Ihre Familie ausüben, weil Sie versuchen werden, Ihren Wunsch nach Produktivität durch das Leben Ihrer Familienmitglieder zu verwirklichen.

Es ist nicht möglich, alle Kombinationen von beruflichen Signalen darzustellen, die bei Ehepaaren vorkommen können. Vielleicht haben Sie beide eine hohe Signalstärke, vielleicht aber auch beide eine schwache Signalstärke. Womöglich werden bei einem von Ihnen alle Signalbalken angezeigt, beim anderen dagegen nur zwei. Der Schlüssel ist, das einzigartige Zusammenspiel zu entdecken, das in Ihrer Beziehung existiert.

Sie sollten berufliche Entscheidungen so treffen, dass sie genau zu Ihrer Kombination passen.

♡△♡△♡△♡△♡△♡△♡△♡△♡△♡△♡△♡△♡△♡

Hinweise sammeln

Kreuzen Sie die Aussage an, die Ihre beruflichen Wünsche am besten beschreibt.

Mann Frau

☐   ☐   Ich träume davon, in meiner beruflichen Karriere so effektiv wie möglich zu sein.

☐   ☐   Ich schätze meine Familie mehr, wenn meine Familie meine berufliche Karriere beachtet/würdigt.

☐   ☐   Ich habe ein gutes Gefühl in meinem Leben, wenn ich hart arbeite.

☐ ☐ Ich gehe genauso gern zur Arbeit, wie ich es mag,
zu Hause zu sein.

☐ ☐ Ich gehe gern zur Arbeit, könnte meinen Beruf
aber auch aufgeben.

☐ ☐ Meine Zeit zu Hause gefällt mir besser als meine
Zeit im Beruf.

☐ ☐ Mir gefällt das Leben am besten, wenn ich nicht
arbeiten gehen muss.

☐ ☐ Ich finde ehrenamtliche Aufgaben viel
befriedigender als meine Berufstätigkeit.

Betrachten Sie die beiden Balkendiagramme unten, und stellen Sie sich vor, dass sie die Signalstärke anzeigen (ähnlich wie bei Ihrer Handy- oder WLAN-Verbindung). Malen Sie so viele Balken aus, wie es der Intensität entspricht, mit der Sie sich beruflich engagieren möchten. Wie hoch ist Ihre Intensität?

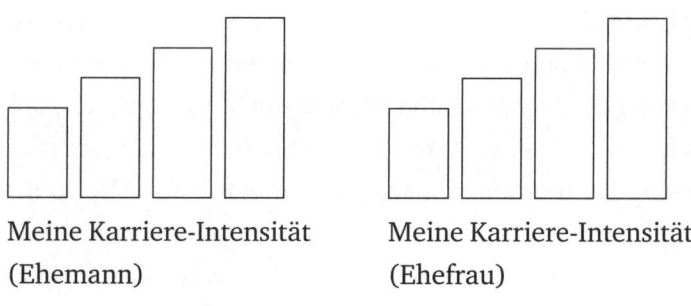

Meine Karriere-Intensität   Meine Karriere-Intensität
(Ehemann)   (Ehefrau)

Ihre beruflichen Projekte nach ihrer Effizienz aufteilen

Wahrscheinlich hat einer von Ihnen beiden höhere Einkommens-möglichkeiten als der andere. Einer von Ihnen beiden kann mehr Geld verdienen, als es der andere in derselben Zeit könnte. In diesem Fall ist es sinnvoll, der beruflichen Karriere dieses Partners mehr Raum zu geben. Doch erstaunlicherweise kommt es bei diesem Thema oft zu Spannungen. Angst keimt auf und macht das Ganze noch komplizierter. Vielleicht fühlen Sie sich Ihrem Mann bzw. Ihrer Frau unterlegen und verlangen deshalb dieselben Chancen, Ihre berufliche Karriere zu entfalten. Um Ihnen dies zu ermöglichen, muss Ihr Mann bzw. Ihre Frau sich einschränken. Im Ergebnis führt dies zu geringeren Einnahmen bei der gleichen Investition Ihrer Zeit.

♡︎︎︎︎︎︎︎︎︎︎︎︎︎♡
Wahrscheinlich hat einer von Ih-nen beiden höhere Einkommens-möglichkeiten als der andere.
♡︎︎︎︎︎︎︎︎︎︎︎︎︎♡

Oder Sie sind einfach stolz. Das passiert oft, wenn eine Frau mehr Geld verdienen kann als ihr Mann. Das männliche Ego wird aktiviert, und Angst kommt auf. Sie fühlen sich auf eine Art minderwertig, weil Ihre Frau mehr verdient als Sie. Sie haben Angst, in den Augen Ihrer Frau an Ansehen zu verlieren, wenn sie mit einem höheren Gehalt nach Hause kommt. Und weil Ihnen bewusst ist, dass sie tatsächlich mehr Geld verdienen kann als Sie, bieten Sie enorme Anstrengungen auf, um es ihr gleichzutun. Wenn Sie Ihren Stolz nicht überwinden, werden Sie hartnäckig auf Ihrem Recht bestehen, so hart wie nötig zu arbeiten.

Aber so muss es nicht sein! Gott hat jedem von Ihnen ein bestimmtes Verdienstpotenzial mitgegeben, damit Sie Ihr berufliches Engagement nach Ihren Möglichkeiten aufteilen und nicht nach Ihrem Geschlecht.

Hinweise sammeln

Kreuzen Sie die Aussage an, die Sie als Ehepaar am besten beschreibt:

☐ In unserer Ehe hat der Mann ein wesentlich höheres Verdienst-potenzial als die Frau.

☐ In unserer Ehe hat die Frau ein wesentlich höheres Verdienst-potenzial als der Mann.

☐ In unserer Ehe hat der Mann ein etwas größeres Verdienst-potenzial als die Frau.

☐ In unserer Ehe hat die Frau ein etwas größeres Verdienst-potenzial als der Mann.

☐ In unserer Ehe hat der Mann ein geringfügig höheres Verdienstpotenzial als die Frau.

☐ In unserer Ehe hat die Frau ein geringfügig höheres Verdienstpotenzial als der Mann.

☐ In unserer Ehe haben wir beide dasselbe Verdienstpotenzial.

Erörtern Sie nun, was Sie über die Situationen denken, die jeder von Ihnen angekreuzt hat. Können Sie etwas unternehmen, um Ihr Verdienstpotenzial so zu verbessern, dass beide Partner sich dabei wohlfühlen und zugleich Ihre Beziehung geschützt wird? Der nun folgende Abschnitt könnte ebenfalls Licht auf die Situation werfen, die Ihnen vielleicht immer noch unlösbar erscheint.

Ihre beruflichen Karrieren kooperativ aufteilen

Wenn Ihre Familie wächst, ändern sich die Anforderungen, die an Sie gestellt werden. Solange Sie keine Kinder haben, steht es Ihnen frei, zu entscheiden, wie Sie beide sich beruflich engagieren wollen. Sie können uneingeschränkt das Haus verlassen und so lange wegbleiben wie nötig, da zu Hause keine Kinder warten, die Betreuung brauchen. Wenn Krabbelkinder im Haus sind, ändert sich Ihr Leben drastisch. Die Bedürfnisse eines Kleinkinds müssen ständig erfüllt werden, und Sie müssen rund um die Uhr auf sie achten. Wenn Ihre Kinder in die Schule kommen, werden Sie das Gefühl haben, einen gewissen Teil Ihres Lebens zurückzubekommen, weil Ihnen einige Stunden am Tag wieder zur freien Verfügung stehen. Im Teenageralter werden Sie zum Zuschauer der Entwicklung und der Fortschritte Ihrer Kinder. Aber auch Teens brauchen viel Zeit, sodass mindestens ein Elternteil sich stärker um die Bedürfnisse Ihrer Teenager kümmern muss. Wenn Ihre Kinder schließlich das Haus verlassen, um ihr eigenes Leben zu führen, werden Sie sich eine der wichtigeren Fragen des Lebens stellen, während Sie in die produktivste Phase Ihres Lebens eintreten: »Da ich nun mehr Zeit zur Verfügung habe, wie werde ich sie nutzen?«

In jeder dieser Phasen Ihrer Ehe ändert sich das Maß Ihrer Freiheit und Ihrer Energie. Je nach den Entscheidungen, die Sie getroffen haben, wird einer von Ihnen beiden sich mehr auf den Beruf und der andere sich mehr auf die Bedürfnisse Ihrer Familie konzentrieren. Wenn Sie beide Ihr berufliches Potenzial ausschöpfen wollen, müssen Sie sich wahrscheinlich abwechseln und das Verhältnis von Arbeit und Familie entsprechend ändern.

♡△♡△♡△♡△♡△♡△♡

In jeder dieser Phasen Ihrer Ehe ändert sich das Maß Ihrer Freiheit und Ihrer Energie.

♡△♡△♡△♡△♡△♡△♡

Das ist jedenfalls der Weg, den wir beide gewählt haben. Schon früh in unserer Ehe beschlossen wir gemeinsam, dass ich (Bill) mich intensiv darauf konzentrieren würde, meinen College-Abschluss zu machen und dann als Pastor zu arbeiten. Das funktionierte gut, als unsere Kinder noch klein waren, weil ich in meiner Eigenschaft als Versorger Fortschritte machte und Pam die Zeit der Schwangerschaft und des Stillens ohne das strenge Regiment einer Stechuhr genießen konnte. Sie verstand es großartig, in diesen wichtigen Entwicklungsjahren für unsere Kinder da zu sein.

Als unsere Kinder in die Schule kamen, konzentrierte Pam sich auf ihre berufliche Weiterentwicklung. Sie ging wieder aufs College, um ihr Studium abzuschließen. Sie bot mehr Bibelseminare für Frauen an. Sie begann, ernsthaft zu schreiben. Zuerst für eine Tageszeitung, dann für Zeitschriften, bevor sie ihre ersten beiden Buchverträge unterzeichnete. In dieser Periode gestaltete ich meine Arbeitsstunden flexibler und verbrachte mehr Zeit mit den Kindern, damit Pam ihre Verpflichtungen in ihrem Zeitplan unterbringen konnte.

Als unsere Kinder ins Teenageralter kamen, widmeten wir beide uns in ähnlichem Umfang unserer beruflichen Karriere. Unsere Söhne waren mit ihren Aufgaben beschäftigt und brauchten uns in anderer Weise als bisher. Bevor sie Teenager wurden, verlangten sie fast ständig unsere Aufmerksamkeit. Nun brauchten sie uns nur in den Schlüsselmomenten ihres Lebens. Sie gingen für eine Weile selbstständig und ohne jeden Zwischenfall ihren Weg, bis es von Zeit zu Zeit eine besondere Situation in ihrem Leben gab: Sie erlebten einige Erfolge, bei denen wir ihre Freude teilen konnten, oder sie machten Fehler, die der Korrektur bedurften. Wir mussten unseren Alltag so organisieren, dass wir solche Momente mitbekamen und entsprechend darauf eingehen konnten. Außerdem teilten wir unsere elterlichen Aufgaben und Pflichten auf, indem jeder von uns für bestimmte Bedürfnisse jedes Kindes die alleinige Verantwortung übernahm.

Das Ganze erinnert uns an die Art und Weise, wie »Tammy« funktioniert. Tammy ist unser Spitzname für das Navi in Pams Auto. Als wir es in Betrieb nahmen, wurde uns die Möglichkeit gegeben, eine Stimme zu wählen. Wir wählten eine Frauenstimme, und da es sich um die Marke TomTom handelte, gaben wir ihr den Namen Tammy. Tammy schweigt lange, bis sie uns zu etwas veranlassen will. Dann unterbricht sie jedes laufende Gespräch, um eine Ankündigung zu machen. »Nach zwei Kilometern rechts abbiegen. Bleiben Sie auf der linken Spur. Dann nehmen Sie die Autobahn.« Sie hat ihren eigenen Zeitplan, ihre eigene Sprache und ihren eigenen Sinn für das richtige Timing. Wir machen uns über sie lustig, aber wir finden sie trotzdem faszinierend, und sie ist eine nützliche Ergänzung.

Inzwischen haben wir eine Phase erreicht, in der wir beide die Freiheit haben, mit voller Kraft unserem Beruf nachzugehen. Unsere Kinder sind erwachsen und führen ein eigenständiges Leben. Wir können wieder aus dem Haus gehen, ohne uns Sorgen zu machen, wie lange wir unterwegs sein werden. Wir können früh aufstehen, lange aufbleiben, ohne Morgenmantel in die Küche spazieren oder mitten am Tag ein Nickerchen machen. Auch unsere Gespräche haben sich verändert. Wir sprechen mehr über unser Vermächtnis und über die Spuren, die wir in der Welt hinterlassen werden. Wir schwelgen in den Erinnerungen an herrliche Momente, die wir erlebt haben, und fordern einander heraus, zu überlegen, wie weit unser Einfluss noch reichen kann, bevor wir zu alt werden, um zu arbeiten. Uns inspiriert und überwältigt die Tatsache, dass wir in die produktivsten 20 Jahre unseres Lebens eintreten. Wir arbeiten hart, nicht so sehr, weil wir »es müssen«, sondern vor allem, weil wir »es wollen«.

♡△♡△♡△♡△♡△♡△♡△♡△♡△♡△♡△♡△♡△♡

Hinweise sammeln

Welche Lebensphase beschreibt am besten, wo Sie sich als Ehepaar gerade befinden?

☐ Frisch verheiratet
☐ In den ersten Ehejahren ohne Kinder
☐ Eltern von Säuglingen/Krabbelkindern
☐ Eltern von Schulkindern
☐ Eltern von Teenagern
☐ Patchwork-Familie in der Phase der Anpassung
   (die ersten fünf Jahre)
☐ Patchwork-Familie mit Schulkindern
☐ Patchwork-Familie mit Teenagern
☐ Alle Kinder aus dem Haus
☐ Großeltern, die sich um ihre Enkel kümmern

Welche Herausforderungen stellen sich in dieser Lebensphase?
   Wer von Ihnen beiden sollte sich in dieser Phase stärker auf den Beruf konzentrieren?

Ein motivierendes Budget

Neben einem kreativen Plan für eine effektive berufliche Entwicklung brauchen Sie auch ein Budget, das Ihnen als Ehepaar am besten entspricht. Ein Budget zu erstellen, ist für die meisten Ehepaare ein schwieriger Prozess, weil jeder von Ihnen beiden Geld nach dem eigenen Motivationsstil ausgibt. Ihre Aufgabe ist deshalb, einen finanziellen Stil zu finden, der Ihre Ziele mit Ihren Motivationsstilen koordiniert, damit Sie Ihren finanziellen Gestaltungsspielraum maximieren können.

Die Herausforderung

Sicher haben Sie gehört, dass Konflikte in Geldangelegenheiten ein besonders häufiger Grund sind, warum Ehepaare sich trennen. Das Thema Finanzen ist für die meisten Ehepaare eine Herausforderung, vor allem, weil jeder von uns Geld nach dem eigenen Motivationsstil ausgibt. Entscheider setzen Geld ein, um die Kontrolle darüber zu behalten, in welche Richtung ihr Leben sich entwickelt. Inspirierer geben Geld aus, um anderen eine Freude zu machen und ihnen zu schönen Erinnerungen zu verhelfen. Friedenswahrer beschränken ihre Ausgaben, um ihr Leben friedlich und einfach zu halten. Finanzstrategen verwalten ihr Geld nach fest etablierten Regeln.

Das würde gut funktionieren, wenn Sie einen Menschen mit demselben Motivationsstil geheiratet hätten. Problematisch wird es, weil die meisten Menschen einen Partner mit einem anderen Motivationsstil wählen. Es stimmt, dass wir mit solchen Personen sympathisieren, die einen ähnlichen Stil haben, und sie gern als Freunde wählen. Eine romantische Anziehungskraft geht aber meistens von den Personen aus, die einen anderen Motivationsstil haben als wir selbst. Uns allen ist unsere Unvollkommenheit schmerzlich bewusst, sodass wir nach einem Partner suchen, der in unserem Leben das ergänzen kann, was uns selbst fehlt.

Unser Stil

Nehmen wir unsere Beziehung als Beispiel. In meinem (Bills) Stil bin ich eine Kombination von Friedenswahrer und Finanzstratege. Der Friedenswahrer in mir ist stärker als der Finanzstratege. Deshalb versuche ich vor allem, unser finanzielles Programm so einfach wie möglich zu halten.

Ich liebe Daueraufträge, weil ich sie nur einmal einzurichten brauche und sie sich dann selbst erledigen. Ich mag Entscheidungen, die im Voraus diskutiert werden, damit es bei unseren finanziellen Koordinaten möglichst wenige Überraschungen gibt. Mir wäre es am liebsten, wenn wir nur *ein* Scheckbuch, nur *ein* Konto und nur *eine* Kreditkarte hätten, weil das einfach wäre. Im wirklichen Leben sind die Dinge bei uns natürlich komplizierter, aber so wäre es mir am liebsten.

Der Finanzstratege in mir macht mich zu demjenigen in der Familie, der für die Zahlung unserer Rechnungen und die Verbuchung unserer Ausgaben verantwortlich ist. In dieser Rolle möchte ich, dass jedes Mal, wenn ich mich hinsetze, um Zahlungen anzuweisen, reichlich Geld auf dem Konto vorhanden ist. Ich staune, wie sehr es mich ärgert, wenn ich feststelle, dass ein Scheck ausgestellt wurde, von dem ich nichts wusste. Mir ist klar, dass meine Reaktion nicht angemessen ist, weil Pam die Freiheit braucht, in ihrem Alltag der Führung Gottes zu folgen, und das Recht hat, als Erwachsene eigene Entscheidungen zu treffen. Aber vom Verstand her gelingt es mir normalerweise nicht, meine emotionale Reaktion zurückzunehmen. Umgekehrt wundere ich mich, wie sehr es mich freut, wenn ich alle Rechnungen bezahlt habe und immer noch eine Reserve auf dem Konto ist. Aber nicht weniger wundert es mich, wie frustriert ich reagiere, wenn ich nicht alle fälligen Rechnungen begleichen kann, weil unsere Liquidität nicht ausreicht.

Ich (Pam) bin vom Motivationsstil her primär ein Inspirierer. Ich lebe, um andere davon zu überzeugen, dass sie ihre von Gott geschenkten Träume verwirklichen können. Ich spreche zu Gruppen, um Menschen zu helfen, ich schreibe Bücher, um Menschen zu helfen, und ich gebe Geld aus, um Menschen zu helfen. Am besten gefallen mir die Tage, an denen ich andere lachen und lernen sehe, weil sie neue Hoffnung für ihre Zukunft schöpfen. Ich bin selbst darüber erstaunt, wie viele Risiken ich eingehe, damit dies Wirklichkeit wird. Ich reise an jeden Ort der Welt, um zu Menschen zu sprechen. Ich sage als Referentin zu, wenn ich anderen dadurch helfen kann, ihre Träume zu entdecken.

Ich weiß nicht, wie ich dazu gekommen bin, aber ich lebe nach dem Motto: »Das kriegen wir schon irgendwie hin.« Dieses Motto beflügelt mich, sobald ich eine Gelegenheit wahrnehme, von der ich glaube, dass Gott sie mir in den Weg gestellt hat.

Meine Reaktion lässt sich ungefähr so beschreiben: »Wow, jetzt seht euch nur an, was Gott hier Großes tut. Und er lässt mich dabei mithelfen. Ich weiß, dass diese Aufgabe Glauben erfordern wird, aber genau darum geht es doch schließlich in unserem Leben als Christen, weil ›es unmöglich ist, ohne Glauben Gott zu gefallen‹ (Hebräer 11,7). Ich bin zwar nicht sicher, wie das gehen soll, aber das kriegen wir schon hin, solange wir Gottes Führung gehorsam sind.«

Bei jedem geistlichen Gabentest bekomme ich das Ergebnis, dass vier primäre Gaben mit Abstand am stärksten ausgeprägt sind: Glaube, Leitung, Hirtendienst und Lehre im Glauben. Wenn ich sehe, dass irgendwo etwas gebraucht wird, frage ich mich: »Kann ich noch ein wenig härter arbeiten, um dieses Ziel zu erreichen? Kann ich Gott noch mehr vertrauen und seine Stimme noch deutlicher hören, damit ich seine Vision und seinen Plan erkenne, diesem Bedürfnis zu begegnen?«

Ich neige dazu, von dem Bedürfnis auszugehen und dann nach einem Weg zu suchen, das nötige Geld dafür aufzutreiben. Bill neigt dazu, unsere finanziellen Mittel zu prüfen, um zu entscheiden, ob wir etwas brauchen. Ich muss Bill ein Kompliment dafür machen, dass seine Liebe zu Gott und zu Gottes Wort ihn immer wieder dazu bewegt hat, seine Komfortzone zu verlassen und den Weg des Glaubens zu wagen. Bill hat gelernt, zu akzeptieren, dass Gott ihn manchmal zu einer Zusage führt, obwohl er noch keine Ahnung hat, wie er diese Verpflichtung erfüllen soll. Er hat beschlossen, darauf zu vertrauen, dass ich in vielen dieser Fälle einen Weg für uns finde.

Es ist wirklich aufregend, ein solches Leben zu führen, und es hat Bill und mir viele großartige Abenteuer beschert. Wir haben mit zwanzig geheiratet, weil ich wusste, dass es das Richtige war, und ich wusste, dass Gott auf eine übernatürliche Weise für uns zwei College-Studenten sorgen würde, die sich auf einen vollzeitlichen Dienst vorbereiteten ... Und Gott hat uns versorgt. In unserer fast dreißigjährigen Ehe haben wir so manche Herausforderung bewältigt, darunter einen Studienabschluss als Master, zwei College-Abschlüsse, die Erziehung von drei Söhnen, den Dienst in drei verschiedenen Kirchengemeinden und den Aufbau eines Dienstes als Autoren und Referenten .... und Gott hat bei jedem einzelnen Schritt für uns gesorgt.

Manchmal kommt es zu Konflikten, wenn ich Bill bitten muss, mir bei der Zusage für eine neue Aufgabe zu vertrauen. In anderen Fällen, wenn wir in Singapur, in Deutschland oder an einem anderen spannenden Reiseziel auf eine Bühne treten, flüstert Bill mir zu: »Ich kann gar nicht fassen, dass Gott uns die Möglichkeit gibt, das alles zu tun. Was für ein Traum!« Ob unser gemeinsames Leben ein Traum oder ein Albtraum wird, hängt weitgehend davon ab, wie ich mit meiner »aus Glauben«-DNA umgehe.

Wenn ich allerdings in Stress gerate, neige ich mehr zum Motivationsstil eines Entscheiders. Ich komme zu einer festen Überzeugung, in welche Richtung wir gehen sollten. Dann rechne ich fest damit, dass alle in meiner Familie erkennen werden, wie weise diese Entscheidung war, sobald die Dinge ins Rollen kommen. Die Entscheidung steht mir so klar vor Augen, dass es mir schwerfällt, Geduld aufzubringen, wenn irgendetwas die Dinge verzögert. Wenn der Stress sich verschärft, möchte ich, dass mein ganzes Leben effizienter ist.

Das kann ich aus meiner Sicht nur erreichen, wenn ich bei den fälligen Entscheidungen die Kontrolle behalte. Manchmal war es für unsere Ehe eine große Bereicherung, wenn ich bei einer Anfrage für eine gemeinsame Aufgabe schnell zugesagt habe. In anderen Situationen kam es zu Konflikten, weil ich ohne Absprache mit Bill Termine zusagte, die seinen Stress erhöhten.

Ich verstehe gut, warum Bill unter Stress gerät, weil keiner meiner beiden Motivationsstile sich gern durch ein Budget einschränken lässt. Ich sehe den Wert einer Sache, erkenne, was nötig ist, und verfolge die besten Absichten der Welt. Aber Budgets machen mir einfach keine Freude.

Wir haben festgestellt, dass wir am besten fahren, wenn wir uns irgendwo zwischen unseren persönlichen Präferenzen bewegen. Ohne meinen Motivationsstil wäre unser Leben langweilig. Ohne Bills Stil wären wir pleite!

Ihr Stil

Füllen Sie folgende Tabelle aus, um einen Eindruck zu bekommen, wie die Kombination von Motivationsstilen bei Ihnen beiden aussieht:

Name der Ehefrau: _____

Stufen Sie ein, wie stark diese vier Motivationsstile bei Ihnen aus-geprägt sind. Schreiben Sie in der rechten Spalte eine »1« für den stärksten Stil, eine »2« für den zweitstärksten Stil usw.

Entscheider	
Inspirierer	
Friedenswahrer	
Finanzstratege	

Name des Ehemannes: _____

Stufen Sie ein, wie stark diese vier Motivationsstile bei Ihnen aus-geprägt sind. Schreiben Sie in der rechten Spalte eine »1« für den stärksten Stil, eine »2« für den zweitstärksten Stil usw.

Entscheider	
Inspirierer	
Friedenswahrer	
Finanzstratege	

Gott an erster Stelle

Das Entscheidende bei allen Finanzfragen ist unsere Verantwortung, gute Verwalter zu sein. Gott ist der Besitzer aller Dinge, und er leitet alles so, dass sein Wille geschieht. Zu diesem Zweck hat er jedem von uns einige Mittel anvertraut. Diese Mittel gehören uns nicht wirklich, denn wir müssen sie zurücklassen, wenn unsere Zeit auf der Erde zu Ende ist. Aber sie wurden uns anvertraut, damit wir sie verwalten, solange wir hier leben. Als Hilfe, damit wir die richtige Verwaltung unserer Finanzen klar im Blick behalten, wurde uns die Anweisung gegeben, als Erstes einen Teil unseres Einkommens Gott zurückzugeben. Die meisten Menschen sehen das ganz pragmatisch – Gott muss Geld nötig haben, also müssen wir geben, damit er etwas zum Ausgeben hat.

Doch unser Geben hat nichts damit zu tun, dass Gott irgendetwas nötig hätte. Es geht ausschließlich darum, unsere Herzen zu lenken. Jesus sagte ganz klar, dass wir unser Herz an unser Geld hängen. Seine wichtigste Unterweisung über den Umgang mit Geld finden wir in Lukas 12,34: »Wo immer euer *Reichtum* ist, da wird auch euer *Herz* sein.« Wofür Sie Ihr Geld ausgeben, daran werden Sie Ihr Herz hängen! Wenn Sie zuerst für Gott Geld ausgeben, wird es Sie mit ihm verbinden und Sie motivieren, in einer lebendigen, aktiven Beziehung mit ihm zu leben.

♡⟨♡⟨♡⟨♡⟨♡⟨♡⟨♡⟨♡⟨♡⟨♡⟨♡⟨♡⟨♡⟨♡⟨♡⟨♡⟨♡⟨♡⟨♡⟨♡

Hinweise sammeln

Welchen Anteil Ihres Einkommens möchten Sie Gott geben?

☐ 5 Prozent
☐ 10 Prozent
☐ 25 Prozent
☐ 90 Prozent und mit 10 Prozent den Lebensunterhalt bestreiten
☐ Anderer Anteil

Schreiben Sie kurz auf, warum Sie sich für diesen Betrag entschieden haben.

_____

_____

_____

Vereinbaren Sie mit Ihrem Mann / Ihrer Frau einen Zeitpunkt, um sich darüber auszutauschen, welchen Anteil Sie bevorzugen und warum Sie das tun. Besprechen Sie auch, wohin Sie Ihr Geld geben wollen und warum.

_____

_____

_____

Wenn Sie bei Geldangelegenheiten und Finanzfragen auf einen gemeinsamen Nenner kommen, dann wissen Sie, dass Sie im Begriff sind, den Zugangscode zum Herzen Ihres Partners / Ihrer Partnerin zu erschließen. Ehepaare geraten oft über ihre Finanzen in Streit; deshalb macht sich Einmütigkeit in diesem Bereich sehr bezahlt, denn sie hilft Ihnen beiden, miteinander oberhalb der Vertrauenslinie des Erfolgs und der Sicherheit zu bleiben.

♡△▽△▽△▽△▽△▽△▽△▽△▽△▽△▽△▽△▽△▽♡

Den Zugangscode zu Ihrer Liebe finden

Dinner & Dialog –
einander mit dem Herzen näherkommen

Ihre goldene Liste

Irgendwann müssen Sie Ihren Plan aufschreiben und über Ihre Einnahmen und Ausgaben Buch führen. Die Liste, die wir hier vorschlagen, umfasst bestimmte Prioritätsbereiche für jeden der vier Motivationsstile. Jeder wird besser mit dem Budget kooperieren, wenn ein Teil davon die grundlegende Motivation berücksichtigt, die jeder von Ihnen im Leben hat. Beachten Sie auch die leeren Zeilen. Tragen Sie hier Ihre persönlichen Ausgaben ein. Vielleicht möchten Sie diese Tabelle als Grundlage für Ihr Gespräch kopieren. Wenn Sie alle Angaben eingetragen und Ihre Ziele miteinander besprochen haben, legen Sie diese Aufstellung zu Ihren Finanzunterlagen, damit sie Sie an die Vereinbarungen erinnert, die Sie getroffen haben.

♡▽♤▽♤▽♤▽♤▽♤▽♤▽♤▽♤▽♤▽♤▽♤▽♤▽♤▽♤▽♤▽

Hinweise sammeln

Zuordnung	Beschreibung	monatlich	jährlich
☐ M ☐ F	Einkünfte		
	Einkommen des Mannes		
	Einkommen der Frau		
	Einnahmen aus Geldanlagen (einzeln auflisten)		
	Sonstige Einnahmen (einzeln auflisten)		
	Gesamt-Einkünfte:		

☐ M ☐ F	Anteile, die wir Gott geben		
☐ M ☐ F	Fixkosten		
	Zins und Tilgung der Hypothek bzw. Miete		
	Hausratsversicherung		
	Gas- und Stromverbrauch		
	Wasserverbrauch und Müllabfuhr		
	Rundfunkgebühren, Telefon- und Internetanschluss		
	Instandhaltungs-, Renovie- rungs- oder Reparaturkosten		
	Autokauf		
	Benzin		
	Kfz-Versicherung und -steuer		
	Inspektionen und Reparaturen		
	Lebensversicherung		

	Lebensmittel		
	Kosmetikartikel		

Motivationsbedingte Prioritäten

☐ M ☐ F	Entscheider		
	Investitionen		
	Risiken für unsere Zukunft		

☐ M ☐ F	Inspirierer		
	Unterhaltung		
	Gesellschaftliche Anlässe		
	Urlaub		

□ M □ F	Friedenswahrer		
	Ersparnisse		
	Rücklagen für Notfälle		
□ M □ F	Finanzstratege		
	Pensionsfonds		
	Ausbildungsfonds (für die Kinder)		

Gesamtausgaben:		
Verfügbare Mittel (Einnahmen minus Ausgaben):		

Wenn Ihr Budget gut funktionieren soll, kommt es auf Ihr Verantwortungsbewusstsein an. Als Ehepartner müssen Sie zunächst eine Aufstellung Ihrer Einnahmen und Ausgaben machen und einen gemeinsamen Weg aushandeln, wie Sie Ihre Verpflichtungen so handhaben können, dass Ihre Einnahmen höher sind als Ihre Ausgaben. Dann muss jeder von Ihnen die Verantwortung für diejenigen Bereiche übernehmen, die in seine Zuständigkeit fallen. Hier ist unser Vorschlag, wie dieser Plan funktionieren kann:

Erster Schritt: Füllen Sie den Finanzüberblick aus. Nehmen Sie sich viel Zeit, um die genauen Beträge zu ermitteln und zu überlegen, wer von Ihnen beiden am besten geeignet ist, den jeweiligen Aspekt Ihrer Finanzen zu verwalten. Vermutlich werden Sie mehr als eine Sitzung brauchen, um alle Fragen zu klären, aber die Mühe lohnt sich auf jeden Fall. Denken Sie

♡△♡△♡△♡△♡△♡△♡△♡
Die Entscheidungen, die Sie über den Umgang mit Ihrem Geld treffen, werden Ihnen helfen, Ihre Träume und Ihre Hoffnungen zu verwirklichen.
♡△♡△♡△♡△♡△♡△♡△♡

daran, dass es hier um mehr geht als um reine Mathematik. Die Entscheidungen, die Sie über den Umgang mit Ihrem Geld treffen, werden Ihnen helfen, Ihre Träume und Ihre Hoffnungen zu verwirklichen.

Wenn es bei Ihren gemeinsamen Überlegungen zu Spannungen kommt, legen Sie eine Pause ein, und vertagen Sie die weiteren Punkte auf das nächste Treffen. Vertagen Sie die Erörterungen so oft, bis Sie alle Einzelheiten geklärt haben.

Zweiter Schritt: Übernehmen Sie die persönliche Verantwortung für alle Bereiche, die in Ihre Zuständigkeit fallen. Kopieren Sie Ihren Finanzüberblick, sodass jeder von Ihnen ein Exemplar hat, und kümmern Sie sich um die Bereiche, für die Sie zuständig sind. Wenn Sie die Verantwortung für die Geldanlagen übernommen haben, müssen Sie sich in diesem Bereich auskennen, um Gewinne zu erwirtschaften. Wenn Sie dafür zuständig sind, Rechnungen zu begleichen, brauchen Sie die entsprechende Bankvollmacht für Schecks oder Kreditkarten.

Dritter Schritt: Setzen Sie sich regelmäßig zusammen, um finanzielle Schritte zu koordinieren und die nötigen Änderungen vorzunehmen. Sie können das wöchentlich, monatlich oder vierteljährlich tun. Entscheidend ist, dass Sie es regelmäßig und bereitwillig tun. Bei diesen Gesprächen geht es darum, einander zu informieren, wie es in Ihrem Bereich läuft.

Am besten ist es, wenn jeder dem anderen im Bereich von dessen Stärken viel Bestätigung ausspricht. Gespräche über das Thema Finanzen werden leicht emotional. Nutzen Sie diese emotionale Energie doch lieber zum Positiven! Bei diesen Treffen steht es Ihnen auch frei, die nötigen Modifikationen in Ihrem gemeinsamen Finanzplan vorzunehmen.

Tammy, unsere freundliche GPS-Navigatorin, ist eine Expertin, wenn es um flexible Modifikationen geht. Oft hört man sie freundlich sagen: »Nach der nächsten Abzweigung wieder geradeaus!« Es erinnert uns irgendwie daran, dass es im Leben immer wieder unerwartete Wendungen gibt. Doch nach jeder Abzweigung können wir wieder auf den richtigen Weg zurückkehren und zuversichtlich unserem Ziel entgegengehen. Gehen Sie nach dem nächsten Wendepunkt in Ihrem Leben wieder geradeaus – direkt auf Ihr Ziel zu!

Wir haben Ehepaare unter unseren Zuhörern befragt, welches Geschenk das romantischste war, das sie je bekommen haben. Es wurden ein paar Luxusgegenstände genannt – ein nach eigenen Vorstellungen gebautes Eigenheim, ein Auto, ein Pelzmantel, eine Kreuzfahrt. Aber am häufigsten wurden uns solche Geschichten erzählt:

- ♥ Wir hatten kein Geld mehr, also hat mein Mann mir eine Rose gemalt, und die liegt jetzt als Lesezeichen in meiner Bibel.
- ♥ Wir konnten uns keine Valentinsgeschenke leisten, also hat mein Mann mir ein Lied geschrieben.
- ♥ Als Studenten hatten wir sehr bescheidene Mittel. Da hat meine Frau ihr Fahrrad verkauft, um meine Studiengebühren zu bezahlen.
- ♥ Wir konnten uns keine Weihnachtsgeschenke leisten. Deshalb haben wir einander in der Adventszeit fünfundzwanzig Komplimente gemacht – jeden Tag eines.

KAPITEL 9
SICH AUSDRÜCKEN

»Die Frucht des Geistes ist … Sanftmut …«

Hat sich ein Gespräch mit Ihrem Ehepartner je so angehört? »Hic emöcht nger ndavo nausgehe, sdas hic rdi nvertraue dun edi nwichtige Eding smeine Sleben tmi rdi nteile nkan. Hic esag se tnich nger, rabe lmanchma ehab hic Tangs, hmic rdi rgegenübe uz nöffne, dun hic ewünsch rmi, sda rhinte sun nlasse uz nkönne.«

Sie möchten Ihre Frau verstehen, aber Sie begreifen einfach nicht, worauf sie mit dem Gespräch hinauswill. Sie wollen Anteil am Leben Ihres Mannes nehmen, aber Sie spüren, dass er Ihnen nur einen Teil der Geschichte erzählt. Sie wollen sich einander öffnen und eine tiefe Verbundenheit fördern, aber das fällt Ihnen schwerer, als Sie gedacht haben. Dabei haben Sie doch gehofft, dass eine natürliche Seelenverwandtschaft Sie beide verbindet und dass Sie einander intuitiv immer lieben würden.

♡△♡△♡△♡△♡△♡△♡△♡
Sie haben gehofft, dass eine
natürliche Seelenverwandtschaft Sie beide verbindet und
dass Sie einander intuitiv immer lieben würden.
♡△♡△♡△♡△♡△♡△♡△♡

Sie wollen wirklich, dass Ihre Beziehung gelingt, aber Sie merken recht bald, dass Sie nicht mit dem richtigen Code in diese Beziehung gekommen sind, um entziffern zu können, was Ihr Mann bzw. Ihre Frau Ihnen zu sagen versucht. Wenn Sie den richtigen Code finden, können Sie Voraussetzungen schaffen, die Ihr Miteinander vereinfachen. Wenn Sie den Code nicht finden, kann fast jedes Gespräch für Sie verwirrend sein.

Es ist ein Enigma

Während des Zweiten Weltkriegs benutzten die Nazis die Chiffriermaschine Enigma, um geheime Nachrichten zu verschlüsseln und wieder zu dechiffrieren. Glücklicherweise gelang es den Kryptografen der Alliierten, eine große Anzahl dieser Nachrichten zu analysieren und zu entschlüsseln.

Wäre es nicht praktisch, eine Enigma-Maschine zu besitzen, die Ihnen hilft, die Stimmungen, Gedanken und Verhaltensweisen Ihres Partners bzw. Ihrer Partnerin zu entschlüsseln? Besonders nützlich wäre es auch deshalb, weil die Enigma-Codes sich täglich änderten – genauso, wie auch die Sprache Ihres Partners sich ständig zu ändern scheint!

Bei der verschlüsselten Mitteilung zu Beginn dieses Kapitels brauchen Sie keine Enigma-Maschine, wenn Sie den Code kennen. Die Nachricht wurde verschlüsselt, indem einfach der letzte Buchstabe eines Wortes an den Anfang gestellt wurde. Sobald Sie die Mitteilung entschlüsselt haben, wissen Sie, dass Ihr Partner Ihnen sagen wollte: »Ich möchte gern davon ausgehen, dass ich dir vertrauen und die wichtigen Dinge meines Lebens mit dir teilen kann. Ich sage es nicht gern, aber manchmal habe ich Angst, mich dir gegenüber zu öffnen, und ich wünsche mir, das hinter uns lassen zu können.«

Auf solche Mitteilungen können Sie wahrscheinlich antworten, aber die geheime Sprache des Herzens hat ihren eigenen Code. Zu Missverständnissen kommt es in einer Ehe oft, und ein Aneinandervorbei-Reden ist ein allzu weit verbreitetes Problem. Ein Mann und eine Frau, die eigentlich gut zueinander sein wollen, müssen leider oft feststellen, dass einer den anderen verletzt und dass sie öfter miteinander streiten, als sie es je gedacht hätten.

Manchmal haben Sie zu Hause das Gefühl, sich auf einem Schlachtfeld zu befinden, aber so muss es nicht sein. Indem Sie beide den Code zum Herzen Ihres Partners entschlüsseln, können Sie eine »entmilitarisierte Zone« für Ihre Liebe schaffen. Das Entschlüsseln Ihrer Liebe wird den Versailler Vertrag noch übertreffen, weil es sich um eine bilaterale Abrüstung in einer Welt ohne nukleare Bedrohung und ohne Geheimwaffen zur ehelichen Massenvernichtung handelt. In der Ehe ist es möglich, Friedensverhandlungen zu führen und tatsächlich zu einer Einigung zu kommen und dann im Einklang miteinander zu leben. Betrachten Sie dieses Kapitel als Ihren persönlichen Staatssekretär. Es wird Ihnen helfen, so zu verhandeln, dass Sie beide in der Liebe gewinnen.

Ihre Mission besteht darin, ein sicheres Haus für Ihre Beziehung zu schaffen. Jeder von Ihnen beiden ist eine komplexe Ansammlung von Gedanken, Gefühlen, Lernprozessen und Lebenserfahrungen. Deshalb begegnen Sie einander sowohl mit Enthusiasmus als auch mit Zögern. Wenn sich das Miteinander in Ihrer Beziehung sicher anfühlt, öffnen Sie sich und werden verletzbarer. Wenn Ihnen die Atmosphäre angespannt oder heikel erscheint, ziehen Sie sich zurück oder gehen auf Konfrontationskurs. Das Ziel ist aber, eine beständige Atmosphäre der Ermutigung und Verletzbarkeit zu schaffen, in der Sicherheit und Erfolg wachsen können.

♡△♡△♡△♡△♡△♡△♡△♡
Ihre Mission besteht darin,
ein sicheres Haus für Ihre
Beziehung zu schaffen.
♡△♡△♡△♡△♡△♡△♡△♡

Der Bodyguard Ihres Schutzhauses

Die eheliche Kommunikation verläuft offener und befriedigender, wenn Ihr Zuhause sich nach einem geschützten Ort anfühlt. Im Strafvollzug werden Kronzeugen in einer geheimen Unterkunft vor jeder Bedrohung abgeschirmt, damit sie am Leben bleiben und als Zeugen aussagen können. Wenn Sie eine solche Schutzunterkunft für Ihre Beziehung schaffen wollen, ist das erste und wichtigste Element eine geborgene Atmosphäre.

Der Bodyguard, der Ihnen helfen wird, eine geschützte Atmosphäre in Ihrer Beziehung zu schaffen, ist Ihre Körpersprache. Ihr Körper spricht Bände für Ihren Partner. Tatsächlich hat Ihre Körpersprache Ihrem Mann bzw. Ihrer Frau mehr zu sagen als die Worte, die Sie aussprechen, und der Tonfall, in dem Sie es tun. Auch andere Personen können sehr viel über Sie sagen, wenn sie auf Ihre Körpersprache achten.

♡△♡△♡△♡△♡△♡△♡
Ihre Körpersprache hat Ihrem Mann bzw. Ihrer Frau mehr zu sagen als die Worte, die Sie aussprechen, und der Tonfall, in dem Sie es tun.
♡△♡△♡△♡△♡△♡△♡

- ♥ Sie können die Emotion in Ihrem Herzen ablesen.
- ♥ Sie können wahrnehmen, ob Sie versuchen, sie einzuschüchtern.
- ♥ Sie können Ihre Einstellung erkennen.
- ♥ Sie können es merken, wenn Sie eine tiefe geistliche Erfahrung gemacht haben.
- ♥ Sie können erkennen, dass Sie aufrichtig sind.
- ♥ Sie können spüren, ob Sie sie respektieren.
- ♥ Sie können wahrnehmen, ob eine romantische Anziehungskraft besteht.

Lassen Sie Ihren Körper sprechen

Die meisten von uns achten nicht auf ihre Körpersprache. Wir verhalten uns einfach so, wie wir es nun einmal tun, ohne darüber nachzudenken, welche Botschaft wir damit vermitteln. Wenn man bedenkt, dass mehr als fünfzig Prozent der Botschaft, die ein Partner dem anderen übermittelt, auf Körpersprache beruht, tut man gut daran, sich zu überlegen, was der eigene Körper ausdrückt. Hier sind einige einfache Tatsachen über unsere Körpersprache, die wir berücksichtigen sollten.

Je kleiner die Gesprächsrunde ist, desto kleiner sollten unsere Körperbewegungen sein

Wenn Sie zu einer Gruppe von Leuten sprechen, sollten Sie deutliche Handbewegungen einsetzen, aufrecht stehen und genügend Raum auf der Bühne in Anspruch nehmen, um Ihre Zuhörer einzubeziehen. Bei einem persönlichen Gespräch sollten Sie Ihre Hände hingegen näher am Körper halten und kleinere Bewegungen ausführen, während Sie etwas mitteilen. Ausladende Bewegungen in enger Nähe vermitteln entweder die Botschaft, dass Sie Ihren Gesprächspartner auf Abstand halten möchten, oder aber, dass Sie die andere Person einschüchtern wollen, um sich einen Vorteil zu verschaffen.

Sie drücken Interesse aus, indem Sie sich zu einer Person hinüberlehnen

Wenn Sie Ihrem Mann oder Ihrer Frau zeigen wollen, dass Sie mit Interesse zuhören, dann lehnen Sie sich leicht vor. Dasselbe passiert, wenn Sie Ihrem Partner in die Augen schauen, sodass das Gespräch mehr von Angesicht zu Angesicht verläuft. Wenn Sie Ihrem Gegenüber den Rücken zudrehen, weggehen oder in eine andere Richtung schauen, senden Sie ihm das klare Signal: »Ich habe ge-

rade Wichtigeres zu tun, als mich mit dir zu beschäftigen«. Wenn
Sie jedoch weglegen, was Sie gerade in der Hand halten, den Blick
vom Computer abwenden, um Ihren Partner anzuschauen, sich auf
Ihrem Stuhl umdrehen, drücken Sie damit aus: »Ich höre zu. Ich
will wissen, was du zu sagen hast, und es besteht keine Gefahr darin, offen mit mir zu reden. Ich werde achtsam aufnehmen, was du
sagst, und dein Herz dabei schützen.«

Mit einer einladenden Körperhaltung drücken Sie Sicherheit aus

Wenn Sie mit übereinandergeschlagenen Beinen und verschränk-
ten Armen dasitzen, bringen Sie klar zum Ausdruck, dass Sie nicht
wirklich offen für ein Gespräch sind. Ihr Partner wird spüren, dass
Sie lieber mit einem anderen Menschen zusammen wären. Wenn
Ihre Hände auf Ihren Beinen liegen und beide Füße parallel auf
dem Boden ruhen, wird Ihr Partner sofort spüren, dass Sie an dem
bevorstehenden Gespräch interessiert sind. Noch besser ist es,
wenn Sie Ihrem Partner mit einer einladenden Körperhaltung begegnen und damit unterstreichen: »Ich schätze dich, und was du
sagst, ist mir wichtig.«

Eine sanfte körperliche Berührung bildet ein starkes Sicherheitsnetz

Durch eine sanfte Berührung oder Umarmung können Sie Ihren
Mann bzw. Ihre Frau sehr schnell ermutigen. Unser Körper ist so
gebaut, dass Endorphine ausgeschüttet werden, wenn ein anderer
Mensch uns zärtlich berührt. Und das führt zu einer geringeren
Herzfrequenz, einem niedrigeren Blutdruck, entspannten Muskeln
und einem allgemeinen Wohlbefinden. Dieser starke Einfluss ist
der Grund, weshalb wir uns mitunter von unserem Ehepartner zurückziehen, wenn wir nicht bereit sind, berührt zu werden. Es liegt

nicht daran, dass wir die Berührung nicht mögen. Es liegt einfach daran, dass sie einen so starken Einfluss auf uns hat.

Augenkontakt ist das Entscheidende

Einem Menschen, für den Sie sich interessieren, schauen Sie in die Augen. Ihre Augen bringen mehr als jeder andere Körperteil zum Ausdruck, was in Ihrem Herzen wirklich vorgeht. Wenn Sie sich schämen, meiden Sie den Blickkontakt. Wenn Ihnen etwas peinlich ist, meiden Sie den Blickkontakt. Wenn Sie verärgert sind, meiden Sie den Blickkontakt. Im Gegensatz dazu werden Sie bei Vertrauen, Wertschätzung oder Faszination den Blickkontakt suchen.

Sie müssen etwas behutsam vorgehen, denn wenn Sie Ihren Mann bzw. Ihre Frau einfach anstarren, lösen Sie ein unangenehmes Gefühl aus. Man starrt Menschen an, wenn man sie verhört. Oder man starrt sie auch an, wenn man nicht über ausreichend Sozialkompetenz verfügt. Das Entscheidende ist ein beständiger Augenkontakt. Es ist gut, wenn Sie alle paar Sekunden kurz wegschauen und dann den Blickkontakt sofort wiederherstellen. Entspannen Sie die Muskeln rund um Ihre Augen. Wenn Ihre Augenmuskeln angespannt sind, legt sich Ihre Stirn in Falten, und Sie erwecken den Eindruck, mit dem Gesagten nicht einverstanden zu sein.

Beschenken Sie Ihren Mann bzw. Ihre Frau mit einem freundlichen Blick, wenn Sie miteinander sprechen. Selbst wenn Sie verärgert sind, müssen Sie ihn bzw. sie nicht gerade mit Ihren Blicken töten. Entscheiden Sie sich für einen Gesichtsausdruck, der sagt: »Im Zweifelsfall bin ich auf deiner Seite.«

Die meisten von uns wissen das alles intuitiv, wenn wir in einer gesunden, sicheren Familienatmosphäre erzogen wurden. Wenn wir nicht in einer solchen Umgebung aufgewachsen sind, müssen wir bewusst daran arbeiten, unsere Körpersprache zu verbessern, damit unser Ehepartner sich uns leichter öffnen kann (und wir mit den Menschen, die wir lieben, wirklich ins Gespräch kommen). Selbst Menschen, die in einer emotional gesunden Umgebung aufgewachsen sind, können selbstbezogen, gestresst oder faul sein oder sich einfach nicht die Mühe einer Körpersprache machen, die ausdrückt: »Du bist mir wichtig. Du verdienst meine Zeit und meine Energie.« Durch unsere Körpersprache kann schon alles gesagt sein, bevor überhaupt ein Wort ausgesprochen wurde.

Entschlüsselungs-Impuls

Halten Sie jetzt inne, wenn Sie nicht verärgert sind, und entscheiden Sie, welche »Körpersprache« im Sitzen oder Stehen am besten ist, wenn Sie miteinander reden. Probieren Sie verschiedene Haltungen aus, ähnlich wie ein Model, und fragen Sie Ihren Mann / Ihre Frau, wie diese Haltungen auf ihn/sie wirken, um herauszufinden, welche Körpersprache ihm/ihr am liebsten ist.

Der Tonfall in Ihrem Schutzhaus

Zusätzlich zur Wahl des richtigen »Bodyguards« für den Schutzraum Ihrer Beziehung sollten Sie auch auf den Tonfall Ihrer Gespräche achten. In vielen Häusern gibt es heute ein Alarmsystem, das vor Eindringlingen schützt und die Bewohner bei der Entwicklung von Rauch oder Kohlenmonoxid warnt. Wenn alles in Ordnung ist, sendet das System leise Pieptöne aus, die signalisieren: »Alles in Ordnung. Jeder kann sich frei im Haus bewegen.« Sobald jedoch etwas im Haus nicht stimmt, ertönt ein schrilles Signal, sodass jeder im Haus aufschreckt.

Auch Ihre Beziehung hat ein Alarmsystem, das entweder signalisiert, dass alles in Ordnung ist, oder jeden im Haus aufschreckt. Um das System ein- oder auszuschalten, brauchen Sie wahrscheinlich ebenfalls einen Alarmcode. Bei Beziehungen ist der Tonfall unserer Stimme das Alarmsystem, das anzeigt, ob alles in Ordnung ist. Zwar ist die Körpersprache bei Weitem das wichtigste Element unserer Kommunikation, aber der Tonfall unserer Stimme folgt an zweiter Stelle, weil er so großen Einfluss auf unsere Beziehungen hat.[24] Ein sanfter Tonfall erhöht den Sicherheitspegel Ihrer Liebe und verringert das Konfliktpotenzial. Ein scharfer Tonfall schafft Distanz zwischen Ihnen und Ihrem Partner.

Eine freundliche Antwort besänftigt den Zorn,
kränkende Worte erregen ihn (Sprüche 15,1).

Menschen denken im Lauf ihrer Entwicklung nicht viel über ihren Tonfall nach. Von der frühesten Kindheit an haben Sie auf die Personen in Ihrer Umgebung reagiert. Menschen haben Sie glücklich gemacht, und Sie haben reagiert. Menschen schienen unvernünftig zu handeln, und Sie haben sich widersetzt. Menschen haben Ärgerliches getan, und Sie haben reagiert. Da diese Personen in den prägenden Jahren Ihrer Entwicklung immer da waren, hatten sie tiefe Auswirkungen darauf, wie Sie heute sind. Möglicherweise hat sich Ihre Fähigkeit, je nach Art des Gesprächs den passenden Tonfall zu wählen, gut entwickelt. Wahrscheinlicher ist aber, dass Sie einfach auf das reagiert haben, was in Ihrer Umgebung geschah.

Der Tonfall Ihrer Stimme wirkt in zwei Richtungen auf die Menschen in Ihrer Umgebung. Manche Tonfälle wecken bei anderen den Eindruck, dass Sie ihnen freundlich gesinnt sind. Ihre Stimme gibt ihnen die Gewissheit, dass Sie es gut mit ihnen meinen und dass sie offen mit Ihnen reden können. Andere Tonfälle vermitteln Ihren Gesprächspartnern den Eindruck, dass Sie die Kontrolle an sich zu reißen versuchen. Ihre Stimme fordert sie heraus und führt sie zu dem Schluss, dass Sie im Gespräch die Oberhand behalten wollen. Vielleicht wissen sie nicht genau, worauf Sie eigentlich hinauswollen, aber sie sind sich sicher, dass Sie nicht gerade das Beste für sie im Sinn haben.

Ein Tonfall, der Menschen sagt, dass Sie freundlich sind, zeichnet sich aus durch

- ♥ *Sanftheit.* Eine sanfte Stimme wirkt beruhigend.
- ♥ *abfallende Modulation.* Die Modulation Ihrer Stimme senkt sich am Satzende ein wenig. Das Ausklingen Ihrer Stimme drückt Aufrichtigkeit aus und macht Sie glaubwürdiger.
- ♥ *Angemessenheit.* Der Tonfall Ihrer Stimme ist der Gesprächssituation angemessen. Das Leben bringt vielfältige Situationen und Überraschungen mit sich, auf die wir reagieren müssen. Wenn Ihr Partner in seinem Beruf gerade befördert worden ist und Sie mit einem anerkennenden Tonfall reagieren, wird es ihn ermutigen. Wenn in der Küche ein Feuer ausbricht und Sie laut schreiend Ihren Partner zu Hilfe rufen, wird er sofort herbeilaufen.

Ein Tonfall, der Menschen sagt, dass Sie die Kontrolle über sie gewinnen wollen, zeichnet sich aus durch

- ♥ *Lautstärke.* Eine laute Stimme lässt andere aufmerken und in eine Verteidigungshaltung übergehen – es sei denn, Sie überbringen gerade eine spannende, aufregende oder gute Nachricht. Wenn ein Bote eine positive Nachricht überbringt, können die Zuhörer mit einer leicht erhöhten Lautstärke umgehen.
- ♥ *Schärfe.* Wenn Ihre Stimme einen beißenden Klang hat, wird Ihr Gesprächspartner in die Defensive gehen. Die Introvertierten werden verstummen und die Extrovertierten zur Diskussion übergehen.

- *ansteigende Modulation.* Die Modulation Ihrer Stimme steigt am Satzende leicht an. Andere Menschen werden den Eindruck haben, dass Sie ihnen etwas verkaufen oder sie von etwas überzeugen wollen.
- *Unangemessenheit.* Der Tonfall Ihrer Stimme ist der Gesprächssituation nicht angemessen. Wenn Ihre Frau verkündet, dass sie in ihrem Beruf eine Beförderung erhalten hat, und Sie wütend werden, wird es sie irritieren. Wenn in der Küche ein Feuer ausbricht und Ihr Mann ruhig auf Sie zukommt und sanft säuselt: »Es brennt auf dem Herd ...«, werden Sie sich fragen, was in aller Welt denn mit ihm los ist!
- *andere negative Ausdrucksformen.* Ein negativer Tonfall geht manchmal mit kurzen, abgehackten Sätzen einher oder wird von verzweifelten oder frustrierten Seufzern oder rollenden Augen begleitet. Manchmal ist es leichter, sich selbst bei solchen Verhaltensweisen zu ertappen, auch wenn Sie nicht hören können, wann Ihr Tonfall von einem positiven zu einem negativen Klang übergegangen ist. Wenn Sie diesen Unterschied selbst nicht heraushören, können Sie wenigstens beschließen, nicht mehr mit den Armen zu fuchteln, mit dem Fuß aufzustampfen, mit den Augen zu rollen oder vor Verzweiflung zu schnauben. Wenn Sie solche Reaktionen zügeln, steigen die Chancen, dass Sie auch Ihren Tonfall zügeln werden. (Anhaltspunkt: Wenn Sie Ihre Worte zuerst aufschreiben müssten und dabei nur GROSSBUCHSTABEN verwenden würden, wäre Ihr Tonfall beim Aussprechen dieser Worte wahrscheinlich negativ.)

Wir selbst sind im Allgemeinen die Letzten, die sich ihres eigenen Tonfalls bewusst werden. Wir sind so stark auf unser Leben und unsere Reaktionen ausgerichtet, dass unsere Sinne stumpf werden, wenn es darum geht, den Einfluss unserer Stimme wahrzunehmen.

Sie können Ihre Sinne schärfen, indem Sie sich selbst bewusst zuhören und sich dabei fragen: »Wie würde ich reagieren, wenn mein Partner oder ein guter Freund in diesem Ton mit mir reden würde?«

Sie können auch eine Person, der Sie vertrauen, darum bitten, Ihren Tonfall zu beurteilen. Es könnte Ihr Ehepartner, ein Freund oder ein verlässlicher Kollege am Arbeitsplatz sein. Das funktioniert aber nur, wenn Sie dieser Person ausdrücklich die Erlaubnis geben, Sie zu beurteilen. Sie könnten zum Beispiel sagen: »Bitte

♡△♡△♡△♡△♡△♡△♡△♡

Wir selbst sind im Allgemeinen die Letzten, die sich ihres eigenen Tonfalls bewusst werden.

♡△♡△♡△♡△♡△♡△♡△♡

sage mir in der nächsten Woche, wann ich einen passenden Tonfall habe und wann ich andere durch meinen Tonfall vor den Kopf stoße.« Vereinbaren Sie eine zeitliche Frist, damit solche Rückmeldungen nicht zum bestimmenden Element Ihrer Beziehung werden, und beschließen Sie im Voraus, dass Sie diese Rückmeldungen ernst nehmen werden. Sonst werden Sie eher in die Defensive gehen, statt durch diese Einsichten hinzuzulernen.

Entschlüsselungs-Impuls

Stellen Sie sich vor, Sie wären wütend auf Ihren Ehepartner. Benutzen Sie zuerst einen verzweifelten, frustrierten Tonfall, und sagen Sie: »Es gibt etwas, über das ich mit dir sprechen muss.«

Benutzen Sie dann einen teilnahmsvollen, einfühlsamen Tonfall, und sagen Sie: »Es gibt etwas, über das ich mit dir sprechen muss.«

Können Sie den Unterschied hören?

(Wenn Sie mutig sind, bitten Sie Ihren Partner, Sie nachzumachen, wenn Sie auf ihn wütend sind, um zu sehen, wie es Ihnen gefallen würde, wenn er in diesem Tonfall mit Ihnen reden würde. Das hat Bill

einmal bei mir so gemacht und gesagt: »Wie würde es dir gefallen, wenn ich so mit dir reden würde?« *Dann ahmte er mich Wort für Wort und Ton für Ton nach. Ich antwortete:* »Das war echt gut. Ich würde es hassen. Tut mir leid. Ich werde mich noch mehr bemühen.« *Ich muss mich noch immer sehr bemühen, auf meinen Tonfall zu achten, wenn ich sehr gestresst bin. Allzu leicht gleite ich in alte Verhaltensmuster ab, aber weil ich weiß, dass dies eine Gefahr bei mir ist, kann ich besser darauf achten, und es gelingt mir meistens, einen besseren Tonfall zu wählen.)*

Die Innendekoration Ihres Schutzhauses

Es ist eine bemerkenswerte Entdeckung, dass Worte ein vergleichsweise nur kleiner Teil einer innigen Kommunikation sind. Emotionen werden primär durch Körpersprache und Tonfall ausgedrückt, sodass die tatsächlichen Worte durch die nonverbalen Signale übertönt werden können. Täuschen Sie sich aber nicht, denn auch wenn Ihre Worte nur ein kleiner Teil sind, haben sie große Bedeutung für die Qualität Ihrer Kommunikation. Und es ist so, dass Männer und Frauen ganz anders mit Worten umgehen:

Ein Ehemann las seiner Frau aus einem Artikel vor, wie viele Wörter Frauen am Tag gebrauchen: 30 000 im Gegensatz zu 15 000 bei Männern. Die Frau erwiderte: »Das liegt nur daran, dass wir für die Männer immer alles wiederholen müssen.« *Der Mann drehte sich zu seiner Frau um:* »Was hast du gesagt, Schatz?«

Worte sind unverzichtbar, und wir müssen sie nutzen. Jedes Wort, das Sie gebrauchen, wird entweder den Sicherheitspegel Ihrer Liebe steigen lassen oder Ihre Fähigkeit beeinträchtigen, eine sichere, wachsende Beziehung zu fördern. Genau wie bei den anderen Elementen der Kommunikation gibt es auch hier ganz unterschiedliche Ausprägungen: Worte können eine sanfte Atmosphäre schaffen, in der man sich sicher genug fühlt, um sich zu öffnen. Aber es gibt auch Worte, die Ihrem Ehepartner den Eindruck vermitteln, Sie wollten die Kontrolle übernehmen.

♡△♡△♡△♡△♡△♡△♡△♡
Jedes Wort, das Sie gebrauchen, wird entweder den Sicherheitspegel Ihrer Liebe steigen lassen oder Ihre Fähigkeit beeinträchtigen, eine sichere, wachsende Beziehung zu fördern.
♡△♡△♡△♡△♡△♡△♡△♡

Worte, die das Sicherheitsnetz Ihrer Beziehung stärken und es Ihnen ermöglichen, Ihren Partner oder Ihre Partnerin behutsam anzusprechen, beinhalten zum Beispiel:

Respekt. Aussagen, die Ihren Partner / Ihre Partnerin ehren und Respekt ausdrücken. Unabhängig davon, wie Sie sich gerade fühlen, können Sie immer sagen: »Ich bin stolz auf dich« oder: »Du hast ein bemerkenswertes Talent im Bereich …« (Ergänzen Sie diesen Satz.) Die besten Eigenschaften Ihres Mannes bzw. Ihrer Frau ändern sich nicht mit dem jeweiligen emotionalen Klima Ihrer Beziehung.

Bestätigung. Einfache Aussagen wie: »Du bist bei mir sicher«, »Ich behalte für mich, was du mir anvertraust«, »Du kannst dir Zeit lassen« oder »Wir müssen nicht perfekt sein. Lass uns einfach versuchen, es bis nächstes Jahr um diese Zeit besser zu machen« geben Ihrem Partner bzw. Ihrer Partnerin Freiraum, um sich Ihnen mitzuteilen. Es ist wichtig, solche Aussagen nur zu machen, wenn Sie auch entschlossen sind, entsprechend zu handeln. Ihr Versprechen, das, was Ihr Partner Ihnen anvertraut, für sich zu behalten, ist ein sehr wertvolles Geschenk. Wenn Sie anderen Leuten später weitererzählen, was Ihnen unter dem Siegel der Verschwiegenheit anvertraut wurde, verletzen Sie Ihren Mann bzw. Ihre Frau nur noch mehr.

Ich-Botschaften. Die meisten Gespräche verlaufen positiver, wenn Sie über Ihre eigenen Bedürfnisse sprechen und darüber, wie die Dinge des Lebens sich momentan auf Sie auswirken. Wir neigen dazu, über Dinge zu sprechen, die uns an unserem Partner nicht gefallen, was eine Verteidigungshaltung bei ihm auslöst. »Es macht mich irgendwie nervös, wenn wir uns verspäten« klingt ganz anders als: »Du nervst mich, weil du immer zu spät kommst.« Beide Aussagen machen klar, dass Sie sich eine Änderung wünschen. Die erste Aussage gibt Ihrem Partner die Möglichkeit, in einer sicheren Atmosphäre an das Gespräch heranzugehen. Die zweite Aussage zwingt Ihren Partner in die Defensive.

Aufrichtigkeit. In der Bibel werden wir aufgefordert, »die Wahrheit in Liebe zu sagen« (Epheser 4,15). Dies bedeutet, dass Sie Ihrem Mann bzw. Ihrer Frau einige wirklich nette Dinge sagen können, und es bedeutet, dass Sie mit ihm bzw. ihr auch über einige harte Fakten reden müssen. In beiden Fällen wird der Gesprächsverlauf normalerweise gelingen, wenn es Ihnen aufrichtig um das Wohl des anderen geht. Wir alle neigen dazu, in der Kommunikation unsere Spielchen zu spielen, entweder um die Aufmerksamkeit des anderen zu bekommen oder um von etwas anderem einfach abzulenken. Beide Ansätze vermitteln letztlich den Eindruck, dass Sie etwas im Schilde führen und versuchen, die Situation zu kontrollieren, statt Ihren Partner oder Ihre Partnerin aufrichtig zu lieben.

Ermutigung. Machen Sie ehrliche Komplimente. Suchen Sie nach Möglichkeiten, Ihren Mann / Ihre Frau aufzubauen. »Deshalb ermuntert einander und erbaut einer den anderen, wie ihr auch tut« (1. Thessalonicher 5,11; ELB) lautet eine Anweisung, die Gott uns gegeben hat. Das Wort »erbauen« erinnert an den Bau eines soliden Hauses, das mit einem verlässlichen Dach geschützt wird. In unseren Flitterwochen sagte Bill zu mir: »Pam, ich werde dein Spiegel sein.« Diese schlichte Aussage, die er mir zuflüsterte, während er mein Gesicht mit seinen Händen umschloss, ist zu einer sicheren Zuflucht für unsere Liebe geworden.

Dafür wirst du bezahlen!

Negative Worte vermitteln die Botschaft, dass Sie die Kontrolle über Ihren Partner bzw. Ihre Partnerin zu gewinnen versuchen. Allzu leicht lässt man sich zu negativen Worten hinreißen:

Ein Ehepaar fuhr einige Kilometer eine Landstraße entlang, ohne ein einziges Wort zu sagen. Einige Zeit davor war ein Gespräch in einen Streit ausgeartet, und keiner der beiden war bereit, nachzugeben. Als sie an einem Bauernhof mit Eseln, Ziegen und Schweinen vorbeifuhren, fragte der Ehemann sarkastisch: »Verwandte von dir?«

»Genau«, antwortete die Frau, »angeheiratete.«

Damit Sie leichter daran denken, was Sie nicht sagen sollten, können Sie sich selbst daran erinnern, dass negative Reaktionen wie die folgenden Ihnen beiden viel Kummer bereiten werden.

Nachtragen. Erinnerungen an die Schwächen und Fehler der Vergangenheit beeinträchtigen die Beziehung und werden häufig dazu benutzt, emotional die Oberhand zu bekommen. Natürlich machen wir alle unsere Fehler und müssen die nötigen Schritte unternehmen, diese Fehler in Zukunft zu vermeiden. Aber es tut Ihrer Beziehung nicht gut, wenn Sie Ihrem Mann bzw. Ihrer Frau immer wieder die Fehler der Vergangenheit vorhalten. Irgendwann wird er/sie daraus fol-

♡△♡△♡△♡△♡△♡△♡

Es tut Ihrer Beziehung nicht gut, wenn Sie einander immer wieder die Fehler der Vergangenheit vorhalten.

♡△♡△♡△♡△♡△♡△♡

gern, dass Sie keinen Wert auf die Beziehung legen, sondern nur daran interessiert sind, zu gewinnen.

Anklagen. Wenn zu Hause eine gereizte Atmosphäre herrscht, kommt es oft vor, dass man über die Herzenseinstellung des Partners urteilt, indem man viele »Du-Botschaften« sendet. Wenn Sie sich angewöhnen, ständig im Verhalten Ihres Partners oder Ihrer Partnerin die Ursache für Ihr Beziehungsproblem zu sehen, nehmen Sie ihm/ihr die nötige Sicherheit, um sich Ihnen zu öffnen. Wenn Sie so tun, als wüssten Sie, was in seinem/ihrem Inneren vor sich geht und auf dieser Grundlage Werturteile fällen, statt zu hören, was Ihr Mann / Ihre Frau selbst sagt, entziehen Sie der Beziehung den Boden.

♡△♡△♡△♡△♡△♡△♡

Ihr Partner kann wunde Punkte in Ihrem Leben berühren, von denen andere überhaupt nichts ahnen.

♡△♡△♡△♡△♡△♡△♡

Beleidigen und beschimpfen. Ihr Partner kann wunde Punkte in Ihrem Leben berühren, von denen andere überhaupt nichts ahnen. Das kann irritierend und anstrengend sein. Gott lässt diese Auslöser zu, weil er Ihnen helfen möchte, in diesen Bereichen heil zu werden, damit sie Ihr Leben nicht mehr so stark beeinflussen. Das ist leicht zu sagen, wenn man ruhig und entspannt ist, aber es fällt schwer, das im Blick zu behalten, wenn die Emotionen hochkochen. Das ist im Allgemeinen der Moment, in dem die Beleidigungen und Beschimpfungen am schlimmsten sind.

Die abfällige Art und Weise, wie manche Paare miteinander reden, ist für uns wirklich erstaunlich. Sie können keine sichere Umgebung schaffen, wenn Sie einander beschimpfen oder sich schlimme Beleidigungen an den Kopf werfen. Wenn Sie in dieser Hinsicht Probleme haben, sollten Sie so bald wie möglich mit einem Seelsorger oder Pastor, also einem geistlichen Begleiter, sprechen, dem Sie vertrauen. Lassen Sie sich dabei helfen, herauszufinden, warum Sie die Person so grob behandeln, der Sie versprochen haben, sie ein Leben lang zu lieben.

Vernachlässigen oder verweigern. Der äußerste Verrat an Ihrer Beziehung ist die Weigerung, miteinander zu reden, die Weigerung, miteinander zu schlafen, die Weigerung, die Aufgaben des Lebens gemeinsam zu bewältigen. Damit sagen Sie zu Ihrem Partner: »Ich gebe auf. Ich lege keinen Wert mehr auf dich. Ich lege keinen Wert mehr auf unsere Ehe. Ich lege keinen Wert mehr auf unser gemeinsames Leben und unsere Liebe. Für mich ist es aus.« Die kalte Schulter zu zeigen, gibt Ihnen zwar das Gefühl, in der Beziehung die Oberhand zu haben, aber damit erreichen Sie in Wirklichkeit nur, dass Sie Ihre Liebe langsam zersetzen. So, wie Sie einen Pullover auftrennen können, wenn Sie an einer Stelle den Faden ziehen, so trennen Sie Ihre Beziehung auf, wenn Sie sich der Kommunikation verweigern, weil Sie das Vertrauen zerstören, indem Sie Ihrem Partner / Ihrer Partnerin das Gefühl geben, für Sie unsichtbar und damit wertlos zu sein.

Die Macht der Sanftmut

Ihr Schutzraum soll dazu dienen, eine sanfte Atmosphäre für Ihre Gespräche miteinander zu schaffen. Sanftmut ist eine weitere starke Kraft in einer Liebesbeziehung. Viele Menschen lehnen Sanftheit ab, weil sie ihnen das Gefühl gibt, nicht stark zu sein, sondern sich selbst in eine Position der Schwäche zu bringen. Genau das Gegenteil trifft zu. Sanftmut beruht auf der Erkennt-

♡♤♡♤♡♤♡♤♡♤♡♤♡
Sanftmut beruht auf der Erkenntnis, dass Liebe nur dort blühen kann, wo Gnade das Miteinander bestimmt.
♡♤♡♤♡♤♡♤♡♤♡♤♡

nis, dass Liebe nur dort blühen kann, wo Gnade das Miteinander bestimmt.

Sie leben, weil Gott Ihnen Leben gab, und zwar trotz der Fehler, die Sie auf Ihrem Lebensweg machen. Sie haben die Erlösung, weil Gott seinen Sohn gab, um die Strafe auf sich zu nehmen, die Sie verdient hätten. Sie haben Chancen in Ihrem Leben, weil seine Gnade aus einem verlorenen Individuum einen neuen Menschen gemacht hat: »Er hat uns in Christus Jesus neu geschaffen, damit wir zu guten Taten fähig sind, wie er es für unser Leben schon immer vorgesehen hat« (Epheser 2,10).

Sanftmut hat einige der bedeutendsten Veränderungen im Leben von vielen Menschen bewirkt.

Sanftmut macht Menschen groß und bereitet sie auf die Kämpfe des Lebens vor. In Psalm 18,35-37 nennt David das Geheimnis seines Gelingens im Kampf:

Er bereitet mich auf den Kampf vor und macht mich stark, sodass ich einen bronzenen Bogen spannen kann.

Du gibst mir rettenden Schutz. Deine Hand hält mich und durch deine Gnade hast du mich stark gemacht.

Du ebnest den Weg für meine Füße, damit ich nicht stürze.

David erkannte, dass Gottes Sanftmut in ihm eine Stärke erzeugte, die er aus sich heraus nie entdeckt hätte.

Am Ende werden sanfte Menschen die Führung übernehmen. »Glückselig die Sanftmütigen, denn sie werden das Land erben« (Matthäus 5,5; ELB). Sanfte Menschen bauen starke Netzwerke und schaffen eine Vertrauensbasis zwischen Menschen. Es mag Situationen geben, in denen kontrollierende Menschen am längeren Hebel sitzen, aber am Ende werden die Sanftmütigen die Vertrauensstellungen erhalten.

Sanftmut lässt uns ehrlich gegen uns selbst bleiben. Manchmal müssen wir einander zur Rede stellen, weil jeder von uns unvollkommen ist. Wir brauchen andere, die uns durch Situationen begleiten und uns darauf aufmerksam machen, in welchen Bereichen wir etwas dazulernen müssen. Wenn Sie Ihre Beurteilung äußern, um das Verhalten anderer zu kontrollieren, wirken Sie verurteilend. Doch wenn Sie Ihre Einsicht mit Sanftmut äußern, bewahren Sie Ihr Herz vor der Versuchung und schaffen günstige Voraussetzungen dafür, dass alle Beteiligten etwas dazulernen können. »Liebe Freunde, wenn ein Mensch einer Sünde erlegen ist, dann solltet ihr, deren Leben vom Geist Gottes bestimmt ist, diesem Menschen liebevoll und in aller Demut helfen, wieder auf den rechten Weg zurückzufinden. Und pass auf, dass du nicht in dieselbe Gefahr gerätst« (Galater 6,1).

Sanftmut zeigt, dass Sie sich der Gegenwart Gottes bewusst sind. »Lasst alle sehen, dass ihr herzlich und freundlich seid. Denkt daran, dass der Herr bald kommt« (Philipper 4,5). Wenn Sie glauben, dass der Herr nahe ist und alles im Leben im Blick behält, werden Sie andere mit Sanftmut behandeln, weil Ihnen bewusst ist, dass sie dieselbe Gnade brauchen wie Sie. Sie werden darauf vertrauen, dass Gott Ihr Leben und das Leben anderer so lenken wird, wie es seinem Willen entspricht.

Sanftmut führt zu Weisheit. »Wer ist weise und verständig unter euch? Er zeige aus dem guten Wandel seine Werke in Sanftmut der Weisheit!« (Jakobus 3,13; ELB). »Aber die Weisheit, die von Gott kommt, ist vor allem rein. Sie sucht den Frieden, ist freundlich und bereit, nachzugeben. Sie zeichnet sich durch Barmherzigkeit und gute Taten aus. Sie ist

♡⌒♡⌒♡⌒♡⌒♡⌒♡⌒♡

Die Weisheit, die Gott einem Menschen gibt, zeichnet sich durch Sanftmut aus.

♡⌒♡⌒♡⌒♡⌒♡⌒♡⌒♡

unparteiisch und immer aufrichtig« (Jakobus 3,17). Die Weisheit, die Gott einem Menschen gibt, zeichnet sich durch Sanftmut aus. Eine solche Weisheit bewältigt alle Herausforderungen des Lebens und lässt herausragende Beziehungen entstehen.

Sanftmut gibt Ihnen das Rückgrat, Stellung zu beziehen. »Haltet den Herrn, den Christus, in euren Herzen heilig! Seid aber jederzeit bereit zur Verantwortung jedem gegenüber, der Rechenschaft von euch über die Hoffnung in euch fordert, aber mit Sanftmut« (1. Petrus 3,15-16; ELB). Sanftmut verankert Sie und gibt Ihnen Sicherheit über sich selbst und Ihre Überzeugungen. Wenn Sie über das reden, was Ihnen wichtig ist, werden Ihre Worte als verlässlich wahrgenommen, weil Sie nicht auf die Zustimmung anderer angewiesen sind, um sicher zu sein, dass das, was Sie glauben, wahr ist. In der Ehe macht Sie das zu einem Partner, der geben kann, statt zu nehmen. Sie können Ihre Meinung äußern, Ihren Mann bzw. Ihre Frau ermutigen und Unvollkommenheiten hinnehmen, weil Sie nicht darauf angewiesen sind, dass er/sie genauso ist wie Sie.

Die Angst, kontrolliert zu werden

Wie herausfordernd die Kommunikation in Ihrer Ehe ist, hängt davon ab, wie offen Sie Ihrem Mann / Ihrer Frau gegenüber sein können. Vertrautheit öffnet einen Kanal zu Ihrem Herzen, der Ihrem Partner / Ihrer Partnerin großen Einfluss auf Ihre Gefühle, Ihre Selbstsicherheit und Ihre Vertrauensfähigkeit gibt. Bei einem starken Sicherheitsnetz ist das Vertrauen groß und die gegenseitige Offenheit ein er-

♡△♡△♡△♡△♡△♡△♡
Wie herausfordernd die Kommunikation in der Ehe ist, hängt davon ab, wie offen Sie Ihrem Mann / Ihrer Frau gegenüber sein können.
♡△♡△♡△♡△♡△♡△♡

wünschter Zustand, auch wenn sie verletzbar macht. Wird das Sicherheitsnetz nur provisorisch geknüpft, ist das Vertrauen schwach ausgeprägt, und beide Partner wappnen sich mit einer defensiven Haltung.

Diese Angst ist unter Menschen weit verbreitet, weil wir alle im Grunde selbstbezogen sind. Es dauerte nicht lange, bis wir in unserem Leben das Wort *meins* erlernten. Auf der einen – ehrenwerten – Seite glauben wir, dass unsere Sicht des Lebens die richtige ist. Deshalb argumentieren wir für unseren Standpunkt und reden anderen ein, sie täten gut daran, uns zuzustimmen.

Auf der anderen – dunkleren – Seite möchten wir das Verhalten anderer kontrollieren, um uns selbst besser zu fühlen. Wir glauben irrtümlich, dass unser Leben sich durch das Verhalten anderer Menschen verbessern wird. Das führt zu einem endlosen Kreislauf der Unsicherheit. Aus Unsicherheit sagen wir anderen, was sie zu tun haben. Wenn sie tatsächlich tun, was wir gesagt haben, folgern wir, dass sie nicht die Stärke besitzen, für sich selbst zu entscheiden, und damit von uns abhängig sind. Ihre Schwäche bedeutet, dass wir ihnen nicht wirklich vertrauen können, was uns noch unsicherer macht. Deshalb fordern wir sie auf, sich zu ändern, damit wir sicherer sein können, und der Kreislauf beginnt von vorn.

Aktiv oder passiv?

Vielleicht haben Sie sich einige passive Verhaltensweisen zugelegt, die Ihnen helfen, Ihr Umfeld zu kontrollieren. Sie machen Versprechungen, die Sie nie in die Tat umsetzen. Sie schieben Diskussionen hinaus, bis es zu spät ist, etwas zur Klärung des Problems zu unternehmen. Zeitliche Zusagen machen Sie mit so viel Spielraum, dass Sie weit hinter Ihren Möglichkeiten zurückbleiben. Sie übernehmen eine Führungsposition, verzögern aber jede Entscheidung durch lange Diskussionen und übertriebene Klärungen des Sachverhalts im Vorfeld. Sie sagen zu, bestimmte Pflichten zu übernehmen, kommen dann aber einfach nie dazu, sie zu erfüllen. Sie sagen Ihrem Mann bzw. Ihrer Frau nicht Nein oder geben den Ball nicht weiter, sondern lassen ihn einfach fallen.

Ein passiv-aggressives Verhalten kann verschärfende Auswirkungen haben:

Ein Ehepaar geriet in eine heftige Auseinandersetzung, und keiner war bereit, zuzugeben, dass er sich vielleicht geirrt hatte.

»Ich werde zugeben, dass ich unrecht habe«, sagte die Frau zu ihrem Mann, um eine Versöhnung zu versuchen, »wenn du auch zugibst, dass ich recht habe.«

Er war einverstanden, und als echter Gentleman beharrte er darauf, ihr den Vortritt zu lassen.

»Ich habe unrecht«, sagte die Frau.

Mit einem verschmitzten Lächeln erwiderte er: »Du hast recht!«

Vielleicht haben Sie aggressive Verhaltensstrategien, die Ihnen helfen, die Kontrolle zu behalten. Sie diskutieren mit jedem, der Ihnen nicht zustimmt. Sie stellen morgens Forderungen an Ihren Mann bzw. Ihre Frau und an Ihre Kinder und halten sie den ganzen Tag auf Trab, damit niemand Ihre Zeitpläne durcheinanderbringen kann. Sie fangen an, zu streiten, wenn geliebte Menschen Ihnen zu nahe treten. Sie lehnen es ab, je zu sagen: »Es tut mir leid.« Und Sie haben für alles, was Sie tun, eine Erklärung, die sich auf Ihre Absichten bezieht und nicht auf Ihr Verhalten. Gleichzeitig kritisieren Sie aber das Verhalten anderer und stellen deren guten Absichten infrage.

Am Ende hat das zur Folge, dass niemand Ihnen nahe genug kommen kann, um Ihre Pläne zu durchkreuzen, aber dass Ihnen auch niemand nahe genug kommen kann, um Ihnen ein besseres Gefühl über sich selbst zu ermöglichen. Sie fühlen sich zwar sicher, aber auch allein.

Gefühle betäuben

Dies war für uns beide eine bedeutsame Erfahrung. Wie ich (Bill) bereits erwähnte, ist meine Mutter eine überaus kreative Frau mit einer starken Persönlichkeit. Andererseits hat sie vor vielen Dingen im Leben Angst, weil sie im Teenageralter einige traumatisierende Erfahrungen machen musste. Sie reagierte damit, dass sie ihre Stärke dazu benutzte, alles in ihrem Leben zu kontrollieren, auch ihren Mann und ihre Kinder. Heute weiß ich, dass sie sich einfach nur sicher fühlen wollte, aber als Teenager konnte ich das nicht erkennen.

Meine erste Reaktion bestand darin, meine Gefühle zu unterdrücken. Ich hatte beobachtet, wie meine älteren Geschwister sich mit ihr stritten, bemerkte aber, dass sie jede Auseinandersetzung verloren, und ging deshalb in die andere Richtung. Ich betäubte einen großen Teil meiner emotionalen Reaktionen im Leben, damit ich nicht verletzt werden konnte. Man konnte mich anschreien, kritisieren oder herausfordern, ohne dass ich etwas fühlte. Das funktionierte recht gut, bis ich mit sechzehn Jahren Jesus als meinem Retter begegnete.

Er gab sich mit meiner Gefühlstaubheit nicht zufrieden. Je mehr sich meine Beziehung zu Jesus vertiefte, desto mehr erwachte mein Gefühlsleben. Ich begann, verschiedene Regungen in meinem Herzen zu spüren, die mir sehr gefielen, obwohl mir nicht ganz wohl dabei war. Ich begann, Anteil an anderen Menschen zu nehmen, wie ich es nie für möglich gehalten hatte. Als Kind hatte ich gelernt, anderen nicht zu vertrauen, und deshalb alle auf Distanz gehalten.

Und es gab nur sehr wenige Momente mit Freunden, an die ich mich gerne erinnerte, weil ich neben der Schule nur mit meiner Familie etwas unternahm. Nun lernte ich plötzlich andere Menschen kennen, die an Jesus glaubten, und mit etwas Mühe entwickelten sich tiefe Freundschaften.

Zur gleichen Zeit fing ich an, gereizt auf verschiedene Situationen in meinem Leben zu reagieren. Vorher war ich nie über meine Eltern verärgert gewesen, weil meine Emotionen taub waren. Es spielte keine Rolle, was sie taten, denn ich konnte mich in mein Schneckenhaus zurückziehen und mich mit anderen Dingen beschäftigen. In der Schule geriet ich in keinen Streit, weil ich nichts fühlte. Ich hatte keine nennenswerten Freundschaften und deshalb auch keine nennenswerten Auseinandersetzungen. Doch nun wurde ich in die Welt der Konflikte eingeführt. Ich ärgerte mich über das kontrollierende Verhalten meiner Mutter und die Weigerung meines Vaters, einzugreifen. In meinem ersten Jahr auf der Highschool kam es bei einigen Bekanntschaften zu Streitigkeiten. Ich trieb Sport zusammen mit anderen jungen Männern und konnte ihnen deshalb nicht aus dem Weg gehen. Ich wollte mich auch gar nicht zurückziehen, aber ich wusste einfach nicht, was ich tun sollte, weil ich keine Erfahrungen im Umgang mit Konflikten hatte. Die Folge war, dass ich Kritik wortlos herunterschluckte und nur noch entschlossener war, trotz der Streitigkeiten erfolgreich zu sein.

Der Übergang von einigen spärlichen Emotionen zur echten Interaktion mit den Gefühlen des Lebens war überwältigend. Ich machte zwar Fortschritte, aber an die Stelle meiner Gefühlstaubheit trat eine unangenehme, unterschwellige Verunsicherung. Ich lernte allmählich, trotz des kontrollierenden Verhaltens meiner Mutter voranzugehen, aber ich wollte keine anderen kontrollierenden Beziehungen in meinem Leben. Meine Erfahrung der Taubheit ging wie von selbst über in passive Verhaltensweisen, um ein Gefühl der Kontrolle zu behalten. Ich ging nur Verpflichtungen ein, die hinter meinen Fähigkeiten zurückblieben. Ich sorgte für einen gemäßigten Rhythmus, obwohl mir ein schnelleres Tempo möglich gewesen wäre. Ich mied Situationen, in denen ich nicht die Führung übernehmen konnte, denn ich glaubte, die Dinge kontrollieren zu können, solange ich zuständig war.

Die Begegnung mit Pam machte mir bald bewusst, dass ich einen großen Teil des Lebens verpasste, solange ich glaubte, alles kontrollieren zu müssen. Sie war in Bereichen talentiert, von denen ich nur träumen konnte. Sie war mutiger als ich und war bereit, große Verpflichtungen anzunehmen, um ihre persönliche Entwicklung voranzutreiben. Das alles fand ich unglaublich attraktiv, und ich glaubte, dass ich sehr profitieren würde, wenn ich von ihr lernen könnte. Manchmal macht es mich immer noch nervös, wenn sie Zusagen macht, die mir das Gefühl geben, keine Kontrolle zu haben. Inzwischen hat sie bei solchen Zusagen so oft Erfolg geerntet, dass ich gelernt habe, auf Gottes Führung in ihrem Leben zu vertrauen, auch wenn mir sehr unwohl dabei ist, zu hören, was wir als Nächstes tun werden.

Der Retter

Ich (Pam) habe in meiner Kindheit das Gegenteil erlebt. Bills Mutter versuchte, alles zu kontrollieren, während mein Vater überhaupt keine Kontrolle hatte. Die Alkoholexzesse meines Vaters bestimmten unser gesellschaftliches Leben (Freunde und Verwandte suchten das Weite, wenn er die Beherrschung verlor), und seine Stimmungen bedrohten buchstäblich unsere Sicherheit. (Wir rückten Möbel vor die Tür, damit er nicht in unser Zimmer hereinkam.)

In unserer Familie hatte ich die Aufgabe, meinem Vater »Paroli« zu bieten und ihm zu sagen, dass sein Verhalten unzumutbar war.

Oder ich scheuchte meine jüngeren Geschwister hinaus zur Großmutter oder zu Freunden, damit sie außerhalb von Papas Reichwei-
te waren.

Wenn man das Gefühl hat, dass das Leben außer Kontrolle gerät, setzt ein instinktiver Selbstschutzmechanismus ein, und das ist
oft nicht gerade schön. Wenn ich mich nicht sicher fühle, kann ich
in die Rolle eines »Militärkommandeurs« schlüpfen, weil ich das
Bedürfnis verspüre, für meine Rechte, meinen Plan oder meine Lebensweise zu kämpfen, damit mein Lebensumfeld wieder ein sicheres wird.

Glücklicherweise ist Bill ein sanfter Mann, sodass diese hässli-
che Seite von mir – von General Patton Pam – selten zum Vorschein
kommt. Aber es ist nicht nur Bills sanfte Art, die dazu beiträgt, das
wilde Tier in mir zu zähmen. Gottes besänftigender Geist hat mich
gelehrt, der Aussage von Bibelversen zu glauben wie: »Wer euch
anführen will, der soll euch dienen, wer unter euch der Erste sein
will, soll der Sklave aller sein« (Markus 10,43-44).

Meine Entscheidung, als dienender Mensch zu reagieren, löst
die Anspannung auf, weil ich nicht nur auf Bills Sanftmut, sondern
auch auf Gottes Güte vertraue. Indem ich versuche, Jesus ähnlicher
zu werden, der aus Liebe als Lamm Gottes sein Leben hingab, werde ich fähig, zu dienen, statt zu kämpfen. Ich kann darauf vertrau-
en, dass Gottes sanftmütige Absichten besser sind als meine militä-
rischen Schachzüge.

♡⌂♡⌂♡⌂♡⌂♡⌂♡⌂♡⌂♡⌂♡⌂♡⌂♡⌂♡⌂♡⌂♡⌂♡

Den Zugangscode zu Ihrer Liebe finden

Dinner & Dialog –
einander mit dem Herzen näherkommen

Üben Sie Ihre Ausdrucksmöglichkeiten ein. Es gibt verschiedene
Ansätze, in Ihrer Liebesbeziehung eine sanfte, sichere Umgebung
zu schaffen:

1. Üben Sie eine Körpersprache ein, die zum Ausdruck bringt:
   »Du bist bei mir sicher.« Sie können das allein üben oder als
   Ehepaar gemeinsam erarbeiten. Wichtig ist, dass Sie sich in den
   Übungsphasen nicht zu streng beurteilen. Sie üben ja nur. Wie
   bei allen übrigen Bereichen, in denen man etwas dazulernen
   will, stellt man sich auch hier zuerst unbeholfen an, aber je
   mehr man übt, desto mehr wird die angestrebte Geschicklich-
   keit zu einer natürlichen Reaktion. Üben Sie, folgende Emotio-
   nen auszudrücken, ohne ein Wort zu sagen:
   ♥ Inneres Glück
   ♥ Freude
   ♥ Begeisterung
   ♥ Zuneigung
   ♥ Zustimmung
   ♥ Entschlossenheit
   ♥ Frustration
   ♥ Abscheu
   ♥ Unverständnis
   ♥ Widerspruch
   ♥ Enttäuschung

Sie können auf humorvolle und weniger angespannte Art üben, diese Stimmungen auszudrücken, wenn Sie daraus ein Pantomimespiel machen. Jeder von Ihnen nimmt eine Hälfte der Liste. Dann drücken Sie abwechselnd diese Stimmungen aus, während der andere erraten soll, welche Emotion Sie dargestellt haben.

2. Üben Sie, Ihren Tonfall bewusst zu wählen. Genau wie bei der Körpersprache können Sie allein oder gemeinsam üben. Wichtig ist, dass Sie Ihr Gehör darin schulen, den Tonfall Ihrer eigenen Stimme wahrzunehmen. Wenn Sie allein üben, können Sie auch ein Aufnahmegerät nutzen, damit Sie selbst hören können, wie Sie Sätze aussprechen, die Sie Ihrem Mann bzw. Ihrer Frau sagen wollen. Beim Abhören dieser Aufnahmen werden Sie eine neue Wahrnehmung bekommen, wie Sie sich für Ihren Partner anhören. Benutzen Sie dieselbe Liste wie oben, und versuchen Sie, diese Emotionen durch Ihren Tonfall auszudrücken. Sprechen Sie dabei immer denselben Satz aus: »Das Leben ist eine große Reise.« Wiederholen Sie diesen Satz für jede Emotion, um zu sehen, ob Sie sie durch Ihren Tonfall zum Ausdruck bringen können.

3. Nehmen Sie sich jede Woche Zeit für ein Gespräch mit Ihrem Partner. Dabei ist es hilfreich, sich vorher einige Fragen zu überlegen, über die Sie sprechen wollen, damit Sie nicht wieder bei Ihren Verpflichtungen, Rechnungen und Alltagsproblemen landen. Sie können leichter eine tiefe Vertrautheit herstellen, wenn Sie über Hoffnungen, Träume und Ihre eigene Entwicklung sprechen, aber das geschieht selten von selbst. Erwägen Sie folgende Fragen als möglichen Ausgangspunkt:

♥ Wie haben sich deine Lebensträume in den letzten fünf Jahren verändert?

♥ Was war im vergangenen Jahr dein schönstes Erlebnis?

♥ Was war im vergangenen Jahr dein liebstes Abenteuer?

- ♥ Wenn du an jeden beliebigen Ort der Welt reisen könntest, wohin würdest du gehen und warum?
- ♥ Wenn du dein Leben jetzt als Sportereignis schildern solltest, welches wäre das? Warum?
- ♥ Wenn du dein Leben jetzt durch ein Lied beschreiben solltest, welchen Titel hätte dieses Lied? Warum?
- ♥ Wenn du mit irgendeinem Menschen auf der Welt einen ganzen Tag verbringen könntest, wen würdest du wählen? Was würdest du diese Person fragen?

4. Stellen Sie Ihrem Mann bzw. Ihrer Frau frei, über ein beliebiges Thema mit Ihnen zu sprechen. Beschließen Sie, einfach zuzuhören und Ihre Meinung für sich zu behalten, es sei denn, Sie werden danach gefragt.

5. Legen Sie sich einen einleitenden Satz zurecht, der Ihren Partner / Ihre Partnerin darauf hinweist, dass Sie einen sicheren Rahmen für ein bevorstehendes Gespräch brauchen. Aussagen wie »Ich möchte mit dir über etwas reden, aber ich bin ein bisschen nervös«, »Bitte hab Verständnis für das, was ich dir jetzt sagen will, denn es fällt mir nicht leicht« oder »Können wir uns etwas Zeit für ein Gespräch nehmen?« sind klare Signale, die Ihrem Mann bzw. Ihrer Frau zeigen, dass Sie für das Gespräch besonders auf Sicherheit angewiesen sind. Wenn es Ihnen schwerfällt, eine geeignete Formulierung zu finden, könnte es eine gute Idee sein, an einem Ehewochenende teilzunehmen, bei dem Dialogformen eingeübt werden. Dazu gehört oft auch, dass Sie in einem Brief aufschreiben, was Sie einander mitteilen wollen, und Ihrem Partner / Ihrer Partnerin diesen Brief vorlesen.

6. Vereinbaren Sie als Ehepaar ein humorvolles Signal, um auszudrücken, dass Sie einen sicheren Rahmen brauchen. Sie könnten eine Packung Pflaster auf seinen/ihren Schreibtisch legen,

einen weißen Wimpel schwenken oder sogar einen Schirm aufspannen, um zu sagen: »Können wir aus dem Sturm herauskommen?« Dieses sichtbare Symbol kann Ihnen beiden helfen, wenn Sie in einem dieser anhaltenden Konflikte stecken, die außer Kontrolle geraten sind, und wissen, dass Sie beide einen neuen Ansatzpunkt brauchen.

Wählen Sie die Schritte, von denen Sie glauben, dass sie Ihnen am meisten Sicherheit bieten. Die Verbindung zu Ihrem Partner zu knüpfen, ist ein kompliziertes Unterfangen. Nur wenige Erfahrungen im Leben sind befriedigender als die Momente, in denen Sie geistlich, emotional und körperlich tief miteinander verbunden sind. Wenn Sie das noch nicht miteinander erlebt haben, werden Sie in Ihrem Herzen einen nagenden Wunsch nach mehr Nähe in Ihrer Beziehung verspüren. Sobald Sie erlebt haben, wie erfüllend eine echte Verbundenheit sein kann, werden Sie sich diese Erfahrung für Ihr ganzes Leben wünschen.

♡⌂♡⌂♡⌂♡⌂♡⌂♡⌂♡
Sobald Sie erlebt haben, wie erfüllend eine echte Verbundenheit sein kann, werden Sie sich diese Erfahrung für Ihr ganzes Leben wünschen.
♡⌂♡⌂♡⌂♡⌂♡⌂♡⌂♡

Statten Sie Ihre Beziehung heute mit einer sicheren Atmosphäre aus, die Ihre persönliche Entwicklung maximiert und eine echte Partnerschaft auf Ihrem gemeinsamen Lebensweg entstehen lässt. Ihre Ehebeziehung kann zu Ihrem Schutzraum auf dieser Erde werden.

♡△♡△♡△♡△♡△♡△♡△♡△♡△♡△♡△♡△♡△♡

KAPITEL 10
IHRE GEHEIME SPRACHE

»Die Frucht des Geistes ist ... Selbst-
beherrschung ...«

Ich (Bill) habe mir kürzlich einen neuen Laptop angeschafft. Wichtig war mir ein Modell mit hoher Leistung, das sich gut für Reisen eignet. Deshalb suchte ich einen kleineren Laptop mit einem relativ großen Bildschirm. Stundenlang schaute ich mir in mehreren Geschäften verschiedene Modelle an und fand schließlich einen Laptop, der alle meine Ansprüche zu erfüllen schien. Er hatte sogar ein Drehgelenk, sodass man den Bildschirm um 360 Grad drehen konnte! Ich dachte: *In was für einer großartigen Zeit wir doch leben, die uns ein so erstaunliches Stück Technologie bietet. Dieser Laptop ist schnell, macht viel Spaß und sieht auch noch gut aus!*

Erst zu Hause entdeckte ich einen kleinen Metallsensor an der Seite des Bildschirms, und in meiner männlichen Experimentierfreude berührte ich den Sensor sofort, statt zuerst die Bedienungsanleitung zu lesen. Eine interessante Fehlermeldung erschien: »Zugang verweigert. Ihr Fingerabdruck wurde im System nicht hinterlegt. Möchten Sie Ihre Zugangsberechtigung jetzt einrichten?«

Ich war total begeistert. Mein Laptop verfügte über ein verbrechensbekämpfendes Hightech-Fingerabdruck-Identifikationssystem! Natürlich drückte ich sofort auf den »Ja«-Button und begann mit der Eingabe. Ich musste mehrere Sicherheitsschritte durchlaufen, um meine Identität zu beweisen. Zuerst musste ich bestätigen, dass ich eine gültige Version des Betriebssystems auf meinem Computer besaß. Dann musste ich meinen Nutzernamen und mein Passwort eingeben, um zu beweisen, dass wirklich ich es war, der seinen Fingerabdruck hinterlegen wollte. Diese Eingabe musste ich anschließend wiederholen. Als Nächstes musste ich zweimal hintereinander mit einem Finger auf den Sensor tippen. Nachdem dies erfolgt war, musste ich zweimal mit einem anderen Finger auf den Sensor tippen, um die Eingabe abzuschließen.

Als ich es geschafft hatte, kam ich mir sehr wichtig vor. Ich besaß nun einen neuen Laptop mit zwei verschiedenen Möglichkeiten, auf alle Informationen zuzugreifen, die mir wichtig sind. Ich konnte nach wie vor meinen Nutzernamen und mein Passwort eingeben, oder ich konnte mit dem Finger auf den Sensor tippen.

Als ich den Sensor das erste Mal betätigte, musste ich an die vielen Zugangsbeschränkungen denken, die es heute gibt. Neben Nutzernamen, Passwörtern und Fingerabdrücken gibt es Kontonummern und PINs. In großen Unternehmen werden sogar Augenscanner und Stimmsensoren benutzt, um unsere Identität zu prüfen. Es läuft immer darauf hinaus, dass man keinen Zugang bekommt, wenn man nicht den richtigen Zugangscode besitzt, der die Informationsquelle aufschließt.

Genauso wie die Informationen, die uns wichtig sind, allen zugänglich sind, die den Zugangscode besitzen, so ist auch eine sichere und erfolgreiche Ehe allen zugänglich, die die Prinzipien anwenden, die in diesem Buch unter den folgenden acht Überschriften erörtert wurden:

♥ Das Geheimnis der Liebe
♥ Zuneigung
♥ Freizeit

- ♥ Konflikte lösen
- ♥ Intimität
- ♥ Alarmsignale geben
- ♥ Goldene Ziele
- ♥ Sich ausdrücken

Die beschriebenen Fähigkeiten, die zu einer besseren Ehe führen – einer Ehe, die in Bezug auf *Erfolg* und *Sicherheit* »oberhalb der Linie« liegt –, wirken auf den ersten Blick ganz einfach. Und sie können tatsächlich einfach sein – wenn Sie sie anwenden wollen! So, wie eine PIN Ihnen Zugang zum Konto Ihres Ehepartners gibt oder ein Passwort Ihnen erlaubt, die Inhalte auf dem Computer Ihres Partners zu lesen, so wird aus dem Wunsch die Fähigkeit werden, in Ihrer Beziehung in den Bereich oberhalb der Linie zu kommen.

In den Jahren, in denen wir andere gelehrt, geschult und beraten haben, kamen wir zu der Überzeugung, dass die wichtigste Fähigkeit der tiefe Wunsch ist, eine Ehe zu führen, die »oberhalb der Linie« bleibt. Niemand kann Sie dazu bewegen, eine bessere Ehe zu wollen. Das ist eine Entscheidung, die nur Sie allein treffen können. Aber wir kennen einen einfacheren Weg, an diesem Wunsch zu arbeiten. Bitten Sie Gott darum. Gott schuf die Ehe, und deshalb kennt er die Zugangscodes zu Ihren beiden Herzen.

Wenn Sie nicht an dem Punkt sind, diesen aufrichtigen Wunsch zu haben, können Sie Gott darum bitten, indem Sie zum Beispiel beten: »Gott, gib mir diesen tiefen Wunsch, meine Ehe zu einer besseren zu machen. Hilf mir, wirkliche Sehnsucht nach meinem Mann / meiner Frau zu entwickeln.« Fangen Sie an dem Punkt an, an dem Sie gerade stehen.

Ihr langfristiges Ziel besteht darin, Ihre Fähigkeiten so weit zu entwickeln, dass Sie in den wichtigsten Bereichen Ihrer Ehe wachsen können. Das soll sie dazu befähigen, in eine gesunde und lebendige Beziehung zu investieren. Diese Aufgabe wird Sie fordern, weil Ihr Herz dazu neigt, sich ablenken und täuschen zu lassen und zerstörerisch auf Sie selbst und auf die Menschen einzuwirken, die Sie lieben.

Der beste Weg, den wir kennen, um dieses Ziel zu erreichen, besteht darin, in einer persönlichen Beziehung zu Jesus Christus zu leben. Er starb für Sie, weil er den gefallenen Zustand Ihres Herzens kannte. Er wusste, dass Sie nie in der Lage sein würden, den Preis für Ihre Fehler selbst zu bezahlen. Deshalb hat er eine ewige Vorauszahlung geleistet, die nie ausgeschöpft sein wird. Dann versprach er, den Heiligen Geist in das Herz jedes Menschen zu senden, der auf seine Vergebung und Erlösung vertraut. Der Heilige Geist bringt eine tiefe Liebe zu Ihrem Partner mit sich und vermittelt Ihnen Einsicht in jeden Code, den Sie brauchen, um das Potenzial Ihrer Ehe freizusetzen.

♡△♡△♡△♡△♡△♡△♡△♡

Der Heilige Geist bringt eine tiefe Liebe zu Ihrem Partner mit sich und vermittelt Ihnen Einsicht in jeden Code, den Sie brauchen, um das Potenzial Ihrer Ehe freizusetzen.

♡△♡△♡△♡△♡△♡△♡△♡

Wenn das etwas ist, das Ihnen fremd erscheint, macht das nichts. Wir werden versuchen, es auf unterschiedliche Weise durch Beispiele aus dem realen Leben zu verdeutlichen, damit Sie sehen können, wie das funktioniert.

Einfach ausgedrückt, ist der Heilige Geist der Geist Gottes. Wenn Sie die Entscheidung treffen, eine Beziehung zu Gott zu beginnen, sendet Gott seinen Geist in Ihre Seele, damit er Ihnen neue Gedanken, neue Wege und neue Einsichten zuflüstern kann, die Ihr Leben und Ihre Beziehungen bereichern werden. Da Gott dann in Ihrem Herzen und in Ihrem Denken wohnt, müssen Sie nicht mehr allein durchs Leben gehen und Ihre Beziehung selbst austüfteln. Gott selbst, der Sie beide persönlich geschaffen hat, ist da, um Ihnen den Weg zu zeigen. Es ist so ähnlich, als würde der Konstrukteur Ihres Autos Ihnen nicht einfach das Bedienungshandbuch überreichen, sondern sich bereit erklären, Ihr persönlicher Chauffeur zu sein.

Die Entscheidung liegt bei Ihnen

Wer immer Ihre Trauung vorgenommen hat, sagte dabei vermutlich etwas Ähnliches wie: »In meiner von Gott verliehenen Vollmacht erkläre ich euch beide nun zu Mann und Frau im Namen des Vaters, des Sohnes und des Heiligen Geistes.«

Es schien, als würde alles so leicht sein. Sie hatten einen neuen Titel, neue Träume und genug Liebe, um ein gemeinsames Leben aufzubauen. Sie dachten, die Nutzernamen *Ehemann* und *Ehefrau* würden ausreichen, um den Zugang zum Herzen und Körper Ihres Mannes bzw. Ihrer Frau zu bekommen.

Das Problem ist, dass in jedem von uns ein innerer Kampf stattfindet. Der Apostel Paulus schrieb in einem Brief an seine guten Freunde in der Stadt Ephesus etwas über den Kampf in ihren Herzen. In jedem von uns sind zwei Naturen am Werk. Paulus nennt sie das alte Ich und das neue Ich. Das alte Ich ist die gefallene Natur, die durch Sünde verdorben und durch die Begierden der menschlichen Natur abhängig geworden ist. Das neue Ich liebt Jesus und sehnt sich danach, der Leitung des Heiligen Geistes zu folgen. In jedem Augenblick unseres Lebens müssen wir uns für eine Seite entscheiden.

Sie können entscheiden, auf den Teil Ihres Herzens zuzugreifen, der vom alten Ich beherrscht wird, und müssen mit den entsprechenden Folgen leben. Oder Sie können auf den Teil Ihres Herzens zugreifen, der vom Heiligen Geist bestimmt wird, und dürfen sich über die positiven Auswirkungen freuen. Die Entscheidung liegt bei Ihnen.

Während Sie darüber nachdenken, welcher Natur Sie folgen wollen, überprüfen Sie die näheren Spezifikationen bei jeder der folgenden Systemkomponenten:

Das alte Ich

(Die näheren Spezifikationen finden Sie im Epheserbrief, Kapitel 4.)

- ♥ **Betriebssystem** (das zentrale Kontrollprogramm Ihres Lebens): Sie selbst
- ♥ **Prozessor:** Denken ohne Sinn und Ziel mit einem verfinsterten Verstand (Verse 17-18)
- ♥ **Bildschirm:** Unaufrichtigkeit (Vers 25) und abgestumpfte Sinne (Vers 19)
- ♥ **Speicher:** Ständiges Verlangen nach mehr (Vers 19)
- ♥ **Grafikkarte:** Ausschweifende Leidenschaften und jede Art von Verlockung (Vers 19)
- ♥ **Netzwerk:** Weit entfernt vom Leben Gottes (Vers 18)
- ♥ **Festplatte:** Trügerische (verdorbene) Leidenschaften (Vers 22)
- ♥ **Sicherheits-Software:** Hartherzige Unwissenheit (Vers 18)
- ♥ **Software:** Diebstahl (Vers 28), harte Worte und üble Nachrede, jede Art von Bosheit (Vers 31)
- ♥ **Schnittstellen:** Bitterkeit, Wut und Ärger (Vers 31)
- ♥ **Lautsprecher:** Schlechtes Gerede (Vers 29)
- ♥ **Garantie:** Nichtigkeit (Teil Ihrer früheren Lebensweise; Vers 22)

Das neue Ich

(Die näheren Spezifikationen finden Sie im Epheserbrief, Kapitel 4.)

- ♥ **Betriebssystem** (das zentrale Kontrollprogramm Ihres Lebens): Christus
- ♥ **Prozessor:** Die Wahrheit, die in Jesus ist (Vers 21)
- ♥ **Bildschirm:** Wahre Gerechtigkeit (Vers 24)
- ♥ **Speicher:** Gottes Heiliger Geist (Vers 30)
- ♥ **Grafikkarte:** Heiligkeit (Vers 24)
- ♥ **Netzwerk:** Glieder des einen Leibes (Vers 25)
- ♥ **Festplatte:** Erneuerte Denkweise (Vers 23)
- ♥ **Sicherheitssoftware:** Wahrheit hören und kennen (Vers 21)
- ♥ **Software:** Mit eigenen Händen etwas Nützliches schaffen (Vers 28)
- ♥ **Schnittstellen:** Freundlichkeit, Mitgefühl, Versöhnlichkeit (Vers 32)
- ♥ **Lautsprecher:** Die Wahrheit sagen – das nützt denen, die es hören (Verse 25 und 29)
- ♥ **Garantie:** Versiegelt durch den Heiligen Geist für den Tag der Erlösung (Vers 30)

Das ultimative Upgrade

Man erkennt rasch, dass das neue Ich dem alten Ich weit überlegen ist, aber wir wissen, dass es in der Praxis nicht damit getan ist, nur vom Verstand her zu erkennen, welche Option besser ist. Dr. Phil hat die Frage geprägt: »Nun, wie sieht das denn bei Ihnen im Alltag aus?«, weil so viele Ehepaare versuchen, ihre Beziehung vom alten Ich her zu steuern. Wenn Sie Jesus nicht persönlich als Ihren Erlöser kennengelernt haben, dann haben Sie nur den Zugang zum alten Ich. Vielleicht haben Sie mit viel Disziplin an sich gearbeitet, sind aber nach wie vor ganz auf sich gestellt. Und es kann gut sein, dass Sie viel dafür getan haben, dass Ihre Beziehung gelingt, dass die Dinge sich aber nicht so entwickelt haben, wie Sie es hofften.

Diejenigen, die Jesus eingeladen haben, in ihrem Herzen zu leben und der Chef ihres Lebens zu sein, haben eine Alternative. Auch sie können zwar den Weg des alten Ichs wählen und nach ihren eigenen Wünschen leben. Das ist tatsächlich bei Christen oft der Fall, weil ein heftiger Kampf im Gang ist, bei dem das alte Ich ständig ans Ruder drängt. Sie haben jedoch noch eine andere Möglichkeit: Sie können sich für das neue Ich entscheiden und aus der Kraft des Heiligen Geistes schöpfen, um aus dieser Kraft heraus zu lieben, zu denken und zu handeln. Mit dieser besonderen Ausstattung können sie sich effektiver in die Bemühungen einbringen, die zu einer erfüllenden Beziehung führen.

Eine Reihe von Experten in der Ehe- und Familienforschung hat die folgende Liste der zehn wichtigsten Eigenschaften einer langfristig erfolgreichen Ehe zusammengestellt:

1. Ein lebenslanges Eheversprechen
2. Gegenseitige Loyalität
3. Starke moralische Werte
4. Einander als Freunde achten
5. Sexuelle Treue
6. Der Wunsch, gute Eltern zu sein
7. Glaube an Gott und geistliche Hingabe
8. Der Wunsch, einander zu gefallen und zu unterstützen
9. Ein guter Gefährte für den Partner sein
10. Die Bereitschaft, zu vergeben und Vergebung anzunehmen.[25]

Jedes dieser Merkmale lässt sich durch selbstlose Menschen mit einem hohen Maß an Selbstbeherrschung am besten erzielen. Deshalb können Ehepaare, die zusammen in den Gottesdienst gehen, regelmäßig miteinander beten und an einer Kleingruppe teilnehmen, die eine persönliche Weiterentwicklung fördert, im Allgemeinen von einem hohen Maß an Befriedigung in ihrer Ehe und in ihrem Sexualleben berichten. Die Faktoren, die eine erfolgreiche, innige Beziehung fördern, werden durch die Präsenz des Heiligen Geistes in beiden Partnern entwickelt.

Vielleicht haben Sie nie die Entscheidung getroffen, in Bezug auf die Ewigkeit auf Jesus zu vertrauen. Sie möchten ewiges Leben haben, und Sie möchten fähiger werden, Ihre Frau bzw. Ihren Mann zu lieben. Alles, was Sie tun müssen, um den Anfang zu machen, ist, auszusprechen, dass Sie an das glauben, was Jesus für Sie getan hat. Hier ist ein geeignetes Gebet, das Sie sich zu eigen machen können. Bitte berücksichtigen Sie, dass die Worte keine magische Formel sind. Die Formulierung ist einfach eine Orientierung, wie Sie durch Glauben mit der großartigsten Beziehung der Welt in Berührung kommen.

Jesus, ich brauche dich in meinem Leben. Ich habe versucht, allein klarzukommen, und merke, dass das nicht genügt. Wenn ich ehrlich bin, muss ich zugeben, dass ich immer wieder scheitere. Danke, dass du für meine Fehler gestorben bist. Bitte komm in mein Herz, schenke mir ewiges Leben, und vergib mir alles, was ich falsch gemacht habe. Gib mir jetzt Zugang zu dem neuen Ich, und fange an, mich in den Menschen zu verwandeln, der deinem Willen entspricht.

Fortschritte

Wenn Sie jetzt den ersten Schritt in eine Beziehung mit Jesus getan haben, herzlichen Glückwunsch! Sie haben gerade die wichtigste Entscheidung Ihres Lebens getroffen. Damit Sie in dieser neuen Beziehung wachsen, möchten wir Sie zu folgenden Schritten ermutigen:

♥ Erzählen Sie einem anderen Menschen von diesem Schritt. Indem Sie Ihre Entscheidung anderen mitteilen, wird sie in Ihrem eigenen Herzen gefestigt.

♥ Fangen Sie an, täglich in der Bibel zu lesen. Beginnen Sie im Neuen Testament mit dem Johannesevangelium. Nehmen Sie sich jeden Tag ungefähr um dieselbe Zeit ein paar Minuten, um einige Bibelverse zu lesen, und denken Sie im Tagesverlauf über das nach, was Sie gelesen haben.

♥ Lernen Sie 1. Johannes 5,11-13 auswendig:
Und dies hat Gott versichert: Er hat uns das ewige Leben geschenkt, und dieses Leben ist in seinem Sohn. Wer an den Sohn Gottes glaubt, hat das Leben; wer aber an den Sohn Gottes nicht glaubt, hat auch das Leben nicht. Das schreibe ich euch, damit ihr wisst, dass ihr das ewige Leben habt, weil ihr an den Namen des Sohnes Gottes glaubt.

♥ Fangen Sie an, regelmäßig eine Gemeinde zu besuchen, die direkt aus der Bibel lehrt. Bitten Sie Freunde, Ihnen eine Gemeinde in der näheren Umgebung zu empfehlen.

♥ Wenn Ihr Ehepartner dazu bereit ist, beten Sie täglich gemeinsam. Machen Sie sich keine Gedanken darüber, wie sich Ihre Gebete anhören. Reden Sie einfach mit Gott, wie Sie mit Ihrem besten Freund reden würden. Erzählen Sie ihm, was Ihnen wichtig ist, und bitten Sie ihn, Sie bei Ihren täglichen Aufgaben zu leiten.

Es ist ein neuer Tag

Wenn Sie effektiver darin werden wollen, Anschluss an das Leben zu finden, das Ihre neue Natur Ihnen ermöglicht, versuchen Sie, folgende Aussage in den nächsten sieben Tagen täglich laut auszusprechen:

Jesus, danke, dass du mir die Entscheidung zu einem neuen Leben ermöglicht hast. Deshalb beschließe ich heute, meine Gedanken auf das auszurichten, was von dir kommt, und nicht auf die irdischen Dinge. Ich möchte mit meiner alten Natur nichts mehr zu tun haben und bekenne, dass mein Leben mit Christus in Gott verborgen ist. Ich möchte meinen Körper als etwas Irdisches betrachten und entscheide mich gegen Unmoral, Unreinheit, Begierde, böse Absichten und Habgier. Ich entscheide mich, stattdessen das neue Ich anzunehmen, das zu einer wahren Erkenntnis erneuert wird, wie es dem Ebenbild Christi entspricht (Kolosser 3,2-10). Erfülle mich mit deiner Kraft, damit ich meinem Mann / meiner Frau freundlich und mitfühlend begegnen kann. Gib mir die Gnade, ihm/ihr zu vergeben, so, wie Gott mir in Christus vergeben hat (Epheser 4,32). Entwickle in mir die Selbstbeherrschung, die mir hilft, Nein zu meinen Ängsten zu sagen, indem ich Ja zu dir sage.

Auf Ihr Herz hören

Jim und Susan waren seit acht Jahren verheiratet, als Susan allmählich eine innere Leere in ihrem Leben empfand. Sie liebte ihren Mann, aber es war schwierig, mit ihm zu leben. Er war dickköpfig und reagierte ihr gegenüber oft zornig, besonders, wenn er viel getrunken hatte. Er arbeitete hart, kam aber ständig mit schlechter Laune nach Hause.

Sie wollte sich nicht scheiden lassen, aber sie dachte, dass sie nicht ewig so weiterleben konnte. Um Trost zu finden, nahm sie die Einladung einer Freundin an, einen Gottesdienst zu besuchen. Während der Lieder, die gesungen wurden, musste sie weinen, ohne recht zu wissen, warum. Als der Pastor sprach, schien es, als meinte er sie persönlich. Und als er sagte: »Wenn dein Leben leer ist und du dich allein fühlst, obwohl du von Menschen umgeben bist, dann sollst du wissen, dass Jesus dich liebt. Er möchte dir ein neues, von Liebe und Sinn erfülltes Leben geben«, zuckte sie innerlich

♡△♡△♡△♡△♡△♡△♡△♡

Jesus liebt Sie. Er möchte Ihnen ein neues, von Liebe und Sinn erfülltes Leben geben.

♡△♡△♡△♡△♡△♡△♡△♡

zusammen. An diesem Tag verließ sie die Gemeinde rasch, aber sie war von der Freundlichkeit der Menschen beeindruckt, die sie dort wahrgenommen hatte.

Sie beschloss, in der nächsten Woche wieder hinzugehen, und hatte wieder den Eindruck, dass der Gottesdienst sie ganz persönlich meinte. Am Ende seiner Predigt sagte der Pastor: »Hast du genug von dem Leben, das du dir aus eigener Kraft aufgebaut hast? Dann ist heute dein Tag. Wenn du Jesus bitten möchtest, in dein Herz zu kommen, um dein Erlöser und der Chef deines Lebens zu sein, dann komm beim nächsten Lied nach vorn. Wir möchten mit dir beten und dir erklären, wie du Jesus persönlich kennenlernen kannst.« Susan wusste, dass sie gemeint war. Sie nahm die Einladung an und bat Jesus, in ihr Herz zu kommen und für immer zu bleiben.

Als sie nach Hause kam, merkte sie, dass sie Jim anders wahrnahm, als sie es je getan hatte. Sie konnte sich diese Veränderung nicht erklären, aber sie sah in Jim plötzlich einen verwundeten kleinen Jungen, der seinen Schmerz mit Zorn, Dickköpfigkeit, Alkohol und Schimpfworten übertönte. Mitgefühl erfasste ihr Herz, und eine geduldige Liebe inspirierte sie zu ganz neuen Gedanken. Sie besuchte weiter die Gottesdienste und schloss sich einer Bibelgruppe für Frauen an. Nach etwa vier Monaten kam ihr der Gedanke, dass sie anfangen sollte, für Jim zu beten. Sie fragte ihn: »Darf ich für dich beten, bevor du zu Bett gehst?«

Überraschenderweise war er einverstanden, und von da an machte sie es sich zur Gewohnheit, ihm jeden Abend einige Minuten lang den Rücken zu massieren und für ihn zu beten. »Lieber Jesus, danke für Jim. Bitte gib ihm Kraft für die Arbeit morgen. Ich weiß es wirklich zu schätzen, wie er für unsere Familie sorgt. Ich weiß, dass seine Schultern verspannt sind, deshalb bitte ich dich, seine Verspannungen zu lösen. Ich weiß auch, dass er manchmal wütend wird. Er muss irgendeinen Schmerz in sich haben, der schwer zu tragen ist. Bitte nimm diesen Schmerz weg, und hilf Jim, im Leben die Dinge zu finden, die ihm am meisten Freude machen. Amen.«

Acht Monate lang reagierte Jim nicht. Jeden Abend fragte Susan, ob sie für ihn beten könne. Jeden Abend antwortete Jim: »Wenn du willst.« Er sagte weder, dass es ihm gefiel, noch, dass es ihm nicht gefiel, sondern einfach nur: »Wenn du willst.« Eines Abends vergaß Susan das Gebet. Jim war schon im Bett, und Susan saß noch am Computer.

Jim stand auf, kam zu ihr und fragte: »Betest du heute nicht für mich, bevor ich einschlafe?«

Susan war verblüfft. Sie hatte gedacht, dass es Jim gleichgültig sei, ob sie betete oder nicht, aber jetzt erkannte sie, dass Gott am Werk war. Mit neuer Freude fuhr sie fort, jeden Abend Jims Rücken zu massieren und für ihn zu beten.

Kurze Zeit später schaltete er beim Autofahren das Radio ein und blieb bei einem Sender hängen, als eine Stimme seine Aufmerksamkeit fesselte: »Haben Sie ausgerechnet dem Menschen, den Sie am meisten lieben, hartnäckig Widerstand geleistet?« Er war wie gebannt. Das war genau das, was er empfand. Susan war so nett zu ihm, aber er behandelte sie wirklich grob. Er kritisierte sie ständig und wies sie bei jeder Gelegenheit auf ihre Fehler hin. Er beschimpfte sie, wenn er wütend war, und warf ihr manchmal Beleidigungen an den Kopf. Trotzdem betete sie jeden Abend für ihn.

Der Radioprediger fuhr fort: »Der Grund, weshalb Sie andere so grob behandeln, ist eine unterschwellige Angst. Sie befürchten, dass Sie nicht mehr die Freiheit haben, Sie selbst zu sein, wenn Sie wirklich lieben. Nun, Jesus hat Sie erschaffen, und er liebt Sie und will Ihnen die Kraft geben, der beste Mensch zu werden, der Sie je sein können. Alles, was Sie tun müssen, ist: ihn bitten, in Ihr Leben zu kommen, und sich von ihm leiten lassen.«

In diesem Moment wurde Jim auf einmal alles klar. Er hatte versucht, Susan wegzustoßen, weil er Jesus weggedrängt hatte. Er wusste sofort, dass er in Wirklichkeit beide in seinem Leben wollte. Er hatte es satt, zu versuchen, selbst gut dazustehen und dabei die Menschen zu verletzen, die er am meisten liebte. Er betete auf der Stelle in seinem Wagen:

Hallo, Jesus … Ich bin es, Jim … Weißt du, ich hatte Angst vor dir, weil ich dachte, du würdest mir wegnehmen, was ich liebe. Aber das stimmt wohl nicht. Jetzt ist mir klar geworden, dass du mich liebst und dass du Susan in mein Leben gebracht hast, um mich davon zu überzeugen. Würdest du mir bitte vergeben, dass ich so dickköpfig war und ständig alles kritisiert habe? Und würdest du bitte in mein Leben kommen und mich zu dem besten Menschen machen, der ich sein kann? Danke. Amen.

Am Abend machte Jim sich bereit, schlafen zu gehen, und wartete darauf, dass Susan kam und für ihn betete. Als sie ins Schlafzimmer kam, überraschte Jim sie mit einer anderen Bitte. »Kann ich heute Abend für dich beten?«, fragte er. Susan sagte kein Wort, als er anfing, ihr den Rücken zu massieren und leise zu beten: »Wirklich, Jesus, das ist eine so gute Frau. Danke, dass du mir durch sie geholfen hast, dich zu finden. Bitte kümmere dich gut um sie, und sag ihr, dass sie ihre Sache echt gut gemacht hat. Amen.«

Das Reden des Heiligen Geistes entschlüsseln

Gottes Geist wirkt in der Verbindung von Gottes Wort und Ihrem Herzen. Oft wird etwas, das Sie in der Bibel lesen, genau das sein, was Sie brauchen, um den »Zugangscode« oder das »Passwort« zum Herzen Ihres Partner bzw. Ihrer Partnerin zu finden, sodass Ihre Beziehung wieder in den Bereich oberhalb der Vertrauenslinie kommt. Erst kürzlich stellten Bill und ich fest, dass wir nicht mehr miteinander im Takt waren. Ich war frustriert über die vielen Aufgaben, die immer noch auf Bills To-do-Liste standen, während ich der Meinung war, dass er sie bereits hätte erledigen sollen. Kurz, ich hatte Angst, dass er mich enttäuschen würde.

Ich (Bill) war frustriert über diese scheinbar unrealistischen Erwartungen. Ich hatte Angst, dass ich ihren Ansprüchen nie gerecht werden würde.

Seit mehreren Tagen hatte sich die Temperatur zwischen uns merklich abgekühlt, und ich (Pam) begann, zu beten, dass Gott mir zeigen würde, wer sich ändern und einen Fehler eingestehen musste. Insgeheim hoffte ich, dass es Bill sein würde und ich eine herzliche Entschuldigung zu erwarten hätte. Dann könnte ich ihm tapfer vergeben, und es wäre nicht nötig, meine To-do-Liste für ihn zu ändern!

Oft höre ich mir Musik von *Walk the Word* an, die ich auf meinen I-Pod heruntergeladen habe. An diesem Tag im Fitnessstudio hörte ich dabei einen Bibeltext aus der Reihe *New Testament Experience* und bekam eine wunderbar aufrüttelnde Einsicht direkt in die Ohren gespielt.

Die Worte aus Epheser 4,1-3 trafen mich mitten ins Herz: »Als ein Gefangener für den Herrn fordere ich euch deshalb auf, ein Leben zu führen, das eurer Berufung würdig ist, denn ihr seid ja von Gott berufen worden. Seid freundlich und demütig, geduldig im Umgang miteinander. Ertragt einander voller Liebe. Bemüht euch, im Geist eins zu sein, indem ihr untereinander Frieden haltet.«

Gottes Geist fragte mich sanft: »Hast du Bill gegenüber ein demütiges Herz, oder hast du schon beschlossen, dass es sein Fehler sein muss? Warst du freundlich? Geduldig? Hast du ihn liebevoll ertragen mit den zahlreichen Verpflichtungen auf seiner Liste, die aus allen Richtungen auf ihn einstürmen? Wann hast du das letzte Mal Danke gesagt, statt barsch Anweisungen zu erteilen oder ihn per E-Mail um Erledigungen zu bitten? Pam, hast du dich wirklich bemüht, Bill zu segnen? Hast du dich bemüht, ihn zu ermutigen? Hast du dich bemüht, seinen Stress abzubauen? Hast du dich bemüht, seinen emotionalen Bedürfnissen zu begegnen? Du bist die Spezialistin in Beziehungsfragen, also weißt du es besser. Hast du wirklich so gehandelt, wie es deiner Berufung entspricht? Pam, halte einen Moment inne, mitten in diesem Fitnessstudio, und bete. Frage mich, was du für Bill tun kannst, damit er meine Liebe, meinen Plan und die Hoffnung, die ich für ihn habe, spüren kann. Wenn du willst, dass deine Hoffnung sich erfüllt, Pam, dann begegne du jetzt seinen Bedürfnissen, statt von ihm zu erwarten, deine Bedürfnisse zu erfüllen.«

Insgesamt achten Bill und ich bei der Arbeit auf einen freundlichen Umgang miteinander, und wir versuchen beide, einander »mehr als genug« zu ermutigen. Wir haben Respekt vor den Dingen, die wir aus unserer Vergangenheit noch mit uns herumschleppen, und möchten einander nicht mehr unter Druck setzen, als unbedingt nötig ist. Doch unter dem Druck eines dringenden Termins hatten wir unseren positiven Umgang aus dem Blick verloren.

Glücklicherweise kannte ich diesen Teil unserer geheimen Sprache und beschloss, in die Tat umzusetzen, was der Heilige Geist mir ins Herz gesprochen hatte. Ich rief Bill an, lud ihn in sein Lieblingscafé ein und entschuldigte mich. Ich erzählte ihm, wie Gottes Geist mir begegnet war, und zählte dann alle Eigenschaften auf, die ich an Bill sehr schätze, aber in letzter Zeit für selbstverständlich genommen hatte. Fast augenblicklich wurde unsere emotionale Verbindung wiederhergestellt. Und später endete der Abend auch physisch mit einer innigen Verbindung oder – wie wir es gern nennen – einer glühend heißen Monogamie hinter unserer Schlafzimmertür.

Tragen Sie Ihr Entschlüsselungs-Buch – die Bibel – bei sich. Hören Sie in Ihrem Herzen auf den Entschlüsselungs-Ingenieur, den Heiligen Geist, und Sie werden sehen, dass Ihre Beziehung Tag für Tag von einer Situation zur anderen vorankommen und dann »oberhalb der Linie« bleiben wird. Und genießen Sie das Leben oberhalb der Linie!

♡△♡△♡△♡△♡△♡△♡△♡△♡△♡△♡△♡△♡△♡△♡

Den Zugangscode zu Ihrer Liebe finden

Dinner & Dialog –
einander mit dem Herzen näherkommen

Verabreden Sie sich und tauschen Sie sich darüber aus, was Sie beide tun können, um in einer noch tieferen Verbindung mit dem »ultimativen Entschlüssler«, mit Gott und seinem Geist, zu leben. Gehen Sie einen weiteren Schritt hin zu einer Liebe, die »oberhalb der Linie« gelebt wird. Beten Sie gemeinsam, und laden Sie Gottes

Geist ein, in Ihrer Liebesbeziehung zu herrschen. Gehen Sie dann gemeinsam einen Schritt über die Linie hinaus, indem Sie beten:

Gebet des Ehemannes: Herr, du kennst mein Bedürfnis, erfolgreich zu sein. Bitte hilf mir, Erfolge aus deiner Sicht zu betrachten. Gib mir die Fähigkeit, durch deine Kraft im Leben erfolgreich zu sein und nicht durch meine Kraft. Vor allem hilf mir bitte, im Umgang mit meiner Frau erfolgreich zu sein, und gib mir Ideen und Weisheit, wie ich ihr helfen kann, sich im Leben sicherer und geliebt zu fühlen.

Gebet der Ehefrau: Herr, du kennst mein Bedürfnis, mich sicher zu fühlen. Bitte hilf mir, dich als mein Sicherheitsnetz, meinen Schutzschild, meinen Beschützer und meinen Versorger zu sehen. Gib mir die Fähigkeit, durch deine Kraft und nicht durch meine im Leben erfolgreich zu sein. Vor allem hilf mir bitte, aus einer Position der Sicherheit heraus zu leben, damit ich eine bessere Gefährtin für meinen Mann und eine Stütze für seinen Erfolg sein kann.

♡♤♡♤♡♤♡♤♡♤♡♤♡♤♡♤♡♤♡♤♡♤♡♤♡♤♡♤

ÜBER DIE AUTOREN

Bill und Pam Farrel sind Beziehungsspezialisten, die anderen Menschen helfen, zu entdecken, wie sie »liebesweise« leben können. Sie sind international als Referenten tätig und haben über 35 Bücher veröffentlicht, darunter den Bestseller *Männer sind wie Waffeln – Frauen sind wie Spaghetti.*

Bill und Pam sind seit 34 Jahren glücklich verheiratet und haben drei Kinder, zwei Schwiegertöchter und drei kleine Enkelkinder. Die Farrels leben in San Diego in Kalifornien.

Besuchen Sie die interaktive Webseite www.love-wise.com/unlocklove. Dort finden Sie weitere Impulse für eine optimale Anwendung der *Geheimen Sprache glücklicher Paare.*

Außerdem finden Sie dort (in englischer Sprache):

♥ Videopräsentationen von Bill und Pam, in denen sie beschreiben, wie Sie Ihre geheime Sprache nutzen können, um in den Bereich oberhalb der Vertrauenslinie zu kommen, die Vertrautheit Ihrer Beziehung zu vertiefen und Entscheidungen zu treffen, die für Erfahrungen sorgen, an die Sie sich ein Leben lang gern erinnern werden.

♥ Anregungen für Verabredungen und Gespräche, die Ihnen helfen werden, als Ehepaar Spaß miteinander zu haben und verbunden zu bleiben.

♥ Fragen, die Sie zusammen mit anderen Ehepaaren erörtern können, um mehr Weisheit für Ihr Leben zu bekommen.

♥ Geschichten von Ehepaaren, die in ihrer Liebe zueinander einen Durchbruch erlebt haben.

ANMERKUNGEN

[1] Anmerkung der Lektorin: In Deutschland wurden einige Folgen der amerikanischen Serie »Mission: Impossible« in den Jahren 1967 und 1969 unter dem Titel »Kobra, übernehmen Sie« ausgestrahlt. Es gab einige Kinofilme und weitere Staffeln bzw. Ableger der Serie, die unter verschiedenen Titeln in den USA und teilweise auch in Deutschland ausgestrahlt wurden. Am bekanntesten dürften aber bis heute noch die Kinofilme »Mission Impossible« mit Tom Cruise in der Hauptrolle sein. Hier kommt der Ausspruch »Kobra, übernehmen Sie!« aber nicht mehr vor.

[2] »Psychologen des ›Liebeslabors‹ der Universität von Seattle nutzen wissenschaftliche Methoden auf der Suche nach den wahren Gründen, warum Ehen gelingen oder scheitern«, *New Age Journal*, September/Oktober 1994 (zitiert aus: <http://www.holysmoke. org/fem/fem0430.htm >) [aufgerufen am 05.09.2014].

[3] »Was Erbkrankheiten oder Infektionen in der Kindheit betrifft, scheint die Antwort im dreiundzwanzigsten Chromosomenpaar zu liegen, das über das Geschlecht des Kindes entscheidet. Anders als das Y-Chromosom, das nur wenige oder gar keine genetischen Informationen enthält und dessen einziger positiver Effekt die Entstehung des männlichen Geschlechts ist, enthält das größere X-Chromosom eine Menge Informationen darüber, wie wir uns entwickeln. Zum Beispiel können sich seine Anweisungen auf die Augenfarbe, auf die Zusammensetzung des Blutes und die Beschaffenheit der Haut auswirken. In einigen Fällen ist das X-Chromosom fehlerhaft: Es enthält vielleicht zu wenig Informationen für die richtige Entwicklung eines bestimmten Körperteils,

oder die Informationen sind durcheinandergeraten. Wenn das geschieht, ist für den männlichen Fötus alles verloren. Er hat nur ein X, und in dem Maß, wie dieses fehlerhaft ist, wird irgendein Aspekt seiner Entwicklung unweigerlich fehlerhaft sein. Sein Körper hat keine Wahl, sondern muss den fehlerhaften Anweisungen seines einzelnen X-Chromosoms folgen; die Folge ist, dass er mit einer Fehlbildung geboren wird. Weibliche Föten dagegen haben ein zweites X und damit ein Duplikat der Information, und solange dieses nicht ebenfalls genauso beschädigt ist, kann es die relevanten Informationen korrekt liefern und damit die Auswirkungen des fehlerhaften Chromosoms aufheben.« John Nicholson, *Men and Women: How Different Are They?*, Oxford University Press, Oxford 1984, S. 47-48 [Übersetzung durch Marita Wilczek].

[4] Zu weiteren Informationen über Unterschiede zwischen den Geschlechtern siehe Bill und Pam Farrel, *Männer sind wie Waffeln – Frauen sind wie Spaghetti*, SCM Hänssler, Holzgerlingen, S. 12-16.

[5] Zu weiteren Informationen siehe Gary D. Chapman, *Die fünf Sprachen der Liebe: Wie Kommunikation in der Ehe gelingt*, Francke, Marburg 2003.

[6] Kristin Cobb, »His-and-Her Hunger Pangs: Gender Affects the Brain's Response to Food«, *Science News*, 6. Juli 2002.

[7] Zu genaueren Angaben über diesen Prozess der Vergebung siehe unser Buch *Love, Honor and Forgive*, InterVarsity Press, Downers Grove 2000.

[8] Thomas Crook, *The Natural Love Drug*, WebMD-Beitrag unter *Prevention*, <http://www.webmd.com/sex-relationships/featueres/the-natural-love-drug>. [Die Zielseite dieses Links funktionierte leider zum Zeitpunkt der Übersetzung / des Lektorats nicht mehr, sodass diese Quelle nicht mehr nachvollziehbar ist. Wir bitten um Ihr Verständnis.]

[9] Pam Farrel, *Die 10 besten Entscheidungen, die eine Frau treffen kann*, cap-books, Haiterbach 2013.

[10] John Gottman, *Why Marriages Succeed Or Fail: And How You Can Make Yours Last*, New York 1994/1995, S. 29 und 57.

[11] Persönliche Geschichte, verfasst von Dawn Wilson.

[12] Zitat von John Gottman, einem Forscher an der *University of Washington*, in: Karen Peterson, USA Today, 1. April 1999, »Friendship Makes Marriages a Success«.

[13] Fragen abgeleitet aus John Gottman und Nan Silver, *The Seven Principles for Making Marriage Work*, New York 1999, S. 50. Die deutsche Ausgabe erschien unter dem Titel *Die 7 Geheimnisse der glücklichen Ehe*, Ullstein, Berlin 2002.

[14] <http://www.007b.com/breastfeeding_sexual.php> [aufgerufen am 05.09.2014].

[15] Anmerkung der Lektorin: Dieses Buch ist nicht auf Deutsch erhältlich.

[16] Bill und Pam Farrel, *Die 10 besten Entscheidungen, die ein Ehepaar treffen kann*, cap-books, Haiterbach 2014.

[17] <http://ky.essortment.com/sleepdeprivatio_rloc.htm> [aufgerufen am 05.09.2014].

[18] <http://www.news-medical.net/?id=516> [aufgerufen am 05.09.2014].

[19] <http://www.sleepfoundation.org/site/c.hulXKjM01xF/b.2419253/k.7989/Sleep_Facts_and_Stats.htm>. [Die Zielseite dieses Links existierte zum Zeitpunkt der Übersetzung / des Lektorats nicht mehr, sodass diese Quelle nicht mehr nachvollziehbar ist. Wir bitten um Ihr Verständnis.]

[20] <http://www.robinsfyi.com/food/coffeelite.htm> [aufgerufen am 05.09.2014].

[21] <http://www.forbes.com/home/2006/08/23/Marriage-Careers-Divorce_cx_mn_land.html>.[Die Zielseite dieses Links existierte

zum Zeitpunkt der Drucklegung nicht mehr, sodass diese Quelle nicht mehr nachvollziehbar ist. Wir bitten um Ihr Verständnis.]

[22] <http://www.askmen.com/fashion/austin_60/92_fashion_style. html> [aufgerufen am 05.09.2014].

[23] <http://www.mensrights.com.au/page15n.htm>. [Die Zielseite dieses Links existierte zum Zeitpunkt der Übersetzung / des Lektorats nicht mehr, sodass diese Quelle nicht mehr nachvollziehbar ist. Wir bitten um Ihr Verständnis.]

[24] Weitere Informationen über nonverbale Kommunikation finden Sie unter: <http://www.helpguide.org/mental/EQ6_nonverbal_ communication.htm> [aufgerufen am 05.09.2014] und unter: <http://stephan.dahl.at./nonverbal/non-verbal_communication. html>. [Die Zielseite dieses Links existierte zum Zeitpunkt der Übersetzung / des Lektorats nicht mehr, sodass diese Quelle nicht mehr nachvollziehbar ist. Wir bitten um Ihr Verständnis.]

[25] Jane R. Rosen-Grandon, Jane E. Myers und John A. Hattie, »The Relationship Between Marital Characteristics, Marital Interaction Processes, and Marital Satisfaction«, in: *Journal of Counseling and Development*, 1. Januar 2004.

Hanna Backhaus, Arno Backhaus

Verliebt, verlobt, verheiratet, verschieden

Gebunden, 13,5 x 20,5 cm, 176 S.
Nr. 395.486
ISBN 978-3-7751-5486-4

Männer und Frauen sind so unterschiedlich, dass aus dem »Verschieden« schnell ein »Geschieden« wird. Hanna und Arno Backhaus plaudern mit viel Humor und Charme aus dem eigenen Ehe-Nähkästchen. Ein absolut männertaugliches Buch für gemeinsame Schmökerstunden!

Bill Farrel, Pam Farrel

Männer sind wie Waffeln –
Frauen sind wie Spaghetti

Taschenbuch, 12 x 19 cm, 240 S.
Nr. 395.176
ISBN 978-3-7751-5176-4

Hier kommt endlich die Erklärung, warum Männer die Welt in Kästchen einteilen, weshalb Frauen mehrere Dinge gleichzeitig tun können und was Gott sich dabei gedacht hat. Ein Buch für Paare – mit Schmunzel-Garantie.

Bitte fragen Sie in Ihrer Buchhandlung nach diesen Büchern!
Oder schreiben Sie an: SCM Hänssler, D-71087 Holzgerlingen;
E-Mail: info@scm-haenssler.de; Internet: www.scm-haenssler.de

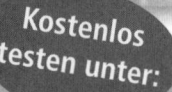